中央民族大学"211工程"三期建设项目
ZHONGYANG MINZU DAXUE 211GONGCHENG SANQI JIANSHE XIANGMU

汉苗语法教学札记
HANMIAO YUFA JIAOXUE ZHAJI

罗安源
LUO ANYUAN 著

中央民族大学出版社
China Minzu University Press

图书在版编目（CIP）数据

汉苗语法教学札记/罗安源著. —北京：中央民族大学出版社，2009.8
ISBN 978-7-81108-694-2

Ⅰ.汉… Ⅱ.罗… Ⅲ.语法—对比研究—汉语、苗语 Ⅳ.H216

中国版本图书馆 CIP 数据核字（2009）第 093292 号

汉苗语法教学札记

作　　者	罗安源
责任编辑	宁　玉
封面设计	汤建军
出 版 者	中央民族大学出版社
	北京市海淀区中关村南大街 27 号　邮编:100081
	电话:68472815(发行部)　传真:68932751(发行部)
	68932218(总编室)　　68932447(办公室)
发 行 者	全国各地新华书店
印 刷 者	北京宏伟双华印刷有限公司
开　　本	787×1092(毫米)　1/16　印张:19.25
字　　数	280 千字
版　　次	2009 年 8 月第 1 版　2009 年 8 月第 1 次印刷
书　　号	ISBN 978-7-81108-694-2
定　　价	48.00 元

版权所有　翻印必究

前 记

本书不是什么语法学专著,而只是一部教学札记。因为不是语法学专著,也就谈不上什么"学术体系";因为是教学札记,也就谈不上什么"研究论证"。所谓"汉苗语法教学札记",就是学习、思考、讲授与汉语和苗语语法有关问题的笔记。大家知道,讲汉语的语法也好,讲少数民族语言的语法也好,都是一桩苦差事,写语法书更是一种棘手的活儿。因为语法讲来讲去,那种"进课堂明白,出课堂就糊涂"、"跟着老师明白,离开老师就糊涂"、"翻开讲义明白,合上讲义就糊涂"、"听起来明白,用起来就糊涂"的现象,真是使人啼笑皆非。多年来我一再承担汉语语法和苗语语法的教学任务,所遇到的最大难题,不是语法问题的本身,而是如何能够让"非汉语人"出身的教学对象(或者是少数民族人,或者是外国人)听懂,并在实践中运用所学语法的问题。要突破这一点,就得把每一个语法问题的来龙去脉搞清楚。要在自己搞得比较清楚以后,再使教学对象也搞得比较清楚。不然,就是"以己之昏昏",去"使人昏昏"了。问题要一个一个地抓,著作要一本一本地读,心得要一篇一篇地记。待把所抓、所读、所记的东西拿到课堂上去考验之后,又回过头来梳理一番,就成了这样的"语法教学札记"。

本书涉及汉语语法和苗语语法的28个专题,基本内容是将有关学者的观点、方法、结论加以综合比较,希望通过教学实践,使教学对象能够知晓每一个问题是在什么背景下提出来的?已经有哪些处理的办法?问题解决到什么程度了?还存在什么样的困难?还有哪些解决问题的可能途径?在汉语语法问题方面,本书所引用的材料都是众多学者的现成材料,所做的论述是众多学者的现成论述,我只是做了一些"穿针引线"的工作,并没有多少超越的东西,充其量只能算起一点帮助教学对象读书的作用。在苗语语法方面,则都是我个人调查研究的一些体会,是从如何建立苗语语法学体系的角度来考虑的。

　　长期以来，在汉语语法的一系列问题上存在许多不同的看法和处理法，给语法教学带来了麻烦。而汉语对少数民族语言的影响极其深刻，在进行汉语与少数民族语言的双语教学和对比研究的时候，又不得不首先把握好汉语语法学的脉络。可是近百年来有关汉语语法的著作和论文堆积如山，非汉语人在短短的学习期间内，几乎不可能阅读那么多的汉语语法书，考虑到他们的实际困难，我们开设了相应的语法课，并编写了相应的语法讲义。在编写本书的过程中，有关学者的3本著作为我们提供了极大的方便。一本是黄伯荣先生在20多年前送给我的《汉语语法研究参考资料》（当时黄先生的未刊书稿），一本是王松茂先生主编的《汉语语法研究参考资料》（中国社会科学出版社，1983年），一本是郑奠、麦梅翘先生编的《古汉语语法学资料汇编》（中华书局，1984年）。有了这3本书，按图索骥，顺藤摸瓜，再广为涉猎，问题就有头绪了。在此首先要向上述3本书的编著者表示感谢。特别要对黄伯荣先生表示敬意，本书中汉语语法问题部分的论述，基本上是以黄伯荣先生的书稿为蓝本写成的。除了上面3本著作以外，在本书编写过程中直接或间接引用到的语法专著和散见于各种期刊上的论文实在不少，难以一一详列，除在本书行文中有所提及外，将主要论著目录记在书后，谨向有关的作者和编者表示由衷的谢意。

罗安源

2006年10月记于北京市西郊
魏公村法华寺民大社区双槐宫

目 录

第一篇　汉语语法单位的划分问题 …………………… (1)
　　一、"字"与"词"的区别 ………………………………… (1)
　　二、"词"与"词组"的区别 ……………………………… (2)
　　三、"词"的确定法 ……………………………………… (3)
　　四、词组与句子的区别 ………………………………… (7)
　　五、词素的判定方法 …………………………………… (9)

第二篇　汉语词的分类问题 ………………………………… (15)
　　一、汉语也要划分词类 ………………………………… (15)
　　二、划分汉语词类的办法 ……………………………… (16)
　　三、汉语语法形态的特殊性 …………………………… (20)
　　四、本书所采用的汉语词类体系 ……………………… (21)
　　五、马建忠所分的汉语词类 …………………………… (22)
　　六、刘复所分的汉语词类 ……………………………… (23)
　　七、黎锦熙所分的汉语词类 …………………………… (23)
　　八、吕叔湘所分的汉语词类 …………………………… (24)
　　九、王力所分的汉语词类 ……………………………… (25)
　　十、高名凯所分的汉语词类 …………………………… (26)
　　十一、《暂拟汉语教学语法系统》所分的汉语词类 ……… (29)
　　十二、丁声树等所分的汉语词类 ……………………… (30)
　　十三、赵元任所分的汉语词类 ………………………… (32)
　　十四、朱德熙所分的汉语词类 ………………………… (33)
　　十五、划分汉语词类的难处 …………………………… (34)

第三篇　汉语主语和宾语的句法功能问题 ……………… (37)
　　一、句子主语、宾语的确定 …………………………… (38)
　　二、宾语可否提前 ……………………………………… (40)

三、主语的含义 …………………………………………… (42)
　　四、识别主语的办法 ……………………………………… (43)
第四篇　汉语"合成谓语"的实质问题 ……………………… (45)
　　一、合成谓语的含义 ……………………………………… (45)
　　二、合成谓语的分类 ……………………………………… (46)
　　三、对"能愿合成谓语"的不同看法 …………………… (47)
　　四、对"趋向合成谓语"的不同看法 …………………… (49)
　　五、对"判断合成谓语"的不同看法 …………………… (50)
　　六、"合成谓语"的名与实 ……………………………… (51)
第五篇　汉语"复杂谓语"的构成问题 ……………………… (53)
　　一、谓语复杂性的表现 …………………………………… (53)
　　二、对复杂谓语的不同看法 ……………………………… (57)
　　三、复杂谓语的含义 ……………………………………… (60)
　　四、"前动后形"也是复杂谓语 ………………………… (62)
第六篇　汉语宾语和补语的区别问题 ………………………… (64)
　　一、宾语和补语的含义 …………………………………… (64)
　　二、对宾语的不同看法 …………………………………… (66)
　　三、对补语的不同看法 …………………………………… (68)
　　四、宾语的类型 …………………………………………… (68)
　　五、述语与补语的结合关系 ……………………………… (78)
　　六、补语的类型 …………………………………………… (79)
第七篇　汉语定语和状语的区别问题 ………………………… (87)
　　一、定语与状语有区别 …………………………………… (87)
　　二、定语与状语名称的形成 ……………………………… (88)
　　三、修饰语与中心语的联系 ……………………………… (90)
　　四、定语与助词"的" …………………………………… (94)
　　五、状语与助词"地" …………………………………… (96)
第八篇　汉语系词的性质问题 ………………………………… (99)
　　一、"是"在句子中的作用 ……………………………… (99)
　　二、对"是"处理的不同办法 ………………………… (100)
　　三、"是"是判断动词 ………………………………… (101)

四、"是"是特殊的动词 …………………………………… (102)
第九篇　汉语数词与数字的关系问题 …………………………… (105)
　　一、数词的小类 …………………………………………… (105)
　　二、"数字"与"数词"的对应 …………………………… (106)
　　三、对数词的不同看法 …………………………………… (106)
　　四、数词的语法特点 ……………………………………… (107)
　　五、数词结构 ……………………………………………… (108)
第十篇　汉语量词的发展与归类问题 …………………………… (110)
　　一、是名词还是量词 ……………………………………… (110)
　　二、对量词的不同看法 …………………………………… (110)
　　三、汉语量词的兴起与发展 ……………………………… (113)
　　四、量词的语法特点 ……………………………………… (114)
第十一篇　汉语代词的替代作用问题 …………………………… (117)
　　一、代词的名称 …………………………………………… (117)
　　二、代词能不能成为一种独立的词类 …………………… (117)
　　三、代词是虚词还是实词 ………………………………… (119)
　　四、代词的归类 …………………………………………… (120)
　　五、代词内部的小类 ……………………………………… (122)
第十二篇　汉语介词和连词的界限问题 ………………………… (123)
　　一、介词与动词的区别 …………………………………… (123)
　　二、介词、副词与动词 …………………………………… (124)
　　三、介词与连词的区别 …………………………………… (126)
　　四、划分连词和介词界限的困难 ………………………… (126)
第十三篇　汉语助词的归类问题 ………………………………… (130)
　　一、各家对助词的分类 …………………………………… (130)
　　二、助词与副词的区别 …………………………………… (131)
　　三、助词与副词的句法功能 ……………………………… (132)
　　四、助词"的"的归类 …………………………………… (132)
　　五、助词"得"的归类 …………………………………… (134)
　　六、助词"所"的归类 …………………………………… (134)
第十四篇　汉语的特殊句式问题 ………………………………… (137)

一、何谓独词句？……………………………………(137)
　　二、独词句与简略句的区别…………………………(139)
　　三、句子的"简略"……………………………………(141)
　　四、紧缩句……………………………………………(143)
　　五、"把"字句和"处置式"……………………………(145)
　　六、"被"字句…………………………………………(149)
　　七、"存现句"…………………………………………(150)

第十五篇　汉语句法分析的方法问题……………………(155)
　　一、句法分析的出发点………………………………(155)
　　二、中心词分析法……………………………………(160)
　　三、层次分析法………………………………………(164)
　　四、线性句型分析法…………………………………(169)
　　五、句型转换法………………………………………(171)

第十六篇　汉语"主谓谓语句"的构成问题……………(175)
　　一、"主谓谓语句"是否存在…………………………(175)
　　二、句法功能决定"主谓谓语句"成立的资格………(177)
　　三、少数民族语言中的"类主谓谓语句"……………(178)
　　四、主谓谓语句中主语与谓语的接缝………………(183)
　　五、语言接触中汉语的强劲活力……………………(184)

第十七篇　汉语"比喻性套式"的分析问题……………(187)
　　一、究竟谁是"儿子"…………………………………(187)
　　二、比喻性"远距离搭配套式"………………………(188)
　　三、比喻性套式中的比喻者和被比喻者……………(189)

第十八篇　汉语"兼语式谓语"与"主谓式宾语"
　　　　　的区别问题……………………………………(191)
　　一、在形式上极为相似的两种结构…………………(191)
　　二、区分两种结构应依据的标准……………………(192)
　　三、从"语音停顿"来看………………………………(193)
　　四、从"嵌入成分"来看………………………………(193)
　　五、从"形式转换"来看………………………………(194)
　　六、结构性质的区分要兼顾形式与语义……………(195)

第十九篇　汉语句法分析的"扩展法"问题 ……………………(196)
　　一、"插入"是"扩展"言语片段的基本方法 …………(196)
　　二、不能扩展的"黏合"形式 ………………………………(197)
　　三、有限扩展的"离合"形式 ………………………………(198)
　　四、可以扩展的"任意"形式 ………………………………(198)
　　五、扩展法在言语实践中的调节作用 ………………………(200)

第二十篇　汉语句法分析的"层次"问题 ……………………(202)
　　一、层次分析法就是"二分法" ……………………………(202)
　　二、言语层次的构成 …………………………………………(203)
　　三、"述语"在层次分析中的重要作用 ……………………(207)
　　四、几类特殊结构的层次分析 ………………………………(210)

第二十一篇　苗语"谓主结构"的性质问题 …………………(215)
　　一、主语和谓语的两种句法位置 ……………………………(215)
　　二、"谓主结构"的内在关系 ………………………………(216)
　　三、由形容词转变成的及物动词做述语再带体
　　　　词宾语 ……………………………………………………(218)

第二十二篇　苗语句法成分的可移动性问题 …………………(219)
　　一、"主谓结构"与"谓主结构" …………………………(219)
　　二、"谓宾结构"与"宾谓结构" …………………………(221)
　　三、"前定语"与"后定语" ………………………………(222)
　　四、"前状语"与"后状语" ………………………………(225)
　　五、"后状语"与"后补语" ………………………………(226)

第二十三篇　苗语词的形态问题 ………………………………(228)
　　一、苗语名词和量词"数"的形态 …………………………(228)
　　二、形容词的简单重叠 ………………………………………(229)
　　三、动词的"屈折重叠" ……………………………………(230)
　　四、动词的"动向" …………………………………………(231)
　　五、"动状词"和"形状词"的重叠 ………………………(231)

第二十四篇　苗语冠词与前缀的关系问题 ……………………(235)
　　一、松桃苗话中 $qɤ^{35}$ 和 ta^{35} 的语法作用 ………………(236)
　　二、松桃苗话中 ma^{31} 的语法作用 ………………………(243)

三、几点推论 ·· (245)
第二十五篇　苗语句法分析的方法问题 ·················· (249)
　　一、苗语句法分析的立足点 ···························· (249)
　　二、句子的"基本语段" ······························ (250)
　　三、句子的"关涉语段" ······························ (252)
　　四、句子语段的"层面" ······························ (256)
　　五、小结 ·· (257)
第二十六篇　苗汉"形后名"序列的性质问题 ············ (259)
　　一、"形后名"序列的含义 ···························· (259)
　　二、"形后名"序列内部结构的判断 ···················· (261)
　　三、"动化形容词"解析 ······························ (262)
　　四、"形后名宾"与"形后名补"评说 ·················· (264)
　　五、"谓主谓语"与"主谓谓语"的比较 ················ (265)
　　六、"谓主结构"复议 ································ (267)
第二十七篇　苗语与汉语量词的关系问题 ················ (270)
　　一、一条探查语言关系的可行途径 ······················ (270)
　　二、量词范围的确定 ·································· (271)
　　三、苗汉两种语言量词基本信息的整理 ·················· (271)
　　四、古今学者对汉语量词起源和发展的看法 ·············· (272)
　　五、苗语量词的兴起与发展 ···························· (274)
第二十八篇　双语文学生的汉语语法教学问题 ············ (290)
　　一、汉语语法教学的地位问题 ·························· (290)
　　二、汉语语法的特点问题 ······························ (292)
　　三、汉语语法教学的任务问题 ·························· (294)
主要参考书 ·· (297)

第一篇　汉语语法单位的划分问题

"语法单位"指的是造词、造句的单位，包括"词素（语素）、词组、句子"。在形态变化丰富的语言中，划分这些单位没有多大问题，因为在这些语言中语法单位有明确的"标志"可供辨析。研究形态变化较少的语言时，因为缺少语法上的"标志"，在语法单位的界线问题上颇费周折。特别是汉语，形态变化不那么典型，用汉字来记录汉语，语法现象往往被汉字所掩盖，一开口讲汉语语法就不容易讲清楚语法单位的问题，以致争论不休，使初学者莫衷一是。"非汉语人"来研究汉语语法，多少还有一些"语感"上的隔阂，遇到语法单位问题就更为头疼了。因此在系统学习现代汉语语法之后，还要将一些有争议的问题梳理一下，知道问题出在哪里？已经提出来的问题解决得怎样了？还有什么问题需要继续加以考虑？尤其在拿汉语与少数民族语言进行对比研究的时候，这类问题都是不可回避的。在中国，没有哪一种少数民族语言不受汉语的深刻影响。在少数民族语言中，无论是语音、词汇，还是语法，都可以看到汉语影响的痕迹，只不过是一般人在语音、词汇上的敏感性高一点，在语法上的敏感性低一点。应当强调，研究少数民族语言的语法，必须熟悉汉语的语法。

一、"字"与"词"的区别

（一）黎锦熙

字：一个一个的单字。
词：说话的时候表达思想中一个观念的语词。
一个字：单音词。
两个或两个以上的字：复合词（复音词，多音词）。
因此，字≠词。

(二) 吕叔湘

字：形体和声音的单位，不是构成句子的材料。

词：意义单位，是构成句子的材料。

一个字：单音词。

两个以上的字：多音词。

因此，字≠词。

(三) 王力

字：写到纸上的＝字；说在口头的＝音。

词：简单的意义单位。

一个字一个意义：一个词，单音词。

两个字一个意义：一个词，双音词。

三个字一个意义：一个词，三音词。

四个字一个意义：一个词，四音词。

(四) 丁声树等

字：书写的单位，读音的单位。

词：意义的单位。

问题：

五个以上的字一个意义怎么算呢？何不干脆采取分为"单音词、复音词"办法呢？"意义的单位"又靠什么来认定呢？

二、"词"与"词组"的区别

1个词＋n个词＝词组：

钟＋表＝钟表（词组）

柴＋米＋油＋盐＋酱＋醋＋茶＝7个词＝柴米油盐酱醋茶（词组）

问题：

"马车、说话、打倒",是词?是词组?简单的相加理论,还不能完全说明词与词组的区别。

三、"词"的确定法

(一) 意义鉴定法
1. 黎锦熙

"表达思想中一个观念的语词":

  人(词),观念

  民(在现代汉语中不是词,是词素),观念

  人民(词),观念

  中华(词),观念

  共和国(词),观念

  中华人民共和国(长名),观念

  中国人民政治协商会议全国委员会(长名),观念

2. 王力

"语言中最小的意义单位"。王先生强调:"意义"必然"有物可指"(看得见)、"有义可解"(听得懂)。

问题:

"观念"的范围太宽,界线不明确。什么是"意义"?如何算"最小"?没有公认的定义。 "桃花":桃树开的花(有物可指)。"桃":落叶乔木,春天开花,白色或红色(有义可解)。"花":植物的繁殖器官,有各种形状和颜色,一般长得很美丽(有义可解)。如此看来,"桃花"既是词,又是词组!因此有人批评说:"意义",空灵!圆滑!

(二) 功能鉴定法
1. 赵元任

"能够单独说的、自由运用的造句单位"。

2. 吕叔湘

"语言的最小的独立运用的单位是词"。
火车已经开了。（"火车"是主语）
火车的速度比汽车的速度快。（"火车"是定语）
我们坐火车到北京。（"火车"是宾语）
在这里，"火车"能够"自由运用"（独立运用），是词；或者说，"火车"能够"单独说"，是词。
再看：
他是火车上的烧火工人。（"火"独立运用，是词）
火车到站以后，有很多旅客下车。（"车"独立运用，是词）
按功能鉴定法还可以断定："葡萄、读者、学者"中的"葡"、"萄"、"者"不是词。
问题：
"中华人民共和国"，就难于确定是一个词。

（三）变换鉴定法

1. 第一种变换鉴定法：同形替代鉴定法

（1）任意句型替代法（与功能鉴定法相同）
　　我一顿饭吃三个馒头。
　　吃饭也是值得研究的问题。
　　什么也不做，就知道吃。（"吃"是一个词）

（2）同类句型替代法
　　我吃饭。　　　我吃饭。
　　他吃面。　　　我盛饭。
　　猴儿吃花生。　我做饭。（"吃、盛、做"都是词）

但是，同类句型替代容易混淆"词、词组"以及"词、词素"的界线。

"火车、汽车、电车、马车、牛车、货车"都是词，不是词组。从形式上看"火车"中的"火"似乎可以用"汽、电、马、牛、货"等替代。

"白菜、菠菜、韭菜、芹菜"也都是词，不是词组。从形式上看"白菜"中的"白"似乎也能用"菠、韭；芹"等替代。

2. 第二种变换鉴定法：隔开法

王力先生提出：

(1) 复音词不能隔开，"仂语"（即"词组"）可以隔开

　　√老人（词组）＝老的人

　　×老婆（词）≠老的婆

(2) 词组可以转换为"连系式"

√老人（词组）→这人是老的（这个说法勉强可以成立）

×老婆（词）→"这婆是老的"（一般不用这个说法）

问题：

能否隔开，看法不一。王力：马车＝马拉的车（隔开后意义不变，是词组）。但是也有人说：马车≠马拉的车（如果人去拉马车呢？"马车"是一种车的名称，是词）比较：马路≠×马走的路。

隔开后意义不变的，不一定不是词：

　　天河（词）＝√天上的河

　　牛奶（词）＝√牛的奶

隔开后的成分有不能单独表义的，就难于处理：

努一把<u>力</u>　　鞠一个<u>躬</u>　　作一个<u>揖</u>　　革他的<u>命</u>

3. 第三种变换鉴定法：插入法，即扩展法

陆志韦先生提出，把一个语言形式扩展到实际语言（具体句子）里去：

他喜欢吃葡萄。

<u>他也喜欢</u>吃葡萄。（"他喜欢"不是词）

他<u>喜欢多吃</u>葡萄。（"喜欢吃"不是词）

他喜欢<u>吃吐鲁番葡萄</u>。（"吃葡萄"不是词）

可见："他"、"吃"都是单音词；"喜欢"、"葡萄"都是复音词（不能扩展、插入）。

问题：

不能扩展的都是词吗？

"中华人民共和国"（不能扩展）

能扩展的都不是词吗？

"鞠躬、努力、革命、作揖"（都能扩展）

（四）权宜办法：看词素与词素之间的疏密关系

说来说去，现在似乎还只能说词与词组之间没有绝对的界线；不过在教学中，一般人也能够大体上分辨词与词组。直观的办法，就是看"词素"与"词素"之间的"疏密关系"。这种关系可以简单地归纳如下：

词素之间的疏密关系	是词还是词组
A，B 都能自由运用	不是词，是词组
A－B 能扩展	不是词，是词组
A×B 不能扩展，部分不能自由运用	是词，不是词组

A，B	走路	吵嘴	抓紧	站好
A－B	老人	开会	读书	说话
A×B	蟋蟀	秋千	吩咐（联绵词）	
	菩萨	葡萄	雷达（音译词）	
	卡车	酒吧	啤酒（半音译半注义词）	
	爷爷	奶奶	弟弟（叠音词）	
	阿姨	老虎	第一（有前加成分的词）	
	桌子	石头	碗儿（有后加成分的词）	
	羞答答	黑咕隆咚（有后加成分的词）		
	事情	朋友	棉花	晚上

（有轻声成分的词）

	动静	是非	睡觉	忘记

（偏义词，其中一个词素失去意义）

	友谊	拥护	展览（两个成分都不单说）
	青春	刚强	革新（不能扩展）
	革命	注意	服务

（能扩展，但是其中一个成分不能自由运用）

四、词组与句子的区别

(一) 词组

1. 词组的性质

(1) 词组一定小于句子，句子不能称为词组。（王力）

(2) 词组可能小于句子，句子也是一种词组。（吕叔湘）

<u>麦子 熟了</u>——独立的"词结"。（吕叔湘）

<u>张三和李四 赛了一场网球</u>——分别是两个或更多的词组合，而"未能成为句子者"。（王力）

2. 词组的功能（词组能不能做句子成分？）

(1) 句子成分基本上由一个词充当（黎锦熙）

<u>工人们</u>　都　<u>表现出</u>　愉快　的　<u>样子</u>。
（主）　　　　（述）　　　　　　（补足）

(2) 任何词组都可以做句子成分（王力）

<u>种花</u>　<u>是一件很快乐的事</u>。
（主）　（谓）

<u>李德耀</u>　<u>读书</u>。
（主）　　（谓）

<u>偷来的锣鼓</u>　<u>打不得</u>。
（主）　　　　（谓）

3. 词组的数量

(1) 词组做句子成分，词组的数量必然多，多到十几种。

(2) 词组不能做句子成分，词组的数量必然少，少到只有几种。

(二) 句子

1. 常识与定义

常识不能代替定义，仿佛谁都知道判断一个言语片段算不算一句话。

下课了。（一句话）

下了课……（不成句）

下了课，打扫教室。（成句）

过来，我跟你说一句话。（其实不止"一句话"）

2. 对句子的各种认识

（1）马建忠："起词（主语）、语词（谓语）两者备而辞意已全者，曰句。"

（2）黎锦熙："能够表达思想中一个完全意思的，叫做句。"

这就是说，具备主语和谓语而能表达完全意思的言语片段，是句子。以具备"主、谓"两个部分为条件兼顾表达作用。

（3）章士钊："主辞与宾辞，句中之两大干部也，缺一即不成句。"

这就是说，"主语，述语，二者缺一，就不成句了。"达意功能是句中的根本条件。

（4）金兆梓："句是意义的独立单位，所以无论一个字或几个字，只要能表示完全的意思，都可以叫做句。"（《国文法之研究》，1922年，在汉语语法学界最早以"表示完全意思"为条件认识句子。）

（5）丁声树等："句子是说话的单位，只要是单独站得住，能够向对方传达一定意思的话，不论长短，都是一个句子。在一定条件下，一个字就能传达一定的意思，所以即便是一个字，也是句子。"

"一个语言片段，甲说出来，站得住，乙听了能明白，这样的片段就一个句子。"（《现代汉语语法讲话》）

3. 句子是表达完整思想感情的语言单位

"完整"——相对完整——自给自足

"那是人民日报。"（意思完整，能单独说出，使对方明白）

那是什么？那是人民日报。（回答问题时的完整）

对是否完整，有不同的体会，表现在标点符号上：

<u>那是人民日报</u>。（意思完整）

<u>这是光明日报</u>。（意思完整）

<u>那是人民日报</u>（分开看意思不完整），<u>这是光明日报</u>（分开看意思不完整）。

4. 句子成立的条件

A 完整的意思。
B 两头有语音停顿。
C 有一定的语气。
D 有相应的标点符号：

‖————————‖。（陈述句）
‖————————‖！（感叹句）
‖————————‖？（疑问句）

五、词素的判定方法

（一）词素的定义：最小的有意义的语言成分＝最小的语音与语义的结合体。

1. 语音上小到什么样程度算最小？——大小问题＝绳子"分段"问题。（吕叔湘）

（1）单音节的：数量最多
（2）双音节的：不少
（3）三个音节以上的：正在发展
（4）五个音节以上的：人名等
（5）难于确定的：

含·糊（"不明确"）hán·hu
含·混（"不明确"，"模糊"）hán hùn
糊·涂（"不明事理"，"模糊"）hú·tu
什么　这么　那么　怎么

2. 语义上小到什么程度算最小？——异同问题＝绳子"分股"问题。（吕叔湘）

（1）一个词素——几个意思——联得上——同一个词素

工——工人、工作、工程
（"工"＝工作、技术、精巧）

工——工整、工具
（"工"＝工作、技术、精巧）

(2) 几个词素——几个意思——联不上——不同词素
公（处事合情合理）——公平
公（丈夫的父亲）——公婆
公（雄性）——公鸡
公（古代五等爵位中的第一等）——公侯伯子男
公（公开）——公判
公（大家的）——公仆
公（普遍性的）——公式
(3) 难于确定的——有人认为相同，有人认为不同
快（速度高、费时短）——快速
快（舒畅）——愉快
快（舒畅、高兴、直率）——痛快
快（舒适痛快、直截了当）——爽快
快（在短时间内）——快要
快（锋利）——快刀
快（灵敏）——脑子快
快（动作敏捷）——手快
快（欠思索）——嘴快
(4) 读书人倾向于"同"
经济——社会物质生产和再生产的活动
"经"：经营、筹划、管理
"济"：对事情有益
经世济民——治理国家
"经"：治理
"济"：接济、救济
　　因此，有人认为"经济"中的"经"＝"经世济民"中的"经"，是同一个词素。也有人认为"经济"中的"经"与"经世济民"中的"经"是两个不同的词素。对"济"的看法也是如此。

（二）词素的判定
1. 词素与汉字的对应

写出来的最小单位是"字",说出来的最小片段是"音节",一个字就是一个音节。词素是最小的语音和语义的结合体,一个词素又不一定只有一个音节。这样说来,词素跟字的关系就不是简单的一对一的关系了。

(1) 一个汉字代表一个词素,例如:

叭　巴　疤　吧　笆　岜　粑　芭
激　羁　基　击　畸　机　讥　饥
立　笠　利　励　栗　历　吏　例

(2) 同一个汉字代表几个不同的词素,例如:

商(商量)　商(商代)　商(商业)
商(六除以二商三)
商(宫、商、角、徵、羽)
积(积极)　积(积累)　积(乘积)
积(食积儿童病态)

(3) 几个不同的汉字分别代表同一个词素,例如:

吧(来吧)　罢(来罢)
八(八圆)　捌(捌圆)
元(八元)　圆(八圆)

(4) 几个不同的汉字共同代表一个词素,例如:

马达　尴尬　噶厦

(5) 有些汉字与词素的关系也很难确定,例如:

含(含糊)　糊(含糊)　含(含混)　糊(糊涂)
快(快速、快嘴、快刀、快要、痛快、愉快、爽快、脑子快)

究竟"含"和"糊"是两个词素,还是"含糊"两个音节合起来成为一个词素,这就不好确定。同样,究竟"快"就是一个词素,还是有几个不同的词素"快",这也是不好确定的。有些片段,在古代汉语中可能是词素,在现代汉语中就不一定是词素。

2. 独立成句的词素是词

看不看？<u>看</u>。("看",一个词素成词)

但是:<u>看</u>待、<u>看</u>重、<u>看</u>齐、<u>看</u>台、<u>看</u>望、<u>看</u>法,其中的"看"是词素,不是词。

3. 从一句话中"筛选"出来能单独说（单用）的是词，剩下的不能单说的不是词。

　　我　　下午　　再　　来。

"再"不能单说，但也不是词的一部分，是词。

"我"、"下午"、"来"都可以单说，都是词。

　　比赛　　现在　　开始。

"比赛、现在"都能单说，都是词。

"开始"可以单说，是词。其中"开"可以单说，但在这里"开"是词的一部分，算词素；"始"不能单说，是词素。

4. 能单用的词素也可以与别的词素组成词。

"来"　　来源　　来宾　　将来　　往来

"再"　　一再　　再三　　再会　　再生　　再造

5. 单纯意义的词素如果不单用，就不算词。

"楼"　　一号楼　　南配楼　　中主楼　　楼房

（"楼"在一定格式里单用）

大楼　　前楼　　后楼

（"楼"一般不单用）

"院"　　院领导　　院一级　　院领导小组

（"院"在一定格式里单用）

总院　　剧院　　研究生院

（"院"一般不单用）

"氧"　　氧　氧气（"氧"在化学专业中或在科技文献中单用，一般不单用）

"叶"　　叶　叶子　树叶（"叶"在植物学中单用，一般不单用）

"虎"　　前怕狼后怕虎（成语里单用）

"虎"　　老虎（一般不单用）

"言"　　你一言我一语

　　　　不听老人言报应在眼前　　（成语里单用）

"语"　　言语　语言（一般不单用）

"云"　　多云（书面上单用）

云彩（口头不单用）

6. 在字典里多义项的词素，不单用的是词素，单用的是词。

"工"（技艺、工业）：不单用，是词素。

工人　　矿工　　钳工　　瓦工　　临时工

"工"（工程、计工）：单用，是词。

做工　　加工　　停工　　省料又省工　　加了一天工

7. 单用不单用，不能决定多词素组合是词还是词组？

（1）单用+单用=单用=词组：

工人+农民=工人农民（词组）

（2）单用+单用=词：

田+地=田地（词）

（3）单用+单用+不单用=单用=词组：

老师+同学+们=老师同学们（词组）

（4）单用+不单用=单用=词：

高+兴=高兴（词）

（5）单用+不单用=单用=词：

高+速=高速（词）

（6）不单用+不单用=不单用=词：

微型（词）

8. 多词素组合算几个词？

（1）双词素组合，多半可以算一个词：

电灯　　黄豆

（2）三词素组合，多半可以算一个词：

耐火砖　　高压线　　豆制品
人造丝　　人造革　　自由泳

（3）四词素组合，即使其中一个不单说，多半算两个词：

人造纤维　　人造丝线　　人造皮革
耐火材料　　高压电线　　豆类制品
自由体操

（4）有些四词素组合，其中一部分是否单用，看法不一致，要从语言发展的角度分析：

加倍努力　　按劳分配　　准时到达
定期汇款　　高价收购

（5）对三词素组合，先假定为一个词，后看意义是否该认为是词组；对四词素组合，先假定为两个词，后看意义是否该认为是词组。

高低杠　　长短裤　　大小秤　　贫下中农
工军宣队（当一个词为宜）

（6）在判断词与词组的界线的时候，多词素组合有无专门意义，只有参考价值，没有决定作用：

组合意义＝各个词素意义的简单总和（词组）
组合意义≠各个词素意义的简单总和（词）
"吃饭"＝专指吃米饭（是词组。）
"吃饭"＝进餐，包括主食、菜肴、饮料（是词）。
"大车"＝专指"牲口拉的有轮的载重车"（是词）
"大车"＝与小车相对而言（是词组）。
"大树"＝与小树相对而言（是词组）。
"大树"＝专指某一棵很大的百年老树（是词）。

（7）双词素组合能拆开、能变换位置的，是词组。

"走路"（短语词，离合词）：
走了一天路　　走老路　　　路走出来了
"洗澡"（短语词，离合词）：
洗了一个澡　　洗温水澡　　澡洗过了
"睡觉"（短语词，离合词）：
睡了一个觉　　睡午觉　　　觉睡过了
"吵架"（短语词，离合词）：
吵了半天架　　吵嘴架　　　架吵够了
"打仗"（短语词，离合词）：
打了三年仗　　打胜仗　　　仗打赢了
"理发"（短语词，离合词）：
理了一个发　　理短发　　　发理完了
"姓王"（短语词，离合词）：
姓一辈子王　　不姓什么王　王也不姓了

第二篇　汉语词的分类问题

汉语语法学界对汉语词的分类问题看法的分歧，从20世纪50年代初期至今，已经有50多年的光景了。其间有过观点相同的"讨论"，也有过意见相左的"争论"，更有过气盛火暴的"伐论"。两种重要的刊物《中国语文》和《语文学习》发表过不少议论，各种学术会上或课堂上发表过很多意见。到今天问题还不能算彻底解决了。词类问题是关系到语法学体系的全局问题之一。尤其在研究受汉语语法影响较大的少数民族语言语法的时候，对词类问题不能没有明确的了解。

一、汉语也要划分词类

（一）汉语有无词类之争

1. 瑞典汉学家高本汉（Bernhard Kalgren，1889—1978）："汉语没形态变化，因此没有正式的词类。"
2. 法国汉学家马伯乐（Henri Maspero，1883—1995）："汉语里的词既不是名词，也不是动词，只是一种没有分化的东西。"
3. 前苏联学者契柯巴瓦："汉语没有词类。"
4. 中国学者高名凯："汉语实词不必分类，虚词要分类。"

（二）汉语词类的独特表现

黎锦熙、王力、吕叔湘先生等认为：
1. 客观事物有类别，词也有类别，词类是客观存在的。
2. 有形态变化的语言，也不是所有的词类都有形态。英语里有些词就没有形态。
3. 汉语有汉语的形态（如"子、儿、头；了、着、过；初、老、第"等)。

4. 汉语有汉语的特点，词类的划分，不一定要以形态为根据。汉语的实词只要根据词与词的组合关系就可以划分词类，而不必拿"形态"来硬套。例如：

"板凳"词性测试			
词类	组合能力	组合试测	测试结果
名词	前面能加"数量词"	一条板凳√	是名词
	前面不能加"不"	"不板凳"×	是名词
动词	后面能带"了"	"板凳了"×	非动词
	后面能带"着"	"板凳着"×	非动词
	后面能带"过"	"板凳过"×	非动词
	双音动词能重叠	"板凳板凳"×	非动词
形容词	前面能加"很"	"很板凳"×	非形容词
	双音形容词能重叠	"板板凳凳"×	非形容词

二、划分汉语词类的办法

(一) 不能只按词的意义划分汉语词类

"词类的意义"≠"词的意义"。词类的意义不是个别词的意义，而是每类词的共同意义。词类的意义，对内有共性，对外有特性。

如名词的意义："表示人或事物"。所有的名词都有此意义（对内），除名词以外，其他的词类都无此意义（对外）。

意义不能作为划分词类的唯一标准。如果光按意义划分词类，则所有语言的词类是一致的。但是英语语法书将"数词"列入形容词，把"量词"列入名词（如 piece：a piece of paper）。

虚词没有实在有意义，就很难根据意义来归类；实词有独立的意义，仅仅按意义划分词类，则所有的实词只有三个词类：名词、动词、形容词。这是逻辑的分类，不是语法的分类。

(二) 不能只按词的语法特点划分汉语词类

1. 词的语法特点之一：形态（词形变化）

有人认为汉语是"无形态语"，那是从狭义的角度（词形变化）看的；如果从广义的角度看，如名词的后面带"子、儿、头"，动词的后面带"了、着、过"，动词或形容词都可以"重叠"等等，也可以说汉语是有形态的语言。根据这些广义形态也可以划分汉语的词类。

问题：

并不是所有的名词都能带"子、儿、头"（如名词"政治、干部"之类），仅仅靠广义的形态也不能解决汉语词类的全部问题。

2. 词的语法特点之二：组合能力（某类词能否与某类词组合）

（1）名词的组合能力。一般认为：

前面加数量词。（"一张桌子"）

后面加"们"。（×"桌子们"／"水果们"）

前面不能加副词"不"。（但是可以说"不人不鬼"，"不男不女"）

一般不独立做谓语。

问题：

可以说"他汉族。我蒙古族。"

（2）动词的组合能力。一般认为：

前面能加副词"不"。（形容词也一样）

后面能带名词做宾语。（但是不及物动词不必带宾语，如"咳嗽"。）

能独立做谓语。

问题：

形容词也一样能够独立做谓语。

（3）形容词的组合能力。一般认为：

能修饰名词。（如"新桌子"。）

前面能加副词"很"。（"很新"；但是一部分动词的前面也可以加"很"，如"很想"。）

能独立做谓语。（动词也一样。）

问题：

光凭组合能力只能划分出某些词类，不能划分全部词类。

组合能力要与形态结合起来看，问题就好解决一些。例如：

词类	形 态 特 征		
动词	受副词修饰 √"不研究"	不能嵌音 ×"研里研究"	叠音不叠字 √"研究研究"
形容词	受副词修饰 √"不慌张"	能嵌音 √"慌里慌张"	叠字不叠音 √"慌慌张张"
名词	不受副词修饰 ×"不桌子"	不能嵌音 ×"桌里桌子"	不叠字不叠音 ×"桌子桌子" ×"桌桌子子"

（4）"不与别的词类组合"也是一种组合能力：

数词：不直接与名词组合。（"一桌子菜"中的"桌子"是"临时量词"。）

量词：不单独与名词组合。（"个人"本是名词，意思是"单个的人"或"自己"。）

3. 词的语法特点之三：词在句子中的作用

介词：不能单独使用，只能与名词、代词等组成"介词结构"做状语。

连词：把两个词或两个词组或两个句子联结起来。

助词：附在一个词或一个词组或一个句子的后面。

副词：不单独回答问题。

问题：

个别副词也能单独回答问题。

甲：他来不来？

乙："也许。"

4. 语法特点与词的意义是一致的

每类词都有语法特点，词的分类肯定能成立；如果没有语法特点而只凭意义就没有词类可言了。

动词的意义	动词的语法特点	语法特点的意义
表示动作变化	带"了"	动作"已"行
	带"着"	动作"正"行
	带"过"	动作"曾"行

词类意义可能产生某种语法特点，但是并非必然产生某种语法特点。如：

汉语　动词没有人称变化　名词没有性属
俄语　动词有人称变化　　名词有性属

（三）最可行的办法是以"词汇＋语法范畴"为依据划分汉语的词类（《书经·洪范》有"九畴"——"大法九类"，从"洪范九畴"演化出"范畴"一词，"范畴"有"种类"之意。）

词汇＋语法范畴＝词义＋语法范畴＝词义＋语法种类。"语法范畴"，实际上指的就是"词类"：

其一，语法范畴是各种形态所代表的语法意义的分类（如"性、数、格"）。

其二，从各类词本身来看，各类词有各类词的范畴，即每类词区别于他类词的特点。

有人认为，词类与形态有必然的联系，词类与意义也有必然的联系。如俄罗斯语言学家谢尔巴（Щерба）就说过："与其说是因为它们变格，我们才把 стол（桌子）、медведь（熊）等等列入名词，不如说因为它们是名词，我们才叫它们变格。"这个说法不无道理。

对于汉语来说，决定"词与词的组合能力"，或决定"词在句子中的作用"的因素，往往是词与词组合的意义。有些句子从语法结构上看不成问题，而从语义上讲就会成问题。例如：

√ 狗　咬　人。
（此句在意义上和语法格式上都可以成立。）
× 人　咬　狗。
（此句在语法格式上可以成立，而在意义上不能成立。问题出在"述语"上，"人"一般不"咬"什么"狗"。）
√ 人　吃　饭。

（此句在意义上和语法格式上都可以成立。）
×人　吃　粪。
（此句在语法格式上可以成立，而在意义上不能成立。问题出在"宾语"上，"人"一般不"吃"什么"粪"。）

三、汉语语法形态的特殊性

如果要把词的形态严格限制在词的外部语音形式上，的确汉语算不上有系统的、丰富的形态变化的语言。如果一定要把形态放在首位，就要看看到底汉语里头有没有一般所说的"形态"。以黎锦熙先生为首，有些学者对汉语的形态作了另外一种解释，认为汉语的形态可以分为4级。

（一）最狭义形态
最狭义形态是以语音变化表示词类的转化。例如：

动词	名词	形容词	语音变化
乐 lè	乐 yue		l—ü（yu）
好 hào		好 hǎo	去声—上声
衣 yì	衣 yī		去声—平声
食 shí（自动）、sì（使动）			

（二）狭义形态
狭义形态是有成批的词缀。例如：
"的"是形容词的后缀。
"地"是副词的后缀。
"着、了、过"是动词的后缀。
"们"是名词的后缀。

（三）广义形态
某类词与某类词有组合能力，同时又排斥与另一类词组合，也是一种形态。例如：

<u>可以组合</u>　　<u>排斥组合</u>
形容词＋名词　　副词＋名词

（四）最广义形态

某类词在句子中有某种功能，也是一种形态。例如：

名词可以做主语，一般不做谓语。

动词可以做谓语，一般不做主语。

这四级形态是黎锦熙先生提出的。事实上这种提法已经被不少人接受。依此说来，就不能简单地把汉语看作无形态语了。不过，从严格意义上讲，还是要从汉语自身的特点出发，事实上"词的形态变化"并不是汉语语法的主要特点。

四、本书所采用的汉语词类体系

（一）实词

1. 体词

（1）名词

（2）处所词

（3）方位词

（4）时间词

（5）数词

（6）量词

（7）代词（体代词）

2. 谓词

（7）代词（谓代词）

（8）动词

（9）形容词

(二) 虚词
(10) 副词
(11) 介词
(12) 连词
(13) 助词
(14) 语气词
(15) 拟声词
(16) 感叹词

"实词"是能够单独回答问题的词。实词中有些是"有尽词类",或叫"封闭词类",或叫"可尽举词类",如"方位词";有些是"无尽词类",或叫"开放词类",或叫"不可尽举词类",如"动词"。

"虚词"是不能够单独回答问题的词。虚词是有尽词类。

"体词"是不能够受"不"修饰的词。

"谓词"是能够受"不"修饰的词。

五、马建忠所分的汉语词类
(1898年,《马氏文通》)

(一) 实字
1. 名字:日、月、星、辰、河、海、岳
2. 代字:尔、我、彼、此
3. 动字:飞、跃、吠、鸣
4. 静字:长、短、大、小、轻、重
5. 状字:笃行、明辨、尽善、尽美

(二) 虚字
6. 介字:与、于
7. 连字:若、则、而
8. 助字:也、矣、乎、哉

9. 叹字：呜呼、噫嘻

六、刘复所分的汉语词类
（1920，《中国文法通论》）

1. 实体词（具体词）：山、水
2. 品态词（抽象词）：高、大
3. 指明词：A、量词：三（个人）B、标词：许多（人）
4. 端词：白雪、纯白、雪花
5. 加词：白雪、纯白、雪花
6. 先词：飞鸟、红叶落、落叶红
7. 对词：鲁人孔子
8. 主词：鸟飞、孔子鲁人
9. 表词：鸟飞、孔子鲁人

七、黎锦熙所分的汉语词类
（1924年，《新著国语文法》）

（一）实体词
1. 名词：桥、太阳
2. 代名词：我、那、什么

（二）述说词
3. 动词：造、出来
4. 形容词：(很) 长

（三）区别词
4. 形容词：长（桥）
5. 副词：很、还、不

(四) 关联词
6. 介词：从、太阳<u>的</u>光
7. 连词：和、虽然、可是

(五) 情态词
8. 助词（语气词）：哇、呢
9. 叹词：啊呀、唉

八、吕叔湘所分的汉语词类
（1942年，《中国文法要略》）

(一) 实义词
1. 名词
人物：孔子、父、子、官、兵、友、敌
物件：猫、犬、桃、李、耳、目、书、画、河
无形：念头、苦头、战争、经济、法律
物质：水、火、米、布、铁、空气
2. 动词
形体活动：来、去、飞、跳、笑、吹、喝
心理活动：想、恨、爱、怨、感激、害怕
不很活动：生、死、睡、等候、忍耐
似活动非活动：为、是、有、无、似、值（钱）、加（减）
3. 形容词
性质：红、白、大、小、忙、闲、富贵、谨慎
状态：悠悠、寥寥

(二) 辅助词
4. 限制词
方所：这里、那里

时间：今、昔、先、后、久、暂、一会儿
动态（动相）：来、去、上、下、起、住、已、方、将、着、了
程度：颇、甚、略、仅、极、太
判断：能、得děi、会、可、必、是
否定：不、勿、未、莫、休、别
一般：也、亦、又、正、岂、即、就、还

5. 指称词
三身：我、尔、其、之、他
确定：彼、此、这、那
无定：谁、何、什么
数量：一、二、百、千、数、多、些、每、各
单位：斤、挑、块、支、个、只、件

6. 关系词
结构助词：之、的、所、者 介词：与、于、以、为
连词：而、则、因、故、虽

7. 语气词
语中：岂、宁、难道、其、尚
语尾：乎、哉、也、耳、了、呢、吗
独立：噫、呜呼、哎哟

（三）外二类

8. 方所词
9. 时间词

九、王力所分的汉语词类
（1946年，《中国语法纲要》）

（一）实词
1. 名词
摸得着的：猫、狗、衣、鞋
看得见的：雾

听得见的：雷
感觉得到的：风
2. 数词（在汉语法研究史上，首次由王力先生将数词单列为一类）
3. 形容词：黑、白、大、小
4. 动词：飞

(二) 半实词
5. 副词：很、不、都、常常

(三) 半虚词
6. 代词：我、你、他、这、那
7. 系词：是

(四) 虚词
8. 联接词：与、和、且、况、之、于
9. 语气词：吗、呢、乎、哉

十、高名凯所分的汉语词类
(1948年,《汉语语法论》)

高名凯先生认为，实词没有固定的词类，但是在句子里实词具有词的功能。指明事物的词是名词，指明动作的词是动词，指明性质的词是形容词。因此实词不必分类。例如：
三好（"好"不指性质而指事物）
一个运动（"运动"不指动作而指事物）
人民的大团结（"团结"不指动作而指事物）
高先生认为虚词表达关系意义，应当加以分类。

(一) 表知的词

实词

具有名词功能的词：昨天来的<u>人</u>

具有动词功能的词：<u>杀敌</u>

具有形容词功能的词：<u>高楼</u>

虚词

A. 代表虚词

1. 指示词

近指：这

远指：那

2. 代词

客气式：您

单数式：我

双数式：我俩

三数式：仨

多数式：我们

反身式：自己

B. 范畴虚词

3. 数词

基数：一、二、三

序数：第一、第二

多数式：人<u>们</u>、侦探<u>们</u>

双数式：爷<u>俩</u>、夫妻<u>俩</u>

4. 数位词（别词、类词、助名词）

度量衡单位词：表示长度、重量、容量、距离、面积、货币、时计的词。

部分词（事物的盛器）：杯、碗

范围词：根、块（形状）

用具：一笔账

5. 次数词

数＋动：三思而行　　三打祝家庄
动＋数量：
打一下、打一次（一般）
看一遍、看一回、看一会（延续）
干一场、干一阵、干一番（集合）
打一拳、瞧一眼（工具）
会一面（对象）
看一看、打一个耳刮子（短时）
6. 体词
进行体：着（延续体）
完成体：了（完全体）
结果体：得
起动体：才、刚
叠动体：看看、走走
加强体：观看、看见
7. 态词
受动态：不为酒困、蒙、受、被、叫
内动、外动态：（不及物、及物）
使动态：让他喝个痛快
8. 欲词（愿词）：我要走了
9. 能词：可去、能去（前加）去不得
10. 量词
率词：都、全
比词：最、更　渐词：略、很
C. 结构虚词
11. 系词：我是中国人
12. 规定词：红的纸
13. 受导词：向南流
14. 连词：我跟你
15. 承接词：与其……不如

(二) 表情的词
实词
具有名词功能的词：对敌人的仇恨
具有动词功能的词：我讨厌伪君子
具有形容词功能的词：丑恶的现象
虚词
D. 结构虚词
16. 否定词：我不喜欢他
17. 确定词：我实在不知道
18. 询问词：你要去吗
19. 疑惑词：他不知道吧
20. 命令词：去罢
21. 叹词：嗨

十一、《暂拟汉语教学语法系统》所分的汉语词类（1956年，人民教育出版社中学汉语编辑室）

1. 名词：学生、戏剧、今天、北京
   〔附〕方位词：上、下、里、外、前、后
2. 动词：走、爱护、研究、变化
   〔附〕能愿动词：能、敢、肯、会、必须
   趋向动词：来、去、上来、下去
   判断词：是
3. 形容词：大、红、香、好、优秀
4. 数词：一、二、三
5. 量词：个、只、块、次
6. 代词：
   人称代词：我、你、他、它、我们
   疑问代词：谁、什么

指示代词：这、那
7. 副词：很、都、常常、不
8. 介词：从、往、把、被
9. 连词：和、或者、但是、所以
10. 助词
 结构助词：的、地、得、所
 时态助词：着、过、了
 语气助词：呢、吗
11. 叹词：啊、唉

十二、丁声树等所分的汉语词类
（1962 年，《现代汉语语法讲话》）

1. 名词：
 风、雨、山、河、工人、农民、哥哥、弟弟、报纸、杂志；政治、经济、文化、思想、阶级、问题、行为、原则；中国、北京；今天、明天、早晨、晚上；上头、底下、中间、旁边；鸡蛋黄儿、画儿、点儿、桌子、剪子、矮子、石头、砖头、苦头
 含方位词：
 东、西、南、北、上、下、前、后、内、外、里、中、左、右
 部分双音动词也是名词：
 调查、研究、指示、报告、批评、教育、训练
2. 代词：
 我、你、他、我们、你们、他们、咱们、自己、谁、什么、那、哪、各、每、某
3. 数词：
 一、二、三、四、五、六、七、八、九、十、百、千、万、半、几

4. 量词：
　　个、只、把、条、根、张、匹、件、块、丈、尺、斗、升、斤、两、亩、分、副、对、双、套、班、种、类

部分名词也是量词：壶、碗

含数量词：一个、俩、仨、一觉、两趟

5. 动词：
　　来、去、坐、立、飞、走、哭、笑、咳嗽、休息、看、听、写、读、干、骂、告诉、遇见、指示、发明、批评、讨论、是、有、像、在

含次动词：
　　能、会、敢、肯、要、可以、必须

含助动词：
　　把、将、从、向、给、对、关于、对于、由于、至于

6. 形容词：
　　红、黄、白、大、小、高、低、厚、薄、深、浅、冷、热、轻、重、宽、窄、酸、甜、苦、辣、英明、伟大、坚强、勇敢、稳当、正确、老实、生动

有些形容词与动词没有区别：
　　花红了、雨大了

7. 副词：
　　并、为、都、才、就、只、再、又、还、很、太、更、最、多么、已经、究竟、渐渐、常常

8. 连词：
　　和、跟、同、与、及、而、而且、并且、虽然、所以

9. 语气词：
　　啊、吧、吗、呢、了、的

10. 象声词：
　　啊、唉、喂、呀、哼、嗨、砰、哗啦

十三、赵元任所分的汉语词类（1968年，A Grammar of Spoken Chinese；1980，《中国话的文法》）

赵先生多年从事汉语语法与英语语法的对比教学，他的观点有很强的针对性。

（一）体词
1. 名词：人、火
2. 专有名词：李白、约翰
3. 地方词：广州、梅恩（Maine）
4. 时间词：今儿、现在
5. 定——量式复合词：三磅、这回
6. 定词：三、每
7. 量词：片、里
8. 方位词：里、上
9. 代名词：我、什么

（二）动词跟别的词类
10. 动词（包括形容词）：吃、长
11. 介词：被、从
12. 副词：忽然、也
13. 连接词：那么、假如
14. 语助词：吗（疑问）、啊（停顿）
15. 感叹词：嘿、诶

十四、朱德熙所分的汉语词类
（1982,《语法讲义》）

(一) 实词

甲．体词

1. 名词：水、树、道德、战争
2. 处所词：北京、图书馆、邮局
3. 方位词：里、上、里头、东边
4. 时间词：今天、现在、从前、星期一
5. 区别词：男、女、金、银、新式、高级
6. 数词：一、二、十、百、千、万
7. 量词：个、只、块、条
8 (1)．代词（甲，体词性）：我、谁、这、那、什么

乙．谓词

8 (2)．代词（乙，谓词性）：这么、那么样、怎么
9. 动词：写、来、买、研究
10. 形容词：红、大、干净、多

(二) 虚词

11. 副词：很、也、已经、再
12. 介词：把、被、从
13. 连词：可是、如果、即使、和
14. 助词：的、所、得（·he）、似（shì）的（·he）
15. 语气词：啊、吗、呢、吧
16. 拟声词：啪、哗啦、叮叮当当、叽里咕噜
17. 感叹词：哦、哎呀

十五、划分汉语词类的难处

划分词类最理想的标准是"单一标准"。在不得已的时候只好采用"多重标准",即在"主要标准"之外,又采用"补充标准"。汉语的语法问题很复杂,免不了要采用多重标准。

(一) 词的"兼类"问题

有的时候遇到一些词,似乎既可以归入这一类又可以归入那一类。问题是只看到词的语音形式,而没有看到词的语法功能。假如两个词的语音形式完全相同,而它们的语法功能不同,那么这两个词应当分属不同的类。它们是两个词分属两个类,而不是一个词兼属两个类。这样来处理问题就比较方便了。例如:名词"锁"和动词"锁",是两个不同类的词;形容词"死"和动词"死",也是两个不同类的词。

词	意义	功能	类属
锁 suǒ	物品名称	受数量词修饰:一把锁	名词
		受动词支配:开锁	
锁 suǒ	用锁锁住	支配名词:锁门	动词
		带动量词:锁一下	
死 sǐ	失去生命	支配名词:死人了	动词
		受形容词补充:死得惨	
死 sǐ	不灵活	受副词修饰:框得太死	形容词
		自身重叠:抓得死死的	

(二) 词类的"活用"问题

词类的活用是词的分类当中最难处理的问题。因为活用的程度不同,就不能笼统地把词类的活用一律看作词类的转变,而要根据不同的情况分别对待。词类的活用可以分为下列几种。

1. 经常活用

甲类词经常活用做乙类词，就算词类分化，例如：

（具有）"义气"

【重视私人关系而甘愿承担风险的气质】：名词

（多么）"义气"

【言行有利于他人的】：形容词

（他很）"内行"

【熟悉或精通某种业务的】：形容词

（他是）"内行"

【熟悉或精通某种业务的人】：名词

2. 偶尔活用

甲类词偶尔活用做乙类词，尽管意义很特殊，但是"偶一为之"，就不能算词类分化。例如：

（信仰）"马克思主义"

【马克思和恩格斯创立的思想体系】：名词

（不那么）"马克思主义"

【不符合马克思主义的】：偶尔活用，名词。

3. 条件活用

在一定条件下，甲类词活用做乙类词，也不算词类转变。例如："讲"：动词；"美"：形容词；"热爱"：动词。

"五讲"、"四美"、"三热爱"：是一种计数概括的构词方式，其中的动词"讲"、"热爱"和形容词"美"是在计数概括这个条件下的临时活用，不能算为量词。

4. 变态活用

甲类词活用做乙类词，如果活用之后语法功能有明显改变，就要算为词类分化。例如：

（1）"研究"

（进行）"研究"，用在行为动词之后，是动词。

"研究"（问题），后面带名词宾语，是动词。

（能够）"研究"，用在"谓宾动词"（能带谓词宾语的动词）之后，是动词。

（2）"研究"
（理论）"研究"，受名词修饰，是名词。
（语法）"研究"，受名词修饰，是名词。
（思想）"研究"，受名词修饰，是名词。
（学术）"研究"，受名词修饰，是名词。
（3）"教育"
（接受）"教育"，用在行为动词之后，是动词。
"教育"（学生），后面带名词宾语，是动词。
（4）"教育"
（思想）"教育"，受名词修饰，是名词。
（民族）"教育"，受名词修饰，是名词。
（道德）"教育"，受名词修饰，是名词。
（国情）"教育"，受名词修饰，是名词。

第三篇　汉语主语和宾语的句法功能问题

　　最早引起汉语语法学界争论的问题之一，就是主语、宾语问题。问题的关键在两点：一是对有些句子的"主语资格"有不同的看法；二是对"宾语的作用与名称"有不同的看法。可以说，对主语、宾语问题的看法在很大程度上体现了对汉语语法特点的基本认识。或者说，如果把主语和宾语的问题搞清楚了，也就能够把握住汉语的语法体系。看看下面这个时间表，就可以体会到这个问题的重要性。

　　1. 1924 年黎锦熙《新著国文法》（1924 年初版，1956 年第 23 版）中全面论述句式问题，其中详细谈到主语、宾语问题。

　　2. 1938 年陈望道等《中国文法革新讨论集》（1940 年初版，1943 年再版，1958 年中华书局版），载有几位学者谈主语宾语问题的文章。

　　3. 1946 年吕叔湘发表"从主语宾语的分别谈国语句子的分析"（载《汉语语法论文集》，1955）。

　　4. 1952 年王力发表"词和语在句中的职务"（《语文学习》1952 年 7 月号）。

　　5. 1953 年黎锦熙发表"变式句的图解"（《语文学习 1953 年 3 月号》）。

　　6. 1953 年高名凯发表"关于句法的一些问题"（《语文学习 1953 年 11 月号》）。

　　7. 1955—1956 年《语文学习》开展主语宾语问题的讨论。把主语宾语问题的研究推向一个高潮。此后其他学术刊物陆续发表过一些涉及主语宾语问题的专文。

　　到现在为止，在主语、宾语问题上还没有真正达到一种共识。下面的问题值得大谈特谈。

一、句子主语、宾语的确定

1955年至1956年,《语文学习》组织过主语与宾语问题的大讨论。引起争论的原因,主要是许多句子的主语和宾语不容易确定。有人说,对形态变化丰富的语言来说,能够找出主语,这是认识语法的第一步。对于形态变化并不丰富的汉语来说,要找主语或宾语可真是一个棘手的问题。

(一) 有些句子的主语和宾语比较容易确定

主语	述(谓)语	宾语
我们	读	书。
钱	用完了。	
话	让他们说绝了。	
成绩	被埋没了。	

这些句子中所说明的"动作方向"明确,所以主语和宾语容易确定。

(二) 有些句子的主语和宾语难于确定

台上坐着主席团。
门口站着解放军。
南面来了一个和尚。
山里死了一只老虎。
床上躺着一个人。
墙上挂着一幅画。

这是一些"方位词在句首"的句子,句首的方位词是什么成分呢?
1. 吕叔湘首先提出的分析方法(王力趋同)

状语	谓语	主语
台上	坐着	主席团。
①	②	③④

①修饰语，表明时间或处所
②谓语动词，表明身体行为
③主语后出现
④俄罗斯的龙果夫："附属主语"
(《中国语文》1955年1月号，"现代汉语语法研究")
2. 黎锦熙提出的分析方法

状语	述语	主语
台上	坐着	主席团。
①	②	③

①表示时间、空间的"副位名词"
②相当于英语的 predicate
③主语退居谓语之后（"主退谓后"）
3. 丁声树等提出的分析方法

主语	谓语	宾语
台上	坐着	主席团。
①	②	③

①表示存在、出现、消失的句子，用处所词做主语
②谓语不表明主语的动作
③"存现宾语"
4. "中学暂拟体系"的分析方法
（无主语，存现句）　　状语　谓语　宾语
　　　　　　　　　　　台上　坐着　主席团。

问题：
"主退谓后"、"主语后出现"、"主谓倒装"的说法，难以将主语归还到原来的位置。

　√ 台上　坐着　主席团。（"坐"＋"着"）
　√ 主席团　坐在　台上。（"坐"＋"在"）
　✕ 主席团　坐着　台上。（此句不合规范）

"存现宾语"很费解。单纯从结构上把句首方位词看成主语，与句子的语义有出入。

"无主句"之说，实际上与"主退谓后"之说相同。"主"为什

么"退后"?"主"在什么条件下"退后"?"退后"不"退后"在语法上有什么作用？如果讲不出可信可行的道理来，学习者就无所适从了。

二、宾语可否提前

(一) 位置可以还原的"提前宾语"
<u>这件事</u>我知道。→我知道<u>这件事</u>。
<u>这个意思</u>他懂。→他懂<u>这个意思</u>。
<u>新来的那位朋友</u>（,）你认识吗？
　　　　　→你认识<u>新来的那位朋友</u>吗？

(二) 对位置可以还原的"提前宾语"的不同认识
1. 黎锦熙、王力、吕叔湘：宾语提前

<u>宾语</u>　　　　<u>主语</u>　　　<u>谓语</u>
这个意思　　　他　　　　懂。

　黎：宾踞句首，变式句；
　王：宾语提到句首；
　吕：宾在主前。
2. 丁声树等："主谓谓语句"
　　　　　这个意思　他懂。
　　　　　　主语　　　谓语
（谓语是主谓词组："他"是谓语的主语，"懂"是谓语的谓语。）

(三) 对"同位主语"的不同分析
1. 吕叔湘

<u>这个人</u>　　　<u>我</u>　　　<u>认识</u>　　<u>他</u>。
外位成分　　本位成分
外位语　　　本位语
2. 王力

这个人　　　我　　　　认识　　　他。
复主语　　　真正的主语
复目的位
3. 黎锦熙
这个人　　　我　　　　认识　　　他。
重指同位语　主语

（四）对"非同位主语"的不同分析
这件事　　　中国人民的经验是太多了。
①②③
① 吕：游离成分
② 黎：提前附加语（修饰语）
③ 丁：主语

（五）对位置不能还原的"提前宾语"的不同认识
他什么事都做。≠他都做什么事？
他什么都知道。≠他都知道什么？
他　　什么　　都　　　　知道。
①②③
①吕：宾在谓前
②王：宾语倒装在动词之前
③"暂拟体系"：用在动词前的宾语

（六）主谓结构（主谓词组）做谓语
主语　　　　谓语（主谓词组）
我　　　　　肚子饿了。
她　　　　　性格好。（别的方面也可能好，也可能不好）
比较：
主语　　　　谓语（主谓词组）
他的性格　　好。（不是不好）
比较：

主语　　　　　谓语（主谓词组）
　　这一类事情　　你不必操心。
　　　　　　　（×"你这一类事情不必操心"，不顺耳）
　　状语　　　　　主谓句
　　对于这类事情你不必操心。

三、主语的含义

　　王力先生说过，主语问题解决的关键在主语的定义上。的确，为什么有不同的定义呢？那是因为不同的人对主语的性质有不同的看法。同一个成分，有人说是"主语"，有人说是"状语"（"台上坐着主席团"中的"台上"是什么成分？）因此，要想用一个单纯的定义来解决汉语的主语问题，目前还很难做到。如果要给汉语的主语下定义，至少工包括下面两层意思。
　　（一）定义要适用于所有的主谓句（动词性谓语句、形容词性谓语句、体词性谓语句、主谓谓语句等）。如果适用面太窄，就会争论不休。
　　（二）定义要将句法结构与语法意义结合起来看。如果只讲句法结构而不顾语法意义（"台上坐着主席团"中的"台上"为什么是"主语"呢？），就会影响对句子的理解；如果只讲意义而不顾句法结构，就会众说纷纭，莫衷一是。（"台上坐着主席团"中的"台上"为什么是"修饰语"呢？）
　　现有的关于汉语主语的各种定义，还没有一个能够真正让大家取得共识：
　　A 主语是动作的主体
　　B 主语是句子的主体
　　C 主语是句子的主脑
　　D 主语是句子的主题
　　E 主语是句子的话题
　　F 主语是句子的陈述对象
　　G 主语是陈述的起点

H 主语是句子开头的体词或体词结构

如此等等，都不过是将计就计的说法，有待于语法研究者努力突破。

四、识别主语的办法

目前，为了适应非汉语人学习、研究汉语语法的需要，总得告诉大家如何去识别主语。简单的办法有：

（一）从语序上识别主语

这是只就汉语而言的一种办法。汉语缺少词的形态变化，而语序的稳定性是汉语的一个特点，只好拿"语序"来识别主语。语序就是词的"句法位置"。用句法位置来识别主语，就要承认"凡是处在动词前面的体词（名词性词语）都是主语，动词后面的体词性词语都是宾语"。但是如果把这个办法绝对化了，就会将主语的范围扩大化：

扎西别不好意思啊！（"扎西"是主语吗？）

明天巴特尔去北京。（"明天"是主语吗？）

因此，对这种句法位置绝对化的主语定义，吕叔湘先生认为是"毫无意义的名称，稍微给点意义就要出问题"。

（二）从施受关系上识别主语

这是将按意义确定主语的原则具体化的一个办法。这种办法再简单不过了，什么是主语？"动作的发出者（施动者）是主语"。什么是宾语？"动作的接受者（受动者）是宾语"。只可惜这个办法不太灵，有些句子没有"施动"（"今天天气好"），有些句子的施动者不一定是主语（"一锅饭吃三十个人"），有些句子中的"施动者"或"受动者"简直很难确定（"屋子里有一只苍蝇"）。

（三）从"陈述"与"被陈述"关系上识别主语

有些学者把主语看做是"陈述对象、话题、主题"，这是一些比较含糊的概念，究竟一句话的"陈述对象"是什么？一句话的"主题"是什么？一句话的"话题"是什么？不同的人往往有不同的感受，而感受的结果，可能跟句法上的主语一致，也可能不一致。例如，"我们今天开会"。说"我们"是主语，认识比较一致。在这里，"我们"既是"陈述对象"，又是"话题"，又是"主题"。又如，"今天我们开会"。说"今天"是主语，就有些含糊了。在这里，难道"今天"是"话题"，是"陈述对象"，是"主题"？因为各人的"语感"可能不同，解释的结果也就有所不同了。

（四）同时从"句法结构"和"语句意义"两个侧面识别主语

也就是说，要将形式和意义结合起来识别主语。从意义方面看，主语确实应当是"话题、主题、陈述对象"；从形式方面看，主语应当具有一定的表现形式。主语的表现式是这样的：

1. 主语的句法位置

主语基本上是处在谓语之前的，处在谓语之后的成分是不是主语，就要认真分析了。

2. 主语的充当者

最常见的主语都是由体词性词语充当的，谓词性词语只在一定条件下充当主语。

3. 主语不受介词支配

介词所带其他词语形成的"介词词组"，不是主语。

"这个问题我们要研究研究"。

"这个问题"是主语，"我们要研究研究"是"主谓谓语"。

"对于这个问题我们要研究研究。"

"对于这个问题"是"介词词组"做全句的修饰语（"状语"），"我们要研究研究"是"主谓句"。

4. 可以回答一定形式的提问

主语与谓语之间可以用"是不是"隔开构成疑问句，并且可以用原谓语进行回答。

"身体好。"

"身体"是主语，"好"是谓语。可以用"身体是不是好？"来提问，可以用原谓语"好"来回答。

第四篇 汉语"合成谓语"的实质问题

"合成谓语"问题来源于对复合性的句子成分的认识问题，特别是对谓语的认识问题。"我是学生"这句话的"谓语"究竟是"学生"还是"是学生"？有人说"是学生"是谓语；有人说"学生"是谓语，不过它的前面有一个判断词"是"，在这里由"是"和"学生"组成"合成谓语"。与此相仿的问题还有"能愿动词"跟动词、形容词组成的谓语问题，"趋向动词"跟动词、形容词组成的谓语问题。为了叙述的方便，无以名之，就名之曰"合成谓语"。名称虽然简单了，问题倒复杂了。于是有人主张取消"合成谓语"这个名称，应当按这种结合的实际情况来称说。

一、合成谓语的含义

(一)"合成谓语"名称的来历
1. 中学语法教学"暂拟系统"（1955—1956）
2. 《汉语知识》（1955—1957）
3. 上个世纪初期从俄语语法学中搬来
俄语：coctabhoe（合成的）ckaзyemoe（述语/宾辞）。

(二) 实例
"判断词、能愿动词"+"名词、动词、形容词"：
  这 少年 便 <u>是</u> 闰土。（判断词+名词）
  老人家 的 话 <u>要</u> 记住。（能愿动词+动词）
  雨 马上 <u>会</u> 小 的。（能愿动词+形容词）

二、合成谓语的分类

(一) 能愿合成谓语

文艺批评 应该 发展。("应该"＋"发展")

"应该"是"谓宾动词",即能带谓词性宾语（包括动词或形容词）的动词;"发展"是"体宾动词",即能带体词性宾语（包括名词、代词等）的动词。

饭 该 熟 了。("该"＋"熟")

"该"是"谓宾动词";"熟"是形容词。

"能愿合成谓语"＝"能愿动词"＋"谓词"＝"谓宾动词"＋"体宾动词/形容词"。

实际上,"能愿合成谓语"就是一种"动宾词组",或称"述宾词组",或称"谓宾词组"。"××词组",也可以称为"××结构"。

能够带"体词宾语"的动词叫做"体宾动词",能够带"谓词宾语"的动词叫做"谓宾动词"。有一小类"谓宾动词",有人把它们叫做"助动词"或"能愿动词"。例如：

会　要　能　能够　可能　可以
敢　想　该　应该　应当　愿意
肯　许　准　乐意

得 děi（你得参加＝你"应该"参加）

好（我"好"进来吗？＝我"能够"进来吗？）

谓宾动词的特点：只带谓词宾语,不带体词宾语；不能重叠；不带后缀；可以单说；可以放在"～不～"的格式里面。

(二) 趋向合成谓语

大批 少数民族 干部 成长 起来了。("成长"＋"起来")

他 也 咳嗽 起来 了。("咳嗽"＋"起来")

"咳嗽、成长"都是不及物动词；"起来"是"趋向动词",即表示动作趋势向的词。

天气 暖和 起来 了。（"暖和"＋"起来"）
他 也 胖 起来 了。（"胖"＋"起来"）
"暖和、胖"都是形容词。
"趋向合成谓语"＝"不及物动词/形容词"＋"趋向动词"。

实际上，"趋向合成谓语"是一种"谓补词组"，或称"述补词组"，或称"后补词组"。"后补词组"也可称为"补充词组"。

(三) 判断合成谓语

他 是 藏族。
时间 就 是 生命。
你说的 原来 是 他。
一 是 一，二 是 二。

"是"是"判断动词"，"藏族（名词）、生命（名词）、他、一（数词）、二（数词）"等是"体词"。

"判断合成谓语"＝判断动词"是"＋"体词"。

实际上，"判断合成谓语"也是一种"动宾词组"，或称"述宾词组"，或称"谓宾词组"。

三、对"能愿合成谓语"的不同看法

问题是对下列一批词的性质有不同的看法。
能（能够）　会　可以（可能）
应该（应当，该）　要　必须
愿意（情愿，乐意）肯　敢　想　希望

(一) 第一种看法（黎锦熙）："助动词＋主要动词"
我 要 读 书。（"要"是助动词，"读"是主要动词）

(二) 第二种看法（丁声树等）："助动词"＋"宾语"
我 要 读 书。（"要"是助动词，"读书"是宾语）

问题：
不宜称为"助动词"，因为这类词除了用在动词之前以外，还可以用在形容之前。

应该＋整洁　　会＋馋　　可能＋好

(三) 第三种看法（王力）："副词"＋"动词"
我 <u>要</u> 读书。
（"要"是副词，做状语；"读"是动词，受"要"修饰）
问题：
不宜称为副词，因为副词不能做谓语，而能愿动词可以做谓语。

(四) 第四种看法（吕叔湘）："动词"＋"宾语"
我 <u>要</u> <u>读 书</u>。
　　　　　（"要"是动词，"读书"是宾语）
问题：
这类词跟一般的动词也有所不同。
　我们　<u>可以</u>　<u>克服</u>　一切　困难。
"可以"表示行为的可能，"克服"表示主语的行为。在这里，"可以"似乎是"状语"。

(五) 第五种看法（陆宗达、俞敏）（《现代汉语语法》，1954 年，群众书店）
"副词"：必须、应该、应当（代表虚义，既不能单独做谓语，也不能做谓语核心词）
"动词"：能、愿、敢、肯（代表实义，既能单独做谓语，又能做谓语核心词）
"兼属动词和副词"：会、要
问题：
"虚义"、"实义"很难分清楚。
　这　<u>应该</u>。
　他　<u>也许</u>。

"应该、也许"在这里做谓语,而"副词是不能做谓语的"。

四、对"趋向合成谓语"的不同看法

(一) 共同的认识
汉语里有这样一些表示"趋向"的动词:
进　　出　　回　　起　　上　　下
开　　过　　来
进来　　出来　　回来　　起来　　上来
下来　　开来　　过来
去　　进去　　出去　　回去　　起去
上去　　下去　　开去　　过去

(二) 各种说法
1. 王力:"用在主要动词之后的末品本位"("末品本位"不好懂)。
2. 吕叔湘:"弱化动词","动词之后的附加语"(性质不明)。
3. 丁声树等:趋向动词做补语。(比较明确)
4. 张志公:"助动词,用在动词之后做补足语"(助动词都用在动词之前)。
5. 黎锦熙、刘世儒:"介词"。
　泉水　　流下山去。
"下"是介词,把"流"介绍到"山"。如果去掉"山",就成了"P流下去"。
问题:
　泉水　　流到田里去。
"到"也是介词吗?如果去掉"田里",就成了"×流到去"。显然,"√流下去"可以成立,"×流到去"不能成立。

五、对"判断合成谓语"的不同看法

关键问题是如何分析"是"的性质。

(一) 黎锦熙:"是"是"同动词",后面带补足语(实体词)。

工人　　是　　劳动者。
　　　　同动词　　补足语
你众位　是　不　知道　我们学校　的　规矩。
天色　是　很　晚　了,月亮　还　是　不　亮。

问题:
如果"同动词"是"动词",则与普通所谓的动词有什么区别;如果跟普通的动词没有什么不同,又何必另立一个名目?

(二) 王力:"是"是"系词",是"半虚词",不是动词。

孔子　　是　　圣人。
被判断　系词　表语

问题:
既然是"系词",就应该联系"判断者"和"被判断者"双方,位置应当在二者之间;"表语"应当是表明主语的。但是:

不　是　我　不　管,是　我　不　能　管。
此类句子没有"判断者",没有主语可以表明。

(三) 吕叔湘、朱德熙:"是"是"动词"

研究文章　是　一件　事,做文章　又　是　一件　事。(名词做表语)
你　是　谁?(代词做表语)
这　不　是　老实,是　糊涂。(形容词做表语)
不　懂　就　是　不　懂,(动词做表语)
最　根本的　目的　是　生产力　的　发展。(词组做表语)

（四）有学者认为："是"是"特殊的动词"，"带表示主语类别的宾语"。

我们　　　是　　　　国际主义者。
主语　　特殊的动词　宾语（表示主语的类别）

"是"的特殊之处在于：

×我　　　"是了"（"是着"、"是过"）学生。
×我　　　"是是"。

一般动词的后面可以带"—了、—着、—过"，而"是"不能；一般动词可以重叠，而"是"不能。

你是不是犯错误了？

是。是。是。（"是"的"重复"使用，而不是"重叠"。）

六、"合成谓语"的名与实

(一)"判断合成谓语"的名称问题

既然是"判断动词"，而动词是可以带宾语的，那么，"判断动词"后面所带的成分是否都可以叫做"判断宾语"呢？

门外　是　一条河。（"是"的后面是存在的事物）

人家　都　是　丰年，我　是　歉年。（借助"是"表示后面成分与主语的一种联系）

他　是糊涂，不　是笨。（"是"的后面是"谓词"）

我　是　去　看球，不　是　去　看戏。（"是"的后面是谓词连用）

这　东西　好　是　好，可　是　太　贵。（"是"的意思相当于"虽然"）

去　是　去，到　时候　可　得　回来。（"是"的意思相当于"尽管"）

是　活儿　都　不　干。（"是"的意思相当于"凡是"）

显然，"是"的后面所带的成分不一定都是"宾语"。

（二）把"能愿合成谓语"改成"能愿词组"

想看（一下）　　　可以买（一下）
主张去（一趟）　　能走（一趟）
把"结构"改成"词组"，只是换汤不换药。

（三）"趋向合成谓语"中"趋向动词"的作用

跑　过来
└┘　└┘
述语　补语
"跑过来"整个结构是一个述补词组。

拿　　出　　钥匙　　来
└┘　└┘　└──┘　└┘
　　　述语　　　　述语
　└──────┘　└──┘
　　　述语　　　　宾语
└──────────────┘　└┘
　　　述语　　　　补语
"拿出钥匙来"整个结构是一个"连动结构，连动词组"。

到　　　台上　　来　　讲话
└┘　　└──┘　└┘　└──┘
　述语　　　述语　　　述语
└────────┘　└──┘
　　　述语　　　　宾语
"到台上来讲话"整个结构是一个"连动结构，连动词组"。

第五篇　汉语"复杂谓语"的构成问题

既然有"复杂谓语"之说，就该有"简单谓语"之称。例如："他去"、"他说"、"他哭"的谓语是简单谓语；"他不去"、"他说错了"、"他哭起来"的谓语就是复杂谓语。在人们的印象中，如果一句话的谓语里只是一个纯粹的词（动词，形容词，名词或其他的词），这个词没有连带成分，那么，这句话的谓语就是简单谓语；如果一句话的谓语里同时出现的词不止一个，而是多个，甚至是一连串，问题就"复杂"了，这是产生"复杂谓语问题"的第一个原因。第二个原因是不同的学者所称的"复杂谓语"的内容不同。有的学者认为，如果一句话的谓语里只有一个动词，这句话的谓语就是简单谓语；如果一句话的谓语里同时出现两个或更多的动词，这句话的谓语就是复杂谓语了。例如："我洗菜"的谓语是简单谓语，"我洗菜做饭"的谓语是复杂谓语。讨论的对象不同，所用的名称相同，问题当然就复杂起来了。在汉语语法学中，各家意见最不一致的恐怕就是"复杂谓语"的问题了。复杂谓语的复杂性表现在句子中谓语的"谓词"上，特别是表现在句子中谓语的动词上，各家的看法真是五花八门，为了理清这个问题的来龙去脉，必须将各种有代表性的观点拿来作一番比较才行。

一、谓语复杂性的表现

下面是一些典型的句子，主要参看这几位先生的著作：
A 黎锦熙：（黎）《新著国语文法》
B 王力（王）《中国现代语法》
C 吕叔湘（吕）《语法学习》

D 丁声树等（丁）《现代汉语语法讲话》
E 张志公（张）《汉语语法常识》

（一）第一组复杂谓语句

11　周大娘　<u>烧火</u>　<u>做饭</u>　<u>去了</u>。

黎	王	吕	丁	张
前加	前加 末品 谓语形式	前加	连动式	前加 连用

12　他　<u>戴上帽子</u>　<u>走了</u>。

黎	王	吕	丁	张
复谓语	紧缩式	连动式	连动式	前加 动词连用

13　毛博士　<u>指着脸子</u>　<u>教训老梅</u>。

黎	王	吕	丁	张
前加	前加 末品 谓语形式	前加	连动式	前加 动词连用

14　他　<u>吃过饭</u>　<u>看电影</u>　<u>去了</u>。

黎	王	吕	丁	张
复谓语 紧缩式	前加	连动式	连动式	前加 动词连用

15　张妈　<u>拉住他的手</u>　<u>不放</u>。

黎	王	吕	丁	张
?	?	?	?	?

16　袁廷发　<u>有本事</u>　<u>控制炉顶</u>。

黎	王	吕	丁	张
?	后补 后一个谓语修饰前一个谓语	连动式	连动式	?

第五篇 汉语"复杂谓语"的构成问题

17	这群年轻人	做事	太冒失。		
黎	王	吕	丁		张
?	?	?	?		?

18	巧小二黑	发疟疾	没去。		
黎	王	吕	丁		张
复谓语 动词连用	紧缩式	连动式	连动式		连动式

(二) 第二组复杂谓语句

21	组长 命令 他们 转移 到苏北根据地 去。				
黎	王	吕	丁		张
后补	递系式	递谓式	连动式		递系式 动词连用

22	老通宝 骂 他 多嘴。				
黎	王	吕	丁		张
后补	递系式	递谓式	兼语式		递系式 动词连用

23	他们 选 我 当 队长。				
黎	王	吕	丁		张
后补	递系式	递谓式	兼语式		递系式 动词连用

24	(学生们) 背地里 叫 她 玛利亚。				
黎	王	吕	丁		张
后补 双宾	递系式	递谓式	兼语式		递系式

25	天桂 也 帮 我 催促着。				
黎	王	吕	丁		张
后补	递系式	递谓式	兼语式		递系式 动词连用

(三) 第三组复杂谓语句

31 你 买份报 看看吧。				
黎	王	吕	丁	张
?	紧缩式	连动式	连动式	后补

32 他 为什么 要 盖房子 给 你 住。				
黎	王	吕	丁	张
?	紧缩式	连动+递谓	连动+兼语	?

(四) 第四组复杂谓语句

41 有人 从背后 赶上来。				
黎	王	吕	丁	张
前加	递系式	递谓式	兼语式	?

42 是 张局长 叫 我们 搬 的。				
黎	王	吕	丁	张
前加	递系式	递谓式	兼语式	?

43 亏 他 说得出口。				
黎	王	吕	丁	张
后补	递系式	?	?	?

(五) 第五组复杂谓语句

51 玉兰也嘻嘻的从高粱地里 钻出来。				
黎	王	吕	丁	张
前加	前加	前加	连动式	前加

52 他 学会了 射击。				
黎	王	吕	丁	张
动宾	动宾	动宾	动宾	动宾

53 （他）不肯 发怒 动威。

黎	王	吕	丁	张
复谓语	紧缩式	联谓	联谓	联谓

54 他 站起来 就 走。

黎	王	吕	丁	张
复谓语	紧缩式	复合句	复合句	连动式

55 大家 都 跳下地来 绕到车后 帮忙推车。

黎	王	吕	丁	张
复谓语	紧缩式	复合句	复合句	连动式

56 你唱个歌 我听。

黎	王	吕	丁	张
复谓语	紧缩式	连动+连谓	连动+兼语	?

二、对复杂谓语的不同看法

（一）"复谓语"—"连动式"—"紧缩式"（11句、12句）

1. 黎锦熙："复谓（述）语"，即两个或两个以上的谓语连用。
2. 张志公："连动式"，即两个谓语。
3. 黎/张："两个谓语之间可以有语音停顿"。
小李，推车，开门，出去。
（车上的人）都跳下地来，绕到车后，帮助推车。
4. 王力："紧缩式"，即复句的一种紧缩形式。
5. 丁声树等："连动式"，即两个以上动词或动词性词组连用。
6. 王/丁：几个谓语之间不允许有停顿，但是两个谓语之间可以有关联词。

平儿 忙 进来 服侍。

张木匠 吃过饭 丢下碗 就 出去 玩 去了。

7. 吕叔湘：两个复句之间不允许有停顿，如有停则是复句；两个谓语之间如果有关联词，也算复句。

例句1 吃了饭 出去 看电影。					
特点：无停顿					
黎	王	吕	丁	张
复谓	紧缩式	连动	连动式	连动

例句2 拿起碗 来 就 喝。					
特点：有关联词					
黎	王	吕	丁	张
复谓	紧缩式	复句	连动式	连动

例句3 跳下去，然后悄悄地走了。					
特点：有停顿、有关联词					
黎	王	吕	丁	张
复谓	复句	复句	复句	连动

（二）复谓语前项（着）＋复谓语后项（13句、14句）

1. 黎锦熙：动词＋时态助词（"了、着、过"）→谓语

笑着　点了　点　头
附加语　谓语　（附加语修饰谓语）

比较：

慢慢地　点了　点　头
附加语　谓语　（附加语修饰谓语）

2. 王力：带"着"的动词是"末品谓语形式"，是附加成分。

黎锦熙：带"着"的动词是"副词附加语"。

吕叔湘："带'着'的动词是'动词的前附加语'"。

事实上，三家所云，名异实同。

他　<u>在家里</u>。
　　　谓语

他　<u>在家里</u>　　　　<u>看书</u>。
　　末品谓语形式　　　谓语

我　<u>忍着痛</u>　　　　<u>说话</u>。
　　末品谓语形式　　　谓语

你　<u>照着我的话</u>　　<u>做事</u>。
　　末品谓语形式　　　谓语

他　<u>靠着河边</u>　　　<u>走</u>。
　　末品谓语形式　　　谓语

3. 丁声树等："连动式"，即前一个动词表示方式、地点，在句法上是连动。

<u>忍着痛</u>　　<u>说话</u>。
<u>门</u>　<u>朝南</u>　<u>开</u>。（前项是"介宾词组"）

4. 张志公："动词连用"，即句子里用了不止一个动词，前一个动词修饰后一个动词。

<u>忍着痛</u>　　<u>说话</u>。
<u>抵抗</u>　　　<u>侵略</u>。（后项是动词做宾语）
<u>欢迎</u>　　　<u>参观</u>。（后项是动词做宾语）

（三）"兼语式"（21句、25句）

1. 黎锦熙："后一个动词是前一个动词的宾语的补足语"。（"后补"）

2. 王力："两个连系递加在一起"，即递系式。（前"宾"兼后"主"）

3. 吕叔湘：递谓式

4. 丁声树等：兼语式

　　<u>天桂</u>　<u>也</u>　<u>帮</u>　<u>我</u>　<u>催促着</u>。

(四)"述宾"＋"动"(31句、32句)
1. 张志公：
   倒杯茶　喝。
   手段　　目的（补足语，后补）
2. 王力：
   倒杯茶　喝（紧缩句）＝我倒杯茶　你喝
3. 吕叔湘：
   倒杯茶　喝（紧缩句：连动式＋兼语式）
   　　　　　＝我　倒杯茶　给　你　喝
4. 黎锦熙：
   我　有　书　读。
   　　谓　宾　补足语

(五)"是、有、亏"＋"宾"＋"动"＋"宾兼主"＋"动"
是　张局长　叫　我们　　搬　的。
动　宾　　　动　宾兼主　动
1. 王力："没有主语的递系式或兼语式。"
2. 吕叔湘："有无句"＋"叙事句"（递谓式）
3. 黎锦熙："是"从"述语"降为"主语的形容附加语"
   　是　　　　　　　张局长叫　我们　搬的。
   └─┘　　　　　　└──────────────────┘
   主语的形容附加语　　主语

三、复杂谓语的含义

　　"复杂谓语"本是汉语语法的重要特点之一。王力先生早在《中国现代语法》一书中就论到这个问题了。后来，吕叔湘、丁声树等先生也使用这个术语。不过，王力先生当时所指的复杂谓语，与现代大家所指的复杂谓语不尽一致。正因为各家所称的复杂谓语，具体内容有所不同，范围宽窄有所不同，所以问题就更为复杂了。

（一）一个谓语中包含两个动词

一般句子的谓语之中，只有一个动词，或者只有一个以动词为核心的词组，用以表示一个动作。而复杂谓语中有两个动词，并且表示两个连续的动作。由于它比一般谓语复杂，就称为复杂谓语。

（二）为什么一个谓语中有两个动词？

各家分析各持一说，使问题的复杂程度加深，也是称为复杂谓语的一个原因。

（三）有些人根本不承认有复杂谓语

1. 肖璋：

肖先生在"论连动式和兼语式"（《北京师范大学学报》第1期，社会科学版）中，把全部复杂谓语都归入"前加、后加"或"复句"里，并且主张用"重音"来鉴定。

　　我　打电话　找老王　办事。
　　　　　（附加型，表示后边动作的方式）
　　我　打电话　找老王　办事。
　　　　　（补足型，表示前边动作的目的）

问题：

句子的重音是随语气变化的，一个孤立的或独立的句子如何能断定它的重音位置呢？

2. 黎锦熙：

　　他　上街　买菜　去了。

"买菜"是谓语；"上街"读重音，是"副词语"、"附加语"。表示怎样买菜？是"上街"，不是"上农村"什么的。

3. 张志公：

　　他　上街　买菜　去了。

"上街"是谓语；"买菜"读重音，是"补足语"。表示上街干什么？是"买菜"，而不是"看热闹"什么的。

（四）从结构上看难以划分"连动"与"非连动"

抓紧　他的脖领子　提他　起来　问。

1. 动作有先后，是连动：

"抓"了之后才"提"，"提"了之后才"问"。一面"抓紧"一面"提起来问"。

2. 一种格式，两种分析：

殷焕先：所谓"连动式"，是"后一个动作出现时，前一个动作已完"。

说了　又　说。

这是"连动式"，因为前一个动词有"了"，或者前一个动词可以加"了"。

抓着　脖领子　提起来　问。

这不是"连动式"，前一个动词有"着"，或者前一个动词可以加"着"，表示前一个动作没有消失。因此前一个动词是修饰语。

问题：

原来的句子是什么样的，就应该照原样来分析，不要随意增减词语。如果随意增减词语，就有可能跟原来的句式不同了。

四、"前动后形"也是复杂谓语

（一）王力：

他说话　　　很简短。
他们打仗　　很勇敢。
主语　　　　谓语

（二）另有人认为：

他们　打仗　很勇敢。
主语　状语　谓语（比较：他们打仗的时候很勇敢。）

其实，不可以分析为"连动式"，倒是可以分析为"连谓式"。

"打仗"是动词性的,"很勇敢"是形容词性的,是两个谓词性词组相连做谓语。

还可以分析为"主谓谓语句":

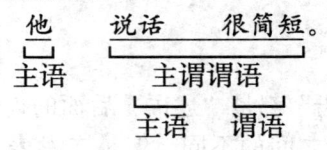

他　说话　很简短。
主语　主谓谓语
　　　主语　谓语

第六篇　汉语宾语和补语的区别问题

"宾语"和"补语"都是"述语"后面的连带成分，在形式上很难一眼就看出来它们之间的不同，但是二者表现的语法意义是有所同又有所不同的。于是，有人主张不要分什么补语、宾语，有人主张必须分清补语、宾语。这样就产生了"宾语、补语的区别问题"。光看形式不能说明问题，光讲意义同样不能解决问题。具体问题具体分析具体解决就好了。

一、宾语和补语的含义

（一）名称的来历
"述语"（动词或形容词）＋后置成分（宾语、补语）。
1. 黎锦熙：《新著国语文法》(1954)：
2. 马建忠：《马氏文通》(1898)：

宾语	宾位
止词	宾次

（二）宾语的判断
1. 是动词的连带成分。
2. 能回答"谁"、"什么"，提出动作的对象。
3. 直接用在动词后边，不靠虚词帮助。
4. 由名词或代词充当。
找　谁？——找　尼玛。
干　什么？——说　故事。

（三）补语的判断
1. 动词或形容词的补充成分。
2. 能回答"怎么样"、"多少"、"多久"，指出动作的结果、延续时间、性状程度。

3. 用在动词或形容词之后，常常要靠助词"得（·de）"。

4. 由形容词、动词、数量词组、介宾词组、副词充当。

说 得 怎么样？——说 完 了。

说 得 怎么样？——说 得 好。

说 得 怎么样？——好 得 很。

说了 多久？——说了 半天。

（四）宾语、补语在意义上的不同

1. 宾语：动作关涉的对象，提出与动作发生关系的事物，补足中心语（述语）。

2. 补语：对动作产生影响的成分，提出动作完成时的状况，补足中心语（述语）。

补语和宾语在意义上都"补足"中心语，而在功能上各有不同。宾语是受中心语影响的成分，补语是影响中心语的成分。

（五）宾语、补语在功能上的不同

1. 宾语：动作关涉的对象

打球　　同意参加　　严格纪律

2. 补语：

（1）动作的趋向

走进去　拿出来

（2）动作的结果

洗干净　　烧红

（六）有人主张"宾语、补语不分"

宾语与补语实际上是可以分的。

1. 宾语只与动词相连；补语既可以与形容词相连，也可以与动词相连。

2. 充当宾语的是名词、代词、数量词，还有名物化的动词（"办教育"中的"教育"是名物化的动词、"喜欢红，不喜欢绿"中的"红、绿"是名物化的形容词);充当补语的是形容词、动词、副词,还有数量词。但是作为宾语的数量词与作为补语的数量词是有所不同的。

数量词:
做宾语——买 <u>一本</u>
　　　　　给 <u>一巴掌</u>(物量)
做补语——来过 <u>两回</u>(动量)
　　　　　等了 <u>半天</u>(时量)

3. 补语的前面有助词"得",宾语的前面没有助词"得"。

写 <u>字</u>
　　宾语

写 <u>得</u> <u>好</u>
　　助词　补语

4. 宾语不能由"介词结构"充当,补语可以由"介词结构"充当。

走 <u>在 前头</u>
　　介词结构做补语

坐 <u>在 地上</u>
　　介词结构做补语

掉 <u>在 水里</u>
　　介词结构做补语

想 <u>在 心中</u>
　　介词结构做补语

二、对宾语的不同看法

(一) 对下列句子中宾语的认定有分歧

A 这样的<u>事情</u>谁肯干。
B 他什么<u>事情</u>都做。

1. 认为"A 事情"、"B 事情"都是宾语。(着重意义)
2. 认为"A 事情"是主语,"B 事情"是"主谓谓语"中的主语。(着重结构)

3. 认为"A事情"是主语,"B事情"是宾语。(兼顾意义和结构)。

(二) 着重意义＝着重施受关系
"宾语":被动作涉及的事物
"主语":动作的发出者
那儿来了一个小学生。("主退谓后")
这样的事情谁肯干。("宾踞句首")
他什么事情都做。("宾提动前")

(三) 着重结构＝着重词序
汉语的习惯是:谓语先于宾语出口,宾语后于谓语出口;宾语位于动词之后,而位于动词之前的不是宾语。
那儿来了一个小学生。(宾语)
这样的事情谁肯干。(主语)
他什么事情都做。("主谓谓语"中的主语)

(四) 着重意义,虽然容易被人接受,但是难以获得概括性很强的规律。
来了一个人。(主语,施事)
挂着一幅画儿。(宾语,受事)
长了一棵草。(主语,施事)
下了一个崽儿。(宾语,受事)
都处在动词的后面,都受数量词修饰,而功能各异,这样的概括很不圆满。

(五) 宾语并非都是"动作涉及的对象"
洗冷水(宾语)　　走大路(宾语)
吃馆子(宾语)　　过磅(宾语)
这些宾语既不施事,也不受事。

**(六) 既要重视意义,也要顾及结构;既要重视结构,也要顾及意义。
  不花钱了。（宾语在动词之后，受事）
  钱花完了。（主语在动词之前，受事）

三、对补语的不同看法

(一) 各家所指的"补语"
1. 名同实异：工人是<u>劳动者</u>。（黎锦熙：补足语）
2. 名异实同：昨晚睡了<u>八小时</u>。（黎锦熙：副词性宾语）
3. 名同实同：走<u>得慢</u>（黎锦熙：动词的后附加语）
     好<u>得很</u>（黎锦熙：形容词的后附加语）

(二) 补语与"后附加语"应当是不同的
 他站起来，<u>慢慢地</u>，<u>颤颤抖抖地</u>。（后附加语，状语临时挪到中心语的后面）
 学生们都跑来了，<u>从操场上</u>，<u>从教室里</u>，<u>从各个角落</u>（后附加语，状语临时挪到中心语的后面）

四、宾语的类型

(一) 处所宾语
 趋向动词做述语所带的宾语，由处所词充当。这种宾语称为处所宾语。处所宾语表示动作的处所或运动的终点。例如：

述　　　语	处　所　宾　语
趋　向　动　词	处　　所　　词
去	图书馆
上	北京
进	教室
到	乌鲁木齐

除了趋向动词以外，其他的动词做述语也可以带处所词做宾语。例如：

爱北京，梦长城，瞧这儿，畅想大西北。

在这几个实例中，"北京"、"这儿"、"长城"、"大西北"不算是处所宾语，因为它们既非动作的处所，也非动作的终点。能带处所宾语的述动词是不多的。本身不能带处所宾语的述语动词如果与趋向动词结合，那就可以带处所宾语。例如：

述 语		处 所 宾 语
行为动词	趋向动词	处 所 词
走	进	教室
跑	出	营房
送	回	老家
飞	过	喜马拉雅山
爬	上	秦岭
走	下	地铁

（二）存现宾语

述 语	存 现 宾 语	
存现动词	数量词	名 词
长了	一棵	草
来了	一个	人
躺着	一个	人
死了	一只	兔子

存现动词做述语所带的名词宾语，称为"存现宾语"。存现动词是表示"存在、出现、消失"等意义的动词。存现宾语只受数量词修饰，不受指示代词修饰。

带存现宾语的述宾词组如果做谓语，其前面的主语一定是处所词。换一句话说，当处所词做主语的时候，其后面述宾词组谓语中的宾语，一定是存现宾语。

主　语	述　语	存现宾语
处所词	存现动词	体　词
墙上	长了	一棵草
对面	来了	一个人
地板上	躺着	一个人
山里	死了	一只兔子

表示行为的动词做述语，它的后面带存现宾语的时候，动词本身可以加后缀"了"或"着"。而表示存现的动词（如"出、来、去、死"等）做述语带存现宾语的时候，动词本身只能加后缀"了"，不能加后缀"着"。例如：

墙上挂了一幅画儿。（行为动词"挂"可以加后缀"了"）

墙上挂着一幅画儿。（行为动词"挂"可以加后缀"着"）

对面来了一个人。（存现动词"来"只可以加后缀"了"）

×"对面来着一个人。"（此句中存现动词"来"不能加后缀"着"）

×"山里死着一只兔子。"（此句中存现动词"死"不能加后缀"着"）

存现宾语与处所宾语有明显的区别。有存现宾语的句子带"描写性"，有处所宾语的句子带"说明性"。存现宾语前面的动词只可以加后缀"了"、"着"，处所宾语前面的动词只可以加后缀"得"。这个"得"在书面上写为"在"，不过在口语里还是念轻声的"·de"。例如：

墙上挂着<u>标语</u>。

桌子上搁着<u>书</u>。

信封上盖着<u>邮戳</u>。

屋里点着<u>灯</u>。（以上的宾语都是存现宾语）

标语挂得<u>墙上</u>。

书搁得<u>桌子上</u>。

邮戳盖得<u>信封上</u>。

灯点得<u>屋里</u>。（以上的宾语都是处所宾语）

（三）准宾语

"准宾语"的意思是"带有宾语的性质，但是跟其他宾语的性质不完全等同的宾语"，所以准宾语又可以叫做"不完全宾语"。与准宾语相对的宾语就可以叫做"纯宾语",或者叫做"完全宾语",或者叫做"真宾语"。准宾语只表示动作的"动量、时量和数量"。

1. 动量宾语。表示动作的频率。例如：

看一次　念一遍　走一趟　踢一脚
切一刀　洗一水　看一看　想一想
玩一玩　放一枪　睡一觉　打一仗

2. 时量宾语。表示动作、状态延续的时间。例如：

等一会儿　劳动一年　住了三年
想了半天　走了一上午　歇了半个钟头
慢一分钟　快一个小时　超过零点零五秒
持续五天

3. 数量宾语。表示行为、状态的数量。例如：

短一寸　好一万倍　缺一块　差一点儿
轻了一点点　小了一些　低了许多
少了不少　矮了半头　高一截

准宾语的后面还可以接用名词。例如：

吵了两回嘴　　打过两下手心
见过几次面　　看了一眼电影
想了半天问题　讲了一番道理
少了不少钱　　差了一点意思
轻了不少分量　短了一截电线
埋了半截身子　花了三年功夫

（四）双宾语

述语	双宾语	
	宾一	宾二
	近宾语	远宾语
送	他	书
给	你	信

动词可以表示动向。有些动词的动向同时与一个施动者和两个受动者有关。这一个施动者是主语,两个受动者是两个宾语。紧挨着述语动词的第一个宾语简称为"宾一",也叫做"近宾语"。述语动词之后的第二个宾语简称为"宾二",也叫做"远宾语"。双宾语有下列特点:

1. 述语＋宾一(代词、名词)＋宾二(名词)。在这个格式中,"宾二"还可以受数量词修饰。例如:

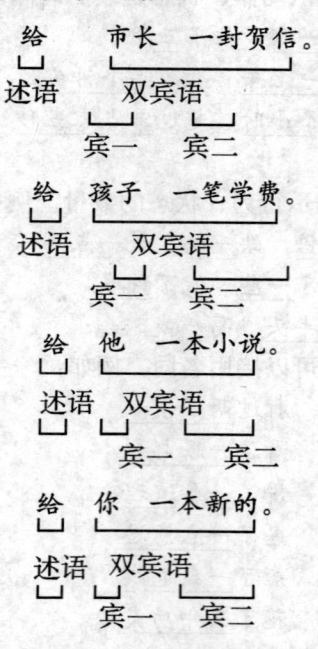

    给 市长 一封贺信。
    └┘ └─────┘
    述语 双宾语
      └┘ └──┘
      宾一 宾二

    给 孩子 一笔学费。
    └┘ └─────┘
    述语 双宾语
      └┘ └──┘
      宾一 宾二

    给 他 一本小说。
    └┘ └────┘
    述语 双宾语
      └┘ └──┘
      宾一 宾二

    给 你 一本新的。
    └┘ └────┘
    述语 双宾语
      └┘ └──┘
      宾一 宾二

在此格式中,宾一和宾二不能掉换位置。下列句式不规范。

  ×"给一枝钢笔你。" ×"还一笔借款他。"

2. 述语＋宾一(准宾语)＋宾二(指人或物)。例如:

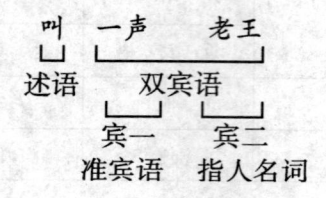

    叫 一声 老王
    └┘ └─────┘
    述语 双宾语
      └┘ └─┘
      宾一 宾二
      准宾语 指人名词

```
留      一下      央金
└述语┘  └─双宾语─┘
         宾一    宾二
        准宾语  指人名词

按      一下      门铃
└述语┘  └─双宾语─┘
         宾一    宾二
        准宾语  指物名词

挪      一下      凳子
└述语┘  └─双宾语─┘
         宾一    宾二
        准宾语  指物名词
```

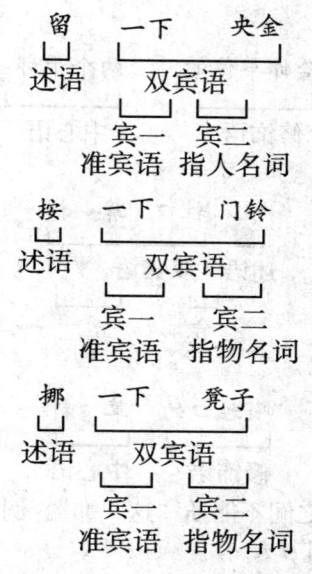

在此格式中，如果宾一是准宾语，宾二是指人的名词，那么，宾一宾二可以掉换位置。例如：

叫<u>一声</u>老王＝叫<u>老王</u>一声。留<u>一下</u>央金＝留<u>央金</u>一下。

3. 宾一与宾二的关系

(1) 宾一与宾二之间不能插"的"。例如：

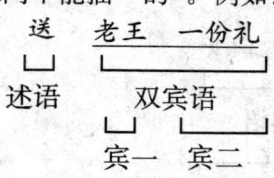

```
送      老王   一份礼
└述语┘  └─双宾语─┘
         宾一   宾二


送老王的    一份礼物
└修饰语┘   └中心语┘


给    你单位    两个干部
└述语┘ └─双宾语─┘
        宾一     宾二
```

给你单位的　　两个干部
└──┬──┘　　　└─┬─┘
　修饰语　　　　中心语

　喂　牲口　草　料
　└┬┘　└┬┘
　述语　双宾语
　　　　└┬┘　└┬┘
　　　　宾一　宾二

　喂牲口的　草　料
　└──┬──┘　└┬┘
　　修饰语　　中心语

(2) 宾一与宾二之间不能插"这、那"。例如：

　嫁了　他　闺女
　└┬┘　└┬──┘
　述语　双宾语
　　　　└┬┘　└┬┘
　　　　宾一　宾二

（＝"把闺女嫁给了他"）

　嫁了　他　那　闺女
　└┬┘　└──┬──┘
　述语　　　单宾语
　　　　└┬┘└┬┘└┬┘
　　　　修饰语 修饰语 中心语

（＝"把他的那个闺女嫁了"）

　嫁了　他　的　那　闺女
　└┬┘　└────┬────┘
　述语　　　　单宾语
　　　　└┬┘└┬┘└┬┘└┬┘
　　　　修饰语 助词 修饰语 中心语

（＝"把他的那个闺女嫁了"）

(3) 宾二可能是一个并立词组。例如：

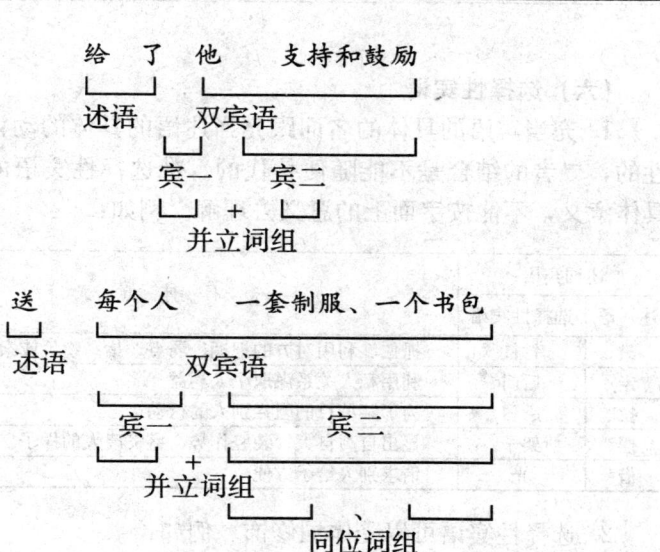

```
  给了  他    支持和鼓励
  └┬┘  └┬┘  └────┬────┘
  述语   双宾语
        └┬┘  └──┬──┘
        宾一    宾二
        └─┘ + └──┘
          并立词组
```

```
  送    每个人     一套制服、一个书包
  └┬┘  └──┬──┘   └────────┬────────┘
  述语      双宾语
        └──┬──┘    └────────┬────────┘
          宾一              宾二
        └──┘  +  └────┬────┘
              并立词组
                    、
                  同位词组
```

(4) 宾二可能是一个主谓词组。例如：

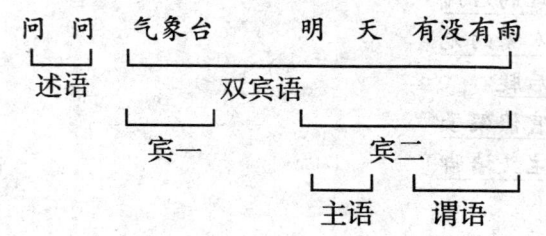

```
  问 问  气象台    明 天  有没有雨
  └─┬─┘ └─┬─┘   └──────┬──────┘
  述语     双宾语
        └─┬─┘   └──────┬──────┘
         宾一          宾二
                    └┬┘  └─┬─┘
                    主语   谓语
```

(五) 虚指宾语

疑问代词、人称代词和由"人称代词+的"组成的"'的'字词组"做宾语，实际上没有疑问或人称的意思，这种宾语叫做虚指宾语。例如：

好什么（实际是说"不好"）

笑什么（实际是说"不该笑"）

【你】走你的（实际是说"别管人家"）

【他】笑他的（实际是说"不关你的事"）

吃它一口（"它"表示轻松的意味）

唱它一段（"它"表示轻松的意味）

（六）选择性宾语

1. 充当宾语的具体的名词跟充当述语的具体的动词都是有选择性的，二者的结合是不能随便替代的。带选择性宾语的述宾词组的具体意义，不能按字面上的意义去理解。例如：

述词宾语		具 体 意 义
述　语	选择性宾语	
敲	竹杠	抓住、利用对方的把柄、弱点，抬高物价或索取钱财
走	后门	利用私人关系谋取个人利益
拉	后腿	为了某种目的阻拦别人的行动
摆	架子	显出自高自大、装腔作势、盛气凌人的样子
借	光	请求别人给予方便

2. 选择性宾语可以受体词修饰。例如：

敲我的竹杠
走总经理的后门
借你老人家的光
拉他的后腿
摆一副官僚架子
挖社会主义墙脚

（七）比况性宾语

宾语在意义上并不直接受述语支配，而只表示某种比况性的意思。例如：

吃大碗（用大碗吃）
吃馆子（去饭馆里吃）
吃晌午（在晌午的时候吃）
吃酒席（吃酒席上的食物）
吃鸭蛋（考试得零分）
吃球（接发乒乓球失误）
吃耳光（挨打耳光）
喝西北风（什么也吃不上）

吃醋（产生嫉妒情绪）
吃瓦片儿（坐收房租）

（八）谓词性宾语
1. 能带谓词性宾语的只有做述语的"谓宾动词"。例如：
同意　觉得　赞成　主张　希望
担心　害怕　应该　可以　打算
进行　加以　受到　认为　举行
能够　感到　能　　有　　给以
2. 充当谓词性宾语的，可以是单个儿的动词、述宾词组、受副词修饰的动词以及主谓词组等。例如：
同意参加（单个儿动词做宾语）
同意参加会议（述宾词组做宾语）
同意马上参加（受副词修饰的动词做宾语）
同意他参加（主谓词组做宾语）
3. 谓宾动词与宾语之间可以有停顿。例如：
希望来。
希望，来。
建议先调查一下。
建议呀，先调查一下。
觉得非常好。
觉得呢，非常好。
想跟你谈谈。
想啊，跟你谈谈。

（九）前置宾语
有的时候，为了强调宾语，可以把宾语放在主语和述语的前面。这种宾语叫做前置宾语，要用逗号跟它后面的主语和述语隔开。例如：
这洋八股，鲁迅　早就反对过的。（"的"是语气词）
前置宾语　主语　　　述语

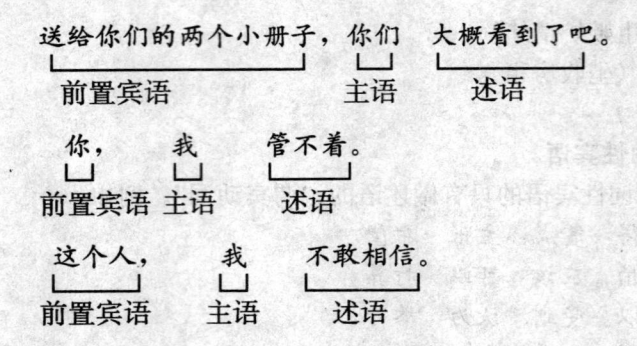

送给你们的两个小册子，你们 大概看到了吧。
　前置宾语　　　　　　　主语　　述语

你，　我　管不着。
前置宾语 主语　述语

这个人，　我　不敢相信。
前置宾语　主语　述语

五、述语与补语的结合关系

述语的后面直接连带补语的词组称为"严密式述补词组"。与之相对的是"宽松式述补词组"。宽松式述补词组的述语与补语之间要插进一个结构助词"得"或"得"的否定形式"不"。例如：

严密式述补词组
述语　＋　补语
抓　　　紧
做　　　完
说　　　清楚
煮　　　熟
写　　　上
走　　　回去
宽松式述补词组
述语 ＋ "得"（"不"）＋ 补语
走　　　得　　　　快
看　　　得　　　　多
说　　　得　　　　好
听　　　得（不）　见
笑　　　得　　　　前仰后合
拿　　　得（不）　出来

即使是严密式述补词组,也可以拿助词"得"("不")来做试验。中间可以插进"得"("不")的,肯定是述补词组,中间不能插进"得"("不")的就不是述补词组。

述补词组的前面可以加"不"。"不＝述补词组"这个格式往往不能单说。述宾词组的前面也可以加"不","不＋述宾词组"这个格式可以单说。例如:

词组　成分	述宾词组	述补词组
谓词＋体词	拿　东西	×
	写　文章	×
	述语 宾语	
谓词＋谓词	爱　唱	拿　走
	想　说	打　倒
	述语 宾语	述语 补语
特　　点	不能插"得、不"	能插"得、不"
	前面加"不"能单说	前面加"不"不常单说

六、补语的类型

(一) 结果补语

1. 动词述语可以带结果补语,表示动作的结果。充当结果补语的是动词和形容词。例如:

动词＋形容词	动词＋动词
染红	用完
变小	听懂
洗干净	学会
说清楚	跌倒
拧紧	撵走
揉碎	写成
掰碎	杀死

晒干	弄丢
削尖	扎破
拉长	搬动
拌匀	推翻
搅浑	打倒
搞乱	踩塌

2. 带结果补语的词组是严密式的。它的后面可以带"了、过"。因此这种词组的功能相当于一个动词，整个述补词组的后面还可以带名词宾语。例如：

学会了汉语	写完了论文	拉长了声音
削尖了脑袋	杀死了敌人	磨破了嘴皮
杀死过敌人	磨破过嘴皮	闹翻过脸
打破过砂锅	难倒过对手	比赢过他们

3. 带结果补语的述补词组的否定形式，是在整个词组的前面加"不"或者加"没有"。加"不"的述补词组往往不单说，加"没有"的述补词组能够单说。例如：

没有学懂	不学懂，不会用
没有晒干	不晒干，要发霉
没有染红	不染红，不好看
没有打倒	不打倒，不得了
没有学完	不学完，不罢休
没有搞好	不搞好，不休息

4. 一般来说，从结构上看，结果补语是对述语的补充。但从深层意义来看，结果补语也可能是对主语或宾语的补充。

我们打完了球。——我们打球，打完了。（"完"是对"打"的补充）

我们打破了球。——我们打球，球破了。（"破"是对"球"的补充）

我们打赢了球。——我们打球，我们赢了。

（二）可能补语

1. 动词述语可以带可能补语，表示动作的可能性。可能补语由谓词充当。带可能补语的述补词组是宽松式的，又分为肯定式（加

"得") 和否定式 (加 "不") 两种。例如：

述语＋得＋可能补语	述语＋不＋可能补语
看<u>得</u>见	看<u>不</u>见
写<u>得</u>完	写<u>不</u>完
洗<u>得</u>干净	洗<u>不</u>干净
说<u>得</u>清楚	说<u>不</u>清楚
进<u>得</u>去	进<u>不</u>去
拿<u>得</u>出来	拿<u>不</u>出来

2. 带可能补语的整个述补词组的后面不能再带 "了"，但是可以带宾语。规范的用法是把宾语放在补语的后头。例如：

规范用法	非规范用法
听得懂<u>话</u>	×听得话懂
赶得上<u>车</u>	×赶得车上
跳得过（guò）<u>坑儿</u>	×跳得坑儿过
说得出<u>口</u>	×说得口出

3. 以动词 "得" 为可能补语的述补词组是一个比较特殊的形式。作为动词 "得"（读重音）和作为结构助词 "得"（读轻声），在书面上是相同的，因此，在以 "得" 为可能补语的肯定式述补词组中，就会出现两个 "得"，在口头上，采取紧缩的办法：肯定式可能述补词组省去读轻声的结构助词 "得"（·de），保留读重音的动词补语 "得"（dé）；否定式可能述补词组中的 "不" 不能省去，而 "不、得" 都读轻声。例如：

肯定式述补词组	否定式述补词组
看得（dé）	看不得（·bu·de）
去得	去不得
要得	要不得
吃得	吃不得
动得	动不得

4. 有一些带有 "得"（·de）的补充型合成词，在书写形式上带可能补语 "得"（dé）的述补词组是相同的，但是彼此的读音和语法属性都不同。例如：

认得（·de）	不认得（de）	×认不得
值得	不值得	×值不得
记得	不记得	×记不得
晓得	不晓得	×晓不得

一个特殊情况是，"舍得"（shě·de）的否定式可以是"不舍得"，也可以是"舍不得"（shě·bu·de）。按理说，"不"＋"舍得"是一个偏正词组，"舍"＋"不得"是一个述补词组。

（三）趋向补语

1. 趋向补语是由表示趋向的动词充当的。趋向动词有：

进　出　上　下
来　去　回　过
起　开

2. 趋向动词本身可以做述语，"来"和"去"又可以跟其他趋向动词组成表示趋向的述补词组。例如：

进来　进去　上来　上去
出来　出去　下来　下去
回来　回去　过来　过去
起来　起去　开来　开去

3. 单个儿的趋向动词做补语，叫做简单趋向补语。由趋向动词组成的述补词组做补语，叫做复合趋向补语。例如：

简单趋向补语	复合趋向补语
走<u>进</u>	走<u>进来</u>
跳<u>出</u>	走<u>进去</u>
爬<u>上</u>	爬<u>上来</u>
滑<u>下</u>	爬<u>上去</u>
拿<u>来</u>	跳<u>下来</u>
送<u>去</u>	跳<u>下去</u>
寄<u>回</u>	送<u>回来</u>
飞<u>过</u>	送<u>回去</u>
撑<u>起</u>	扔<u>过来</u>

打开　　　　　扔过去
　　　　　　　说开去

4. 趋向述补词组的后面可以带"了、过"。例如：

我从来没上去过。

你也爬上了珠穆朗玛峰。

我也爬上去过。

扛上去了一个金属觇（chān）标。

5. 趋向述补词组的后面还可以再带宾语。不过，带简单趋向补语的述补词组之后所带的宾语往往由处所词充当；带复合趋向补语的述补词组之后所带的宾语往往是其他的名词。例如：

走进（简单趋向补语）

走进大礼堂（处所词宾语）

跑出（简单趋向补语）

跑出体育馆（处所词宾语）

跑出来（复合趋向补语）

跑出来一只兔子（名词宾语）

扔过去（复合趋向补语）

扔过去一个篮球（名词宾语）

撂下去（复合趋向补语）

撂下去一把钥匙（名词宾语）

6. 趋向补语、结果补语差不多都能变换为可能补语。例如：

趋向补语	结果补语	可能补语
过来	看见	进得来、进不来
爬上去	拦住	看得见、看不见
		爬得上去、爬不上去
		拦得住、拦不住

7. 动词做补语的时候，不一定用它们的"本义"，而是用它们的"引申意义"。例如：

走得动　走不动（"动"表示有没有力气做某种动作）

搬开　离开　放开（"开"表示改变位置或改变原样）

唱起来　讲下去（"起来、下去"表示行为延续）

（四）状态补语

1. 状态补语补充说明动作进行或完成的状况，由谓词、谓词性词组、主谓词组、固定词组等充当。状态述补词组是宽松式的，述语与补语之间要用结构助词"得"。例如：

跑得<u>快</u>　　　　　　　写得<u>好</u>
洗得<u>干净</u>　　　　　　说得<u>清清楚楚</u>
逗得<u>乐了</u>　　　　　　急得<u>哭了</u>
冷得<u>发抖</u>　　　　　　热得<u>出汗</u>
说得<u>大家都哭了</u>　　　站得<u>腰都酸了</u>
小得<u>眼睛看不见</u>　　　装得<u>鼓鼓囊囊的</u>
打得<u>落花流水</u>　　　　找得<u>满头大汗</u>

2. 状态述补词组跟可能述补词组的肯定式是同形的，因为二者都要用结构组词"得"。但是，状态述补词组的肯定式可以扩展，而可能述补词组的肯定式不能扩展；二者的否定式和疑问式也不相同。例如：

	可能述补词组	状态述补词组
<u>肯定式</u>	写得好	写得好
<u>肯定式扩展</u>	×	写得不怎么好
		写得跟他一样好
<u>否定式</u>	写不好	写得不好
<u>疑问式</u>	写得好写不好	写得好不好

3. 状态述补词组的述语与补语之间，可以插"个"。这个"个"是一个结构助词，它的功能跟"得"相当。在意义上，插"个"的述补词组特别表示动作或行为的延续，这种词组也有肯定式和否定式两种。例如：

<u>肯定式</u>	<u>否定式</u>
吃个饱	闹个没完
打个落花流水	骂个不休
杀个鸡犬不宁	笑个不止
碰个头破血流	流个不停
洗了个痛快	下个没完没了

4. 有的学者认为这种插"个"的词组不是述补词组，而是述宾词组。因为"个"的前面可以加"一"。例如：

吃个饱　　　　　吃一个饱
喝一个足　　　　喝一个足

述语后面的数量词究竟是宾语还是补语，这个问题有不同的答案。可以认为，"一个"是数量词临时用为"助词"。有趣的是，状态述补词组的述语与补语之间还可以插"得个"。应当说，这个"得个"是一个"复合的"结构助词。例如：

吃得个满嘴流油　　打得个半死
吃得个不亦乐乎　　忙得个要命

（五）程度补语

表示性质、状态的程度述补词组有两种格式。

1. 述语与程度补语直接结合，述语由谓词充当，补语由副词或者形容词充当，后面还要用语气词"了"。例如：

好极了　　　　　暖和多了
蠢大发了　　　　高兴坏了
可笑透了　　　　冷死了
难看死了　　　　乐坏了

形容词述语后面充当程度补语的"死"是形容词，动词述语后面充当结果补语或可能补语的"死"是动词。试比较：

结果补语　可能补语　程度补语
打死　　　打得死　　冷死了
压死　　　压得死　　脏死了
堵死　　　堵得死　　难看死了

2. 述语与程度补语之间插"得"，述语由谓词充当，补语由副词、形容词或者主谓词组充当，也可以由形容词性词组充当。例如：

老实得很（程度副词做程度补语）
写得很漂亮（形容词性词组做程度补语）
写得漂漂亮亮（重叠式状态形容词做程度补语）
说得一清二楚（固定词组做程度补语）

急得像热锅上的蚂蚁（述宾词组做程度补语）

看得脑袋发胀了（主谓词组做程度补语）

3. 在述语与程度补语之间加停顿，甚至可以插进停顿语气词。还可以采取"隐含"补语（"零补语"）的办法，达到强调或夸张的目的。例如：

那小伙子愁得一宿没合上眼。（述补之间无停顿）

那小伙子愁得啊，一宿没合上眼。（述补之间有停顿）

那小伙子愁得……（隐含补语——零补语）

瞧你吓得……（隐含补语——零补语）

把他气得……（隐含补语——零补语）

那顶帽子破得……（隐含补语——零补语）

那身肉肥得……（隐含补语——零补语）

你那话说得……（隐含补语——零补语）

你看你累得……（隐含补语——零补语）

4. 程度补语可以是多层次的。例如：

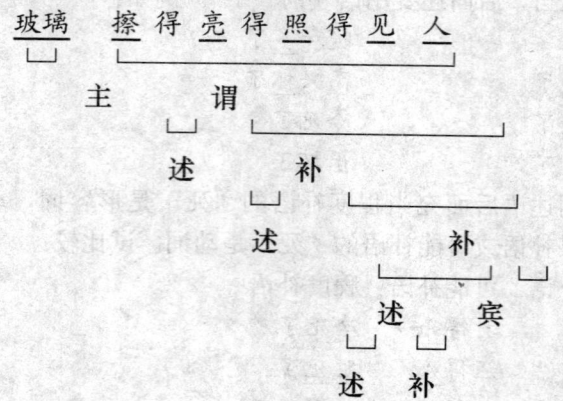

玻璃　擦得亮得照得见人
　主　　　谓
　　　述　　补
　　　　　述　　补
　　　　　　　述　　宾
　　　　　　　述　补

衣服　烫得平整得多
　主　　谓
　　　述　　补
　　　　述　补

第七篇　汉语定语和状语的区别问题

"定语、状语"问题就是"修饰语"问题。修饰语也叫做"限制语"。顾名思义，这种句法成分是用来对别的成分加以限制或修饰的。修饰语与别的成分的关系，就是限制与被限制、修饰与被修饰的关系。起限制、修饰作用的成分叫做修饰语。修饰语分为两种：修饰"谓词性成分"的修饰语称为"状语"；修饰"体词性成分"的修饰语称为"定语"。被限制、被修饰的成分叫做"中心语"，这种中心语也可以叫做"被定语、被状语"。说起来简单，等到具体分析的时候麻烦就多了。有人说定语与状语有区别，有人说没有区别，究竟应当如何来看呢？

一、定语与状语有区别

(一) 区别的角度

从中心词（"被定语"、"被状语"）的角度看，受定语修饰的是哪些东西？受状语修饰的又是哪些东西？从定语和状语的角度看，定语可以由哪些东西来充当？状语又可以由哪些东西来充当？

(二) 一般的说法

1. 受定语修饰的"中心词"是名词
(1) 定语是加在名词前边的连带成分。
(2) 名词前边的能回答"谁的"、"什么样的"、"多少"这类问题的成分，通常是名词、代词、形容词、数量词。

2. 受状语修饰的是动词或形容词
(1) 状语是句子里加在动词或者形容词前边的形容词、副词或时间词、处所词。

（2）状语能回答"怎么"、"多么"这类问题。
问题：
从中心词的角度，能不能有把握推断其前面的修饰成分的性质？
真　　事
定语　名词（中心词）
真　　好
状语　形容词（中心词）
我　的　笑　便　渐渐地　少　了。
代词　　　动词（中心词）
通常的看法是：
A. 动词前面有助词"的"，是"名物化"（取得了名词的性质）的动词做中心词。
B. 代词后面有助词"的"，表示"领属性"，是代词做定语。
问题：
究竟是因为"动词取得了名词的性质"，才认为其前面的成分是定语呢？还是因为"动词的前面有代词和助词'的'"，才认为这个动词"取得了名词的性质"呢？
3. 拿某些"偏正结构（修饰语＋中心语）"来看，其中的修饰成分是定语还是状语，可以由修饰语本身的性质确定。
（1）"副词＋▲"＝"状语＋中心语"
很好（"很"是副词，所以"很"是状语）
（2）"名词＋的＋▲"＝"定语＋的＋中心语"
铁　的　手腕（"铁"是名词做定语）
（3）"代词＋的＋▲"＝"定语＋的＋中心语"
我　的　书（"我"是代词做定语）
有　你　的　好儿（"你"是代词做定语）

二、定语与状语名称的形成

（一）黎锦熙：（《新著国语文法》）
黎先生把修饰成分叫做"附加语"。"附加语"中又有"形容的附加语"和"副词的附加语"之分。他所说的"形容词的附加语",应当理解为"形容词性的附加语",相当于现在大家所说的"定语";他所说的"副词的附加语",应当理解为"副词性的附加语",相当于现在大家所说的"状语"。黎先生采用的术语,所指欠明确。

(二) 吕叔湘:(《中国文法要略》)

"乙级加词":相当于现在大家所说的"定语"。

"丙级加词":相当于现在大家所说的"状语"。

(三) 王力:

"加语":相当于现在大家所说的"定语"。王先生没有给"状语"另立名称。

王力的"加语"	吕叔湘的"加词"
首品加语	甲级加词
次品加语	乙级加词
末品加语	丙级加词

(四) 丁声树等:(《现代汉语语法讲话》)

丁先生等将"修饰语"分为:

1. 名词的修饰语——相当于"定语"
2. 动词的修饰语——相当于"状语"
3. 形容词的修饰语——相当于"状语"

这种分法是符合汉语语法的实际的。当然,能够做中心语的成分,不仅仅是名词、动词、形容词三类词,其他词类也可以修饰中心语。

　　两 个　(数词修饰量词)
　　好 学生　(形容词修饰名词)
　　不 太 好　(副词修饰形容词)
　　爱上 溜溜 的 他　(状态形容词修饰代词)
　　一个 骨瘦如柴 的 他　(成语修饰代词)
　　老鼠 夹子　(名词修饰名词)
　　这 是 炸 的 鱼,不 是 炖 的 鱼。(动词修饰名词)

三、修饰语与中心语的联系

（一）修饰语与中心语在形式上的联系

汉语的表达习惯是修饰语先说出来，中心语后说出来。于是在语流中形成"修饰语在前、中心语在后"的格式。

1. 形容词＋名词。例如：

红	花
修饰语	中心语

绿	叶
修饰语	中心语

2. 副词＋形容词。例如：

很	好
修饰语	中心语

十分	热烈
修饰语	中心语

3. 形容词＋动词。例如：

快	说
修饰语	中心语

慢	走
修饰语	中心语

4. 副词＋动词。例如：

不	走
修饰语	中心语

　　　　　　　别　　　说
　　　　　　　└┘　└┘
　　　　　　修饰语　中心语

5. 名词＋名词。例如：

　　　　　　　榆木　　疙瘩
　　　　　　　└┘　　└┘
　　　　　　修饰语　中心语
　　　　　　　玻璃　　窗户
　　　　　　　└┘　　└┘
　　　　　　修饰语　中心语

（二）修饰语与中心语在意义上的联系

1. 领属上的限制

　　　　　中国　的　　领土
　　　　　　　　　　　└┘
　　　　　修饰语　　　中心语

　　　　　我们　的　　　学校
　　　　　　　　　　　　└┘
　　　　　修饰语　　　　中心语

2. 质料上的限制

　　　　　　　塑料　　口袋
　　　　　　　└┘　　└┘
　　　　　　修饰语　中心语

　　　　　　　水泥　　柱子
　　　　　　　└┘　　└┘
　　　　　　修饰语　中心语

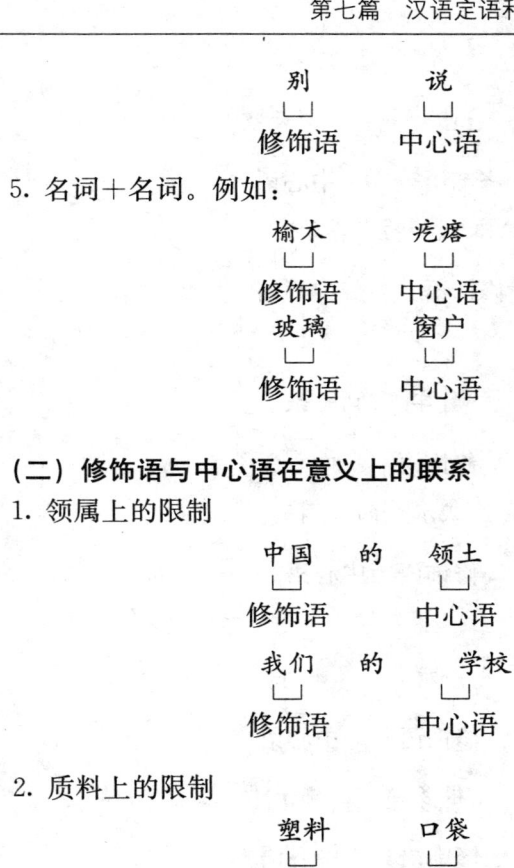

3. 性质上的限制

　　　　　　　新鲜　　蔬菜
　　　　　　　└┘　　└┘
　　　　　　修饰语　中心语

　　　　　　　干　　　辣椒
　　　　　　　　　　　└┘
　　　　　　修饰语　中心语

4. 状态上的限制

　　蓝蓝　　　天空
　　└┘　　　└┘
　　修饰语　　中心语

　　长长　的　鼻子
　　└┘　　　└┘
　　修饰语　　中心语

5. 用途上的限制

　　打字　的　纸
　　└┘　　　└┘
　　修饰语　　中心语

　　挑水　的　桶
　　└┘　　　└┘
　　修饰语　中心语

6. 数量上的限制

　　一群　　　牦牛
　　└┘　　　└┘
　　修饰语　　中心语

　　很多　　　椰子
　　└┘　　　└┘
　　修饰语　　中心语

4. 处所上的限制

　　西藏　的　红花
　　└┘　　　└┘
　　修饰语　　中心语
　　新疆　的　葡萄
　　└┘　　　└┘
　　修饰语　　中心语

5. 方式上的限制

　　仔细　　　研究
　　└┘　　　└┘
　　修饰语　　中心语

　　　　　　迅速　　上马
　　　　　　└┘　　└┘
　　　　　　修饰语　中心语

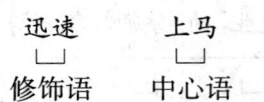

6. 程度上的限制

　　　　　　很　　　复杂
　　　　　　└┘　　└┘
　　　　　　修饰语　中心语

　　　　　　最　　　容易
　　　　　　└┘　　└┘
　　　　　　修饰语　中心语

7. 管界上的限制（X=修饰语，Z=中心语）

一个中心语的前面有两个修饰语，其作用有下列几种。

(1) $(x^1+x^2) \to z$

　　新　老　干部（新干部和老干部）
　　└┘└┘　└─┘
　　　　　　　X
　　x^1　x^2

(2) $x^1 \to (x^2 z)$

　　老　木头　房子（老房子）
　　└┘└──┘
　　x^1　└┘└┘
　　　　　　x^2　z

(3) $x^2 \to x^2 \to z$

　　不　很　好（尚好）
　　└┘└┘└┘
　　　　　　z
　　x^1　x^2

　　很　不　好（坏）
　　└┘└┘└┘
　　　　　　z
　　x^1　x^2

(4) x^1 "的" $\to$ (x^2 "的" z)

年轻 的 研究生 的 导师（年轻导师）
　└─┘　　└───┘　　└─┘
　 x^1　　　└─────┘　　z
　　　　　　　 x^2

(5) $x^2 \rightarrow (x^2\text{"的"}z)$

年轻 研究生 的 导师（年轻研究生）
└─┘ └───┘　　└─┘
　　　　　　　 x^2
└─┘ └─┘
x^1 z^1

(6) $x^1\text{"的"} \rightarrow (z\text{"和"}z)$

老年 的 男人和女人（男人和女人都老）
└─┘　　└─────┘
 x^1
　　　　└─┘ └─┘
　　　　 z^1 z^2

(7) $(x^1\text{"的"}z)\text{"和"}z$

老年 的 男人 和 女人（女人不一定老）
└─┘　　└─┘　　　└─┘
　　　　　　　　　　z
└─┘ └─┘
x^1 z

四、定语与助词"的"

定语，包括体词性定语和谓词性定语，它的后面用不用"的"，可以分为两种情形：一是"的"可用可不用，二是用"的"与否作用不同。

（一）"人称代词＋亲属称谓名词（或一般名词）"，可以用"的"也可以不用"的"。

我哥哥＝√我的哥哥

我父亲＝√我的父亲

你手机呢？＝√你的手机呢？

他把我手机拿走了＝√他把我的手机拿走了

（二）"人称代词＋指示代词＋量词＋名词（或数词）"，可以用

"的"也可以不用"的"。

你那哥哥＝√你的那哥哥

你那两下子＝√你的那两下子

（三）在句子中做定语的"名词＋单音名词"，要用"的"；在句子中做定语的"名词＋复音名词"，可以用"的"也可以不用"的"。

×他把老王信带回来了＝√他把老王的信带回来了

他把老王的包裹带回来了＝√他把老王包裹带回来了

（四）"这、那、哪＋量词＋名词"，用"的"不用"的"有语义上的差别。

这个书包（指称）　　　这个同学（指称）

这个的书包（领属）　　这个的同学（领属）

（五）"名词、性质形容词＋名词"，用"的"不用"的"有语义上的差别。

北京姑娘（定指，词组结构相对严密）

新鲜空气（定指，词组结构相对严密）

北京的姑娘（泛指，词组结构相对松散）

新鲜的空气（泛指，词组结构相对松散）

（六）"名词＋名词"，用"的"不用"的"有语义上的差别。

孩子脾气（性质）　　　狐狸尾巴（性质）

孩子的脾气（领属）　　狐狸的尾巴（领属）

（七）"动词＋名词"，用"的"不用"的"有结构上的差别。

说话（述宾词组）　　　说的话（偏正词组）

炒菜（述宾词组）　　　炒的菜（偏正词组）

（八）"形容词＋名词"，可以用"的"也可以不用"的"。

好天气＝好的天气

长文章＝长的文章

硬纸＝硬的纸

（九）"副词＋形容词＋名词"，要用"的"。

很好的天气

不长的文章

太硬的纸

（十）"很多、很少、不少＋名词"，可以用"的"也可以不用"的"。

很多人＝很多的人
很少书＝很少的书
不少菜＝不少的菜

（十一）"很"＋形容词＋"'的'字词组"，不再用"的"。

很多会打球的　　很少错的
不少能办事的　　太多管闲事的

五、状语与助词"地"

（一）单音性质形容词做状语一律不带"地"。

多　多思　多装　多研究
少　少喝　少说　少打算
早　早来　早熟　早准备
晚　晚到　晚收　晚开始

有一些单音形容词，虽然能够做状语，但是活动能力并不很强，也不带"地"。

精做　　慢起　　远看　　斜插
蛮干　　歪戴　　轻拿　　严打
老说　　苦求　　白操心　光喝水
老泡汤　硬抬杠　干着急　满有味儿
穷折腾　瞎放炮　乱弹琴　净输球

（二）双音形容词做状语，"地"可带可不带。

努力生产　　　　努力地生产
积极工作　　　　积极地工作
认真计划　　　　认真地计划
严格执行　　　　严格地执行
严厉批评　　　　严厉地批评

快速前进　　　　　快速地前进
（三）重叠型的双音状态形容词做状语，"地"可带可不带；重叠型的四音状态形容词做状语一般要带"地"。
　紧紧握着　　　　　紧紧地握着
　好好说　　　　　　好好地说
　轻轻搁　　　　　　轻轻地搁
　慢慢爬　　　　　　慢慢地爬
　乖乖玩　　　　　　乖乖地玩
　悄悄走　　　　　　悄悄地走
　和和气气地说　　　清清楚楚地记得
　慌慌张张地跑　　　慢慢腾腾地说
　轻轻松松地鼓捣　　歪歪扭扭地写
　哇啦哇啦地说　　　吞吞吐吐地交代
（四）附加式的状态形容词做状语一律要带"地"。
　热乎乎地喝　　　　懒洋洋地走
　恶狠狠地骂　　　　羞答答地唱
　轻飘飘地跳　　　　气冲冲地说
　傻里呱唧地喊　　　死乞白赖地求
　活生生地打死　　　傻乎乎地央给
　稀里糊涂地吃　　　乐呵呵地笑
　眼巴巴地望着　　　酸溜溜地喊
（五）副词做状语不带"地"。
　很多　太好　常来　不要
（六）介词词组做状语不带"地"。
　朝东走　　　　往前看
　把桌子搬开　　跟他开玩笑
（七）拟声词做状语要带"地"。
　哇啦哇啦地说　　噼里啪啦地打
　嗡嗡地响　　　　哇哇地叫
（八）数量词做状语不带"地"。
　一把拉住

一口喝完
一脚踢开
一刀砍折（shé）
（九）主宾同形的主谓词组做状语要带"地"。
面对面地谈
一声接一声地喊
手拉手地走
肩并肩地跑
（十）述宾词组做状语要带"地"。
没有目的地走
有组织地提意见
卖命地干
赌气地嚷
（十一）并立词组做状语要带"地"。
三个一群五个一伙地议论
一脚高一脚低地往前走
山南海北地说个没完
没大没小地闹

第八篇　汉语系词的性质问题

"系词"是汉语法学中一个特殊的术语。"系"就是"联系","系词"也可以称为"联词"。这是语法学从逻辑学中借来的术语。逻辑学中的"联词"又称"联项",指的是把"直言判断"("'S'是或不是'P'")的"主项"和"谓项"联结起来,表明二者之间关系的词。汉语的这个"是"看起来简单,用起来不简单,特别是对非汉语人来说,要学好、用好这个"是"还得费点工夫。

一、"是"在句子中的作用

(一)"是"对事物加以强调性的判断。
今天　<u>是</u>　国庆节。
(二)"是"对性质加以强调性的判断。
这　朵　花　<u>是</u>　<u>很</u>　<u>红</u>。
(三)"是"对状态加以强调性的判断。
我　<u>是</u>　<u>不</u>　<u>去</u>。
比较:
今天　<u>国庆节</u>。
　　　　(含"判断"的意思,但是没有加以强调。)
这　朵　花　<u>很</u>　<u>红</u>。
　　　　(含"判断"的意思,但是没有加以强调。)
我　<u>不</u>　<u>去</u>。
　　　　(含"判断"的意思,但是没有加以强调。)

二、对"是"处理的不同办法

(一) 黎锦熙

"是"：表示决定的"同动词"，句式："主语＋同动词＋补足语"。

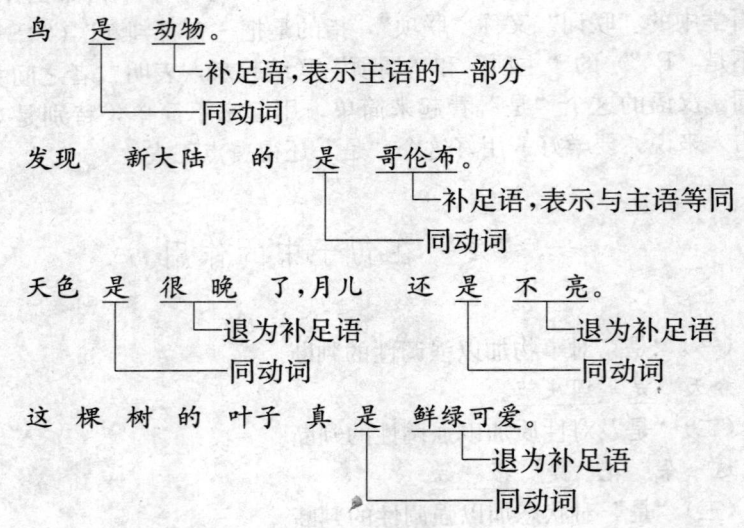

鸟 是 动物。
　　│　└─补足语，表示主语的一部分
　　└─同动词

发现 新大陆 的 是 哥伦布。
　　　　　　　　│　└─补足语，表示与主语等同
　　　　　　　　└─同动词

天色 是 很晚 了，月儿 还是 不亮。
　　　│　└─退为补足语　　　│　└─退为补足语
　　　└─同动词　　　　　　└─同动词

这棵树的叶子 真是 鲜绿可爱。
　　　　　　　│　└─退为补足语
　　　　　　　└─同动词

(二) 王力（《中国现代语法》）

"是"是"系词"，并且是"半虚词"（"像"是"准系词"），系词的作用是连接"主位"和"表位"。

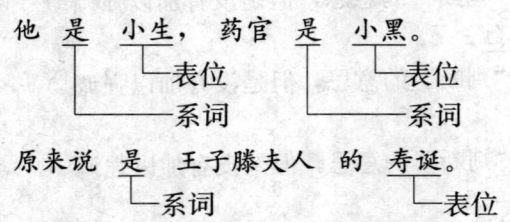

他 是 小生，药官 是 小黑。
　　│　└─表位　　　│　└─表位
　　└─系词　　　　 └─系词

原来说 是 王子滕夫人 的 寿诞。
　　　 │　　　　　　　　 └─表位
　　　 └─系词

这是系词"是"的"正当用途"，即"系词＋表位"成为"判断语"。

系词"是"也可以"活用",即"离开系词的正当用途而扩大到别的领域",活用的系词"近似副词或虚词",是"非纯粹的系词"。

我虽然没受过大繁华,比 你们 <u>是</u> 强些。
　　　　　　　　(系词的后面有形容词做连带成分)
东西 <u>是</u> 没失。
　　　　　　　　(系词后面有动词做连带成分)
不 <u>是</u> 阴尽 了 又 有一个阳生出来。
　　　　　　　　(系词后面有"主谓词组"做连带成分)
每月叫芹儿支领 就 <u>是</u> 了。
　　　　　　　　(系词后面没有连带成分)
上面的例子表明了系词"是"活用的不同情况。

(三) 吕叔湘（《语法学习》）
系词"是"是一个"非活动行为的动词",其后面所带的是"表语",表语由名词或名词性词组充当。
那 <u>是</u> 我买来的钢笔。
朝鲜 也 <u>是</u> 历史悠久的国家。
吕先生也认为系词"是"是"动词",它的后面带宾语。
他 <u>是</u> 聪明。
金桂 见 姐夫 <u>是</u> 帮 自己。
以上两句中,"是"表示强调,有"的确、确实、实在"的意思。
宿舍 前面 <u>是</u> 花园。
咱们 <u>是</u> 好汉一言,快马一鞭。
以上两句中,"是"表示强调,有"存在"的意思。

三、"是"是"判断动词"

对"是"的看法,应当遵循三个原则:其一,要看它本身的特点，其二，看法的成立要能够解释较多的现象，其三，要兼顾汉语语法发展的历史。

从这三条原则出发，不能不说各家的说法多少有些欠缺。

（一）把下面句子中的"是"看作"系词"，还可以成立。

初五日 <u>是</u> 端午。（"是"连接"主位"和"宾位"）

延安 <u>是</u>革命圣地。（"是"连接"主位"和"宾位"）

（二）把下面句子中的"是"看作"系词"，有困难。

这 就 <u>是</u> 了。

（"是"做谓语，后面没有联系对象）

你要找校长，我 就 <u>是</u>。

（"是"做谓语，后面没有联系对象）

刚刚下了一阵雨，又 <u>是</u> 一阵风。

（"是"用在句首，前面没有联系对象）

除此以外，就 <u>是</u> 寂静。

（"是"用在句首，前面没有联系对象）

窗外 <u>是</u> 他的小院。

（主语与表语非同一事物，何以联系？）

周围 <u>是</u> 花园，栽满了奇花异草。

（主语与表语非同一事物，何以联系？）

地主 <u>是</u> 长袍马褂。

（主语与表语非同一事物，何以联系？）

问题：

把"是"的用法说成是"活用"，只能算是在理论上补漏洞的权宜之计。"活用"的情况太多了，就不成其为"活用"了。

四、"是"是特殊的动词

（一）"是"具有动词的性质

<u>是</u> 我。（带代词宾语）

<u>是</u>桌子。（带名词宾语）

这　是不是　柚子？（用"肯定＋否定"表示疑问）
这些　都是。（做谓语）
原来　是　他。（受副词修饰）
已经　是　冬天　了。（受副词修饰）

（二）"是"的后面还能带其他成分，但是本身有"的确"的意味。

人民　是　太　好　了。（带形容词宾语）
这　损失是　不　小　了。（后面带形容词宾语）
她　是　在　夸　她　男人。（后面带动词性词组宾语）
如今　大叔　是　熬　出头了。（后面带动词宾语）

（三）"是"是动词，又不同于一般动词

"是"并不表示具体行为、动作，而是一个表示"判断"意义的动词，因此称为"判断动词"是合适的。

1. 马建忠（《马氏文通》）

马氏认为"是、非、为、即、乃诸字参于'起、表'两词之间，故名曰'断词'"。

"是"有哪些判断作用？
他　是　老王。
他　是。
是　老王。（判断事物）
他　是　好。
他　好。
是　好。（判断性状）
他　是　走　了。
他　走　了。
是　走　了。（判断动作）

2. 黎锦熙

黎先生把"是"看作"同动词"，顾名思义，就是"与动词作用相同的动词"。既然与动词相同，又何必另起一个"同动词"的名称呢？原来黎先生是这样分析"是"的作用的：

"是"＋"形容词"

```
        "是" + "动词"
         │       └─ 从述语退为补足语
         └────────── 述语
```

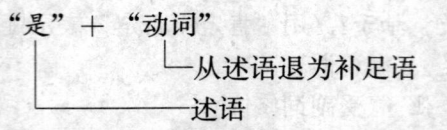

　　这种分析法，就黎先生自己的理论而言，显得不一贯；就具体操作而言，也很麻烦。

　　"是"是表示"判断"意义的动词，它的语法作用跟别的动词相同，应称为"判断动词"。由于"是"的意义比较"虚"，如果要把它跟别的动词加以区别，就把它叫做"系词"好了。

第九篇　汉语数词与数字的关系问题

汉语的数词系统比较整齐，好教好学好用，一是因为它采取"十进位"的办法，是以"十"为"基"的整数系统。人们都很熟悉这种记数系统，它的"基"（或称"根"）是"十"，用"零、一、二、三、四、五、六、七、八、九、十"等基数词来记数；二是因为它没有什么形态上的变化，用基数词进行简单的组合就可以清晰、准确地表示数目。

不过，在教学与研究上，汉语的数词也还有些问题值得讨论，毕竟"语法"与"数学"不是一回事。

一、数词的小类

从结构上看，数词可以分两小类。

（一）单纯数词

1. 系数词

一　二　三　四　五　六　七　八　九
十　零（"零"，也可以写为"○"）

2. 位数词

十　百　千　万　亿　兆　吉（十亿）

"十"既是系数词也是位数词。

（二）复合数词（数词结构）

十五　　五十　　一千○五十

复合数词尽管是单纯数词的结合体，但是，人们总是把复合数词当作一个整体单位来使用，所以，复合数词的作用实际上跟单纯数词是一样的。

二、"数字"与"数词"的对应

（一）一字一词：包括所有的单纯数词。
（二）二字一词：系数词＋位数词＝"系数位数结构"
　　二十　　三十　　……　　九十
　　一百　　二千　　三万　　四亿　　五吉
（三）三字二词："系数位数结构＋系数词"
　　二十一　　……　　九十九
"一十一、一十九"本是"三字二词"，但是，习惯上说成"十一、十九"，简化成了"二字一词"。
（四）四字二词："系数位数结构＋系数位数结构"
　　一百　　二十一万五千
（五）四字三词："系数位数结构＋〇＋系数词"
　　一百〇五
（六）一数四词："系数位数结构＋系数位数结构＋系数位数结构＋系数词"
　　一千三百七十五

三、对数词的不同看法

（一）数词属于"形容词"
1. 马建忠："静字"（即形容词）
2. 章士钊："示纪形容词"（《中等国文典》）
3. 杨树达："数量形容词"（《高等国文法》）
4. 黎锦熙："数量形容词"（《新著国语文法》）
5. 吕叔湘、朱德熙："形容词的附类——数词"（《语法学习》、《语法修辞讲话》）

把数词算作形容词，是受西欧语法学影响的看法。王力先生首次论证了数词的语法功能，把汉语的数词列为独立的一类。

（二）汉语的数词是一个独立的词类

王力在《中国语法理论》中，将数词与形容词比较，认为数词有自己鲜明的特点。

1. 形容词能单独做谓语，数词不能。

√桃花　红。

×桃花　三。（此句不能成立）

2. 数词能带"单位名词"（即"量词"），形容词不能。

√三　朵　桃花。

×红　朵　桃花。（此句不能成立）

四、数词的语法特点

（一）数词通常出现在两种语法格式里

1. 不与量词连用

<u>二</u>　<u>加</u>　<u>三</u>　<u>是</u>　<u>五</u>。

<u>十五</u>　<u>乘</u>　<u>二</u>　<u>是</u>　<u>三十</u>。

2. 要与量词连用

<u>一</u>　<u>个</u>　苹果

<u>三</u>　<u>根</u>　香蕉

<u>十</u>　<u>支</u>　蜡烛

（二）数词能单独做谓语，或与名词组合直接做谓语，不必借助判断词"是"或其他动词。

这　个　孩子　<u>九</u>　<u>岁</u>　了。

你　今年　才　<u>十五</u>，可　我　已经　<u>二十</u>　啦。

（三）否定句式不能直接用数词做谓语，而必须加判断词或其他动词。

他　<u>不</u>　<u>是</u>　<u>九</u>　<u>岁</u>，是十　岁。

我 到 二十 了，他 还 <u>不 到 二十</u> 哩！

五、数词结构

语言中数目的表示法与数学中数目的表示法不是完全一致的。在讲数词的时候，问题就在"数词结构"如何处理上有不同的看法。下面是汉语数词结构的分类。

（一）系数结构：由基数与基数组成，彼此之间是并列的关系。

三、四（个）　　四、五（个）
七、八（个）　　八、九（个）

用"相邻"的系数组成系数结构，其中"九"和"十"不能组成"九、十（个）"。

"相隔"的基数只有"三五（个）"和"五七（斤）"的说法。

三个以上的系数组成的系数结构较少见，如"五、六、七八（个）"，有时候也有人用。

（二）位数结构。由位数与位数组成，彼此之间是相乘的关系。

百万　　千万　　万万

（三）系数位数结构

1. 简单的系数位数结构由一个系数和一个位数组成，彼此之间是相乘的关系。

二十　　八百　　三千

2. 系数位数结构＋系数

二十一　　八十六　　三十三

3. 系数结构×位数

二三十　　五六十　　七八十

4. 系数位数结构×位数

二十万　　二百万　　二万万

在数学上可能理解为"二十×万、二百×万、二×万万"。

(四) 系数位结构还可以组成系数位数组合

1. 系数位数结构＋系数位数结构

一百二十　　三百五十

2. 系数位数结构＋系数位数结构＋系数位数结构。

四万三千二百一十　　五万六千四百三十

3. 系数位数结构＋系数位数结构＋系数

三百二十一　　五百四十三

4. 位数＋系数

十一　　十六　　十八

这种格式是"一十一"、"一十六"、"一十八"的简缩。

5. 系数位数结构＋系数位数结构＋系数（实际上是再加系数位数结构）

三千二百一　　二千二百五

此外，"零"可以"替补"系数位数结构。

三千零一十　　二万零五百

第十篇 汉语量词的发展与归类问题

量词有"度量词"与"名物量词"之分。各种语言都用度量词,名物量词却不是任何言都用的。汉语的名物量词很发达,成为非汉语人学习汉语的一大难点。量词在语法上的规律可以说清楚,而量词与名词在语义上的搭配规律就难以简单而论了。

一、是名词还是量词

(一) 汉语语法学中的量词
1. 数词与名词之间要用量词:"数词+量词+名词"
一 <u>个</u> 人　　一 <u>匹</u> 马
一 <u>辆</u> 车　　一 <u>根</u> 鞭子
2. 动词与数词之后要用量词:"动词+数词+量词"
甩 一 <u>下</u>　　拉 一 <u>趟</u>
叫 一 <u>声</u>　　跑 一 <u>天</u>

(二) 在别的语言中不一定称为量词
汉语的量词在其他一些语法学中称为名词。如英语:
一 <u>支</u> 粉笔　　a <u>piece</u> of chalk
一 <u>杯</u> 茶　　　a <u>cup</u> of tea
两 <u>把</u> 米　　　two <u>handfuls</u> of rice

二、对量词的不同看法

(一) 马建忠 (《马氏文通》)
把量词看成"记数的别称":"物之别称,所以计数也。"马先生未给量词单立一个名目,也未把"计数的别称"列入他的词类类目。但是,他举出了明确的实例,注意到了汉语中量词的存在。

例如《史记·滑稽列传》:

黄金　千　镒（古制 24 两或 20 两为"镒"）
白璧　十　双（两件为一"双"）
　　车马　百　驷（四匹马拉的车为"驷"）
　　　　　　└─"物之别称,所以记数也。"

(二) 陈承泽（《国文法草创》）

把量词看成"名字"（即名词）,是"表数之单位及度量衡与记号之字"。陈先生的看法实际上与马先生相同。

表数之单位之字：圆、个、只、双
表度量衡之字：尺、寸、升、斗、斤、两

(三) 黎锦熙（《新著国语文法》）

黎先生偶然提到"量词"这个名称,但是,他认为是"数量副词",或是"表数量的名词",是"用在数词之下,用来做所计数的事物的单位"。如：

1. 用个体的普通名词来表他物的数量：一　杯　水
2. 一切度量衡：尺、寸、升、斗、斤、两
3. 既非物体又非专称,而从名词转变为"形容词性质"的,附属于名词：个、只、朵、匹、棵
4. 表数量的副词：一次、一趟、一遍

(四) 王力（《中国语法理论》）

王先生认为量词是"单位名词"（unit nouns）,本身是名词,或从名词演变而成,用来表示人或物的单位。

(五) 吕叔湘（《中国文法要略》）

把量词叫做"单位指称词",属"指称词"之内。

(六) 吕叔湘、朱德熙（《语法学习》、《语法修辞讲话》）

把量词叫做"副名词"，属于名词的附类。又称为"单位指称词"。偶尔提到"量词"，看法近于王力先生。

(七) 陆志韦（《北京话单音词词汇》）

陆先生把量词看作是"助名词"（并创造了一个英文名称"ad-noun"），属指代词的小类。

(八) 赵元任（《北京口语语法》）

赵先生把量词看做"助名词"（auxiliary nouns），助名词不是名词。赵先生认为"一个、两个"是"助名词复合体词"，与名词地位等同。

(九) 陈望道（"计标"，《语文知识》，1952年6月号）

陈先生把量词定名为"计标"，并且进一步指出：

1. "计标"的作用，一是划"界"（即界限），二是分"式"（即式样）。

"连续的事物"需要划"界"：

一　斤　油
　两　丈　布
　　└─划界的计标

"不连续的事物"需要分"式"：

　这　架　飞机
　那　幅　画儿
　　└─分式的计标

2. "计标"的对象，一是"动"的"事"，用"记事的计标"；二是"静"的"物"用"记物的计标"

　　走　一　趟
　　读　一　遍
　　　└─记事的计标

一　条　绳子
一　碗　饭
└─记物的计标

（十）丁声树等（《现代汉语语法讲话》）

丁先生等将汉语的词划分为 11 类，其中"量词"也是一类。丁先生等的《讲话》，最先发表在《中国语文》1952 年 8 月号（第 18 页）上。从此，在汉语语法学中，总算使"量词"取得了一个独立词类的地位。

（十一）张志公（《汉语语法常识》）

张先生主张把数词和量词放在一起来看，叫做"数量词"，是"表示数目、分量的词"。不过，多数人认为，数词和量词是两类各有特点的词，应当把它们的本来面目说清楚。如果笼统地称为"数量词"，未免有囫囵吞枣之嫌。

三、汉语量词的兴起与发展

陆宗达、俞敏较早阐述了这个问题（《现代汉语语法》，1954 年，群众书店，第 86 页）。二位先生指出：

（一）周朝文献中的量词

汉语量词最早见于周初（前 11 世纪）的文献，如：

馘四千八百二十馘（"馘"，guó，左耳）

人万三千八十一人

马××匹

车十辆

牛×百××牛

羊三十八羊

弓一（?）

矢百（?）

（二）周秦以后至唐以前的量词

从周秦到唐代以前，经过了 1800 多年的过程，汉语的量词并不发达。就是在唐代（681 年～907 年），汉语的量词也不见得十分活跃。

（三）元明时的量词

到了元代（1271 年～1368 年）杂剧不断流行，元代、明代 1368－1644）白话小说兴盛，量词也就随之大量发展。

一 <u>搭</u> 荒村　一 <u>表</u> 身材
一 <u>把</u> 钢刀　一 <u>片</u> 心肠

（四）清以后的量词

清代（1644 年～1911 年）以后直到现代，汉语的数词后头，几乎非有一个量词不可。

究竟古代汉语中量词的情况如何，还没有搞清楚。有人说，古代汉语本来没有量词，只是受了"侗台语"的影响，而逐渐产生了量词；有人说古代汉语的口语里有量词，书面语中没有量词；有人说，汉朝（西汉，前 206 年～公元 8 年；东汉，25 年～220 年）的人只是偶尔用用量词，如：

一 <u>个</u> 臣　一 <u>只</u> 鸟

四、量词的语法特点

（一）表意明确

三月（"三"是序数）
三<u>个</u>月（"三"是基数）
给你一把刀（"把"是名物量词）
给你一<u>刀</u>（"刀"是动量词）

（二）大多能重叠

单音节的量词占多数，单音节的量词差不多都可以重叠，表示"每一"的语法意义。

条条大路通北京。
个个都考得好。
句句都是实话。
本本都有插图。
门门一百分。
张张都有用。
件件有着落。
样样有来头。
片片都很薄，

（三）不单独充当句子成分

量词一般不单独充当句子成分，总是与数词或指示词相随。

（四）文言用法与口语用法不尽一致

在流传至今的文言成分中，名词能够直接与数词连用，而不必在其间夹一个量词。

九〔 〕牛二〔 〕虎之力　　一〔 〕针一〔 〕线

（五）时间词、处所词可以做"准量词"

三年　　四季　　五天　　六夜
七省　　八区　　九州　　十县

（六）量词与事物的"形状"有一定的关系

物体的"形状"或"扁"或"圆"或"方"或"长"，五花八门，千形万状。量词兴起的初期可能与物体的形状有关系，量词的逐渐发展，"形"降为次要的标志，"量"的意义就突出起来。现在"量词"基本上只管计算物体的"量"而不管物体的"形"了。例如人们对于下面这些实例中的量词，可以直接感受它们的"量"，而只能隐隐约约联系到它们的"形"了：
  一张纸 一把刀 一片云 一条龙
  一头牛 一匹马 一尾鱼 一座桥
  一扇门 一本书 一首诗 一块墨
  一只脚 一朵花 一支笔 一辆车

第十一篇　汉语代词的替代作用问题

长久以来，汉语中的"代词"被当作"代名词"的简称。其实代词不仅替名词，它还代替名词以外的词。到底代词代替什么？代替对象不同又如何归类？代词有没有自己的语法特点？有的人认为代词不是独立的一类，它代表哪一类就归到哪一类；有的人认为代词可以成为一个独立的类，不过它不同于其他的词类：其他词类内部也可以划分基本性质相同而略有相异之处的小类，代词的内部则还有性质很不相同的小类。这样一来，代词的问题就变得复杂了。

一、代词的名称

(一) 一般的说法
1. "代替名词、动词、形容词或数词的词叫做代词"。
2. "说话的时候常常要用到同一个名词、动词、形容词或者数量词，遇到这种情形，也可以不用这些词，而用另外的词来代替"。

(二) 代词所代对象
1. 代替名词，即代名词（pronoun），只管代替名词，不管代替其他的词。代替在意义上指人的名词。如："我"。
2. 代替形容词，即代替在意义上表示性质、状态的词。如："怎么"。
3. 代替指物的名词，即代替在意义上表示指物的名词。如："这"。

二、代词能不能成为一种独立的词类

(一) 从所代对象来看
有人认为，代词所代对象较为广泛，可以代替的对象并不止一种词类，因此无法加起来归为独立的一种词类。怎么办，代替哪类词，就归到那类词之下。

（二）从形态上看

有人认为，英语的代词为什么能归为独立的一类，是因为英语的代词有"格"的形态变化（如 I-me/he-him/she/her 之类），也就是说代词有代词的标志。而汉语没有狭义的形态变化，可以保存"代词"这个名目，只把它放在名词之下。

（三）代词在意义、功能、形式上都有自己的特点

1. 代词在意义上的特点

（1）代词只代替事物，而不称呼事物。

这 是 桌子。

"这"代替"桌子"，并非"桌子"又叫做"这"。

（2）代替在意义上的概括性比其他任何一类词的概括性都要大。

"桌子"，包括各种质料、式样、颜色、用途的桌子，而不包括"椅子、柜子"等等。

"谁"，包括一切的人。

"它"，包括一切的事物。

2. 代词在功能上的特点：都能代替另一类词。

3. 代词在语法形式上的特点

（1）一般不受别的词类修饰

王同志 那儿 有 报纸。（指人的名词＋指示代词）

再 这样 就 不 行 了。（副词＋指示代词）

想 吃 点 什么。（量词＋疑问代词）

随便 买 两样 什么 来下饭。（数量词组＋疑问代词）

代词的这种用法没有很大的普遍性。

在书面语中，人称代词及个别的疑问代词可以受其他词类或词组修饰。

还 有 一个 我。（数词＋量词＋人称代词）

听说 美国 的 谁 来 了。（专名＋的＋疑问代词）

可怜 的　他被关在门外。（形容词＋的＋人称代词）
从来 不 喝 酒 的　他也端起杯来。（词组＋的＋人称代词）
囊中羞涩 的　我　无能为力。（成语＋的＋人称代词）
这种说法也只是在书面语中偶然见到，在口语中基本上不通行。
（2）代词一般不能重叠
你　你　你，你这个鬼东西。
你　你　你　是人还是鬼。
你，你，你　好狠心哪！
在情绪上表示恐慌、愤怒的时候，将代词"连用"，这种用法不能算是代词的"重叠"。
他们说办乡镇企业 有 怎样 怎样 的 困难……
一会儿说 怎样 怎样，一会儿又说 怎样 怎样。
什么　什么都预备好了。
在修辞上表示"强调"什么的时候，将代词"连用"，这种用法也不能算是代词的重叠。

三、代词是虚词还是实词

（一）光凭意义上的虚实很难区分代词的虚实
1. 实词有实在的意义
汽车　　以燃烧汽油为动力的交通工具
红　　　一种像鲜血或石榴花的颜色
跳　　　身体用力使两腿迅速弯曲离地的动作
2. 虚词表示抽象的意义，毕竟也是一种意义。
老师　和　同学
女士们　和　先生们（"和"表示连接关系）
3. 在意义上有些词既是实词又是虚词
"介词"是虚词，但是"介词"是从动词演变而来的，以致有些词既是动词又是虚词。

他 <u>在</u> 家里。("在"是动词)
他 <u>在</u> 家里 读书。("在"是介词)
4. 有些词在意义上"虚多实少"
王力先生认为"代词"是"半虚词",只是在意义上"毕竟是偏于虚的方面"。(《中国语法理论》)

(二) 兼顾结构与意义,应当认为代词是实词
1. 代词与其他实词相同之点,是能够做句子成分。
<u>他</u> 的 书 不 见 了。(代词做定语)
喊 <u>他</u>。(代词做宾语)
是 <u>谁</u>? <u>他</u>。(代词独立成句——"句词")
<u>他</u> 是 <u>谁</u>?(代词做主语、宾语)
2. 代词虽然不称呼事物,但是代词指明所代实词指称的实体事物,以及实体事物的动作、变化、性状、数量等。
我不想买<u>它</u>。("它":桌子……)
收成<u>怎样</u>?("怎样"指性状)
不知道说<u>什么</u>。("什么"指具体事物)
<u>这</u>是吹牛。("这"指行为)
<u>那</u>就糟了。("那"指事态)

四、代词的归类

(一) 个案归类法——分散归类法——鉴别归类法
1. 章士钊(《中等国文典》)将代词分为:
(1) 代名词:代替名词的词
(2) 代名形容:指示形容词、疑问形容词
(3) 代名副词:指示副词、疑问副词
2. 杨树达(《高等国文法》)、黎锦熙(《新著国语文法》)将代词分为:
(1) 代名词

（2）形容词：指示形容词、疑问形容词
（3）副词：疑问副词、性态副词（"这么、那么"）
3. 鉴别代词归类的依据
（1）代名词是代替名词的，如果是代替其他词类的词，就应归为其他词类。
（2）有代替作用的归代名词；只有"区别作用"的词归"指示形容词"；只有"疑问作用"的归"疑问形容词"。（杨树达）
（3）从词在句子中所担任的职务看（黎锦熙）：
附加在名词前面的不是代名词，而是"指示形容词"或"疑问形容词"。
附加在动词或形容词前面的词不是代名词，而是"疑问形容词"或"性态副词"。

这　是　什么　人？
此处的"这""指示代词"；"什么"是"疑问形容词"。

这　人　的　名字　叫　什么？
此处的"这"是"指示形容词"；"什么"是"疑问代词"。

在通常的情况下，"这么、这样"：是"性态副词"，附加在动词、形容词之前；"怎么、怎样、怎么样"：是"疑问副词"，附加在动词、形容词之前。

（二）集中归类法——笼统归类法（马建忠《马氏文通》，王力《中国现代语法》，吕叔湘《中国文法要略》、《语法学习》）

马、王、吕三位先生将代词集中归类处理的依据：
1. 代词既代替名词，也代替其他的实词。
2. 代词有指示和替代两种作用，替代时也兼指示，指示时不一定兼替代。
3. 代词没有形态标志。
4. 不能只按能充当什么句子成分来确定词的类别。

这　是　谁？
"这"既替代又指示。

这　个　人　是　谁？

"这"只指示不替代。

五、代词内部的小类

(一) 吕叔湘的分法
1. 无定代词（相当于"疑问代词"）
2. 有定代词（相当于"人称代词"和"指示代词"）

(二) 章士钊的分法（《中等国文典》，沿用至今）
1. 人称代词
2. 指示代词
3. 疑问代词

(三) 王力的分法
1. 无定代词，与所代事物关系不确定。（"人、人家、别人"）
2. 有定代词，与所代事物关系确定。
（1）人称代词（"你、我、他"）
（2）复指代词（"自己"）
（3）交互代词（"相"）
（4）被饰代词（"者"）
（5）指示代词（"这、那"）
（6）疑问代词（"什么"）

第十二篇 汉语介词和连词的界限问题

一般认为,介词起"引介"作用,连词起"连接"作用。但是,在汉语语法学史上,也有把这两类词搞混了的。本来这两类词的问题并不多,当然也有一些分析上的麻烦,需要澄清一下。

一、介词与动词的区别

(一)黎锦熙(《新著国语文法》)

1. 介词的作用

"介词把名词、代名词介绍到动词、述说的形容词上去。"黎先生的这句话可以引申为一个公式:

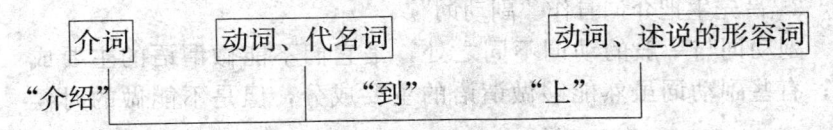

| 介词 | 动词、代名词 | 动词、述说的形容词 |

"介绍"　　　　　　　"到"　　"上"

名词、代名词经过介词介绍以后,可以表示它们与"动词、述说的形容词",在"时间、地位、方法、原因"等等方面的关系。

2. 介词的分类

(1)兼属动词和介词的

在、往、朝、到、上

下、出、进、过、离

距、给、替、帮、靠

依、拿、用、带、比

(2)"特别介词"

A. 领摄介词:"的"

B. 提宾介词："把"
C. 引副介词："得"

（二）王力（《中国语法理论》）
1. 把介词和连词归结在一起，称为"联结词"。
2. 古代的联结词可以分为两类。
（1）由动词变来的：
与、以、因、自、由
（2）根本就是动词的：
从、往、当、在、朝
向、靠、用、拿、依
替、为、对、到、比
3."把、被"是"助动词"。

（三）吕叔湘（《语法学习》）
1. 吕先生没有列出介词的名目。
2. 吕先生把介词看作"副动词"。
副动词与一般的动词不同之处，是它们不能做谓语的主要成分；有些副动词虽然能够做谓语的主要成分，但是不能做的时候多。
把、被、从、往、给
跟、替、对于、关于
吕先生并没有进一步说明，究竟哪些动词可以做副动词；也没有说明，不做谓语主要成分的动词就都算副动词吗？

二、介词、副词与动词

（一）对从古代流传下来的文言词的处理
下面这些词都不单独做谓语，归入介词不成问题。
从、于、以、把、将

被、自、自从、由于
对于、关于、除了
为、为了、为着

(二) 可能分别是动词、介词或兼属两类词

1. 依句法功能而定，单独做谓语的时候是动词，与名词、代词结合做动词的修饰语的时候是介词。这种看法有"词无定类"之嫌。

2. 依词的语法特点而定，尽可能做到"词有定类"。

(1) 经常作介词用的，归入介词：往、朝、向

(2) 经常作动词用的，归入动词：用、拿、靠、替

"用"　　　　单独回答问题
"不用"　　　受副词修饰
"用不用"　　肯定否定重叠　　"用"是动词，
"用用"　　　自身重叠　　　　具有动词的一般特点。
"用过"　　　带时态助词

"<u>用　事实　说服</u>"——"用"是介词，"介词+名词"做状语。
"<u>用事实　说服</u>"
"<u>用不用事实　说服</u>"　　"用"是动词，充当连动
"<u>用了很多事实　说服</u>"　　谓语的第一个动词。
"<u>用这些事实　来　说服</u>"

(3) 既有动词特点又有介词特点的，有时用作动词，有时用作介词，可以算"兼类"：在、叫、让、给、比、跟

<u>在　家</u>
<u>在　家　读　书</u>　　"在"、"到"既属动词，
<u>到　北京</u>　　　　　　也属介词。
<u>到　北京　开　会</u>

三、介词与连词的区别

(一) 黎锦熙（《新著国语文法》）

"连词是用来连结词与语、语与语、句与句、节与节，以表示互相联络的关系的"。黎先生把一些具有关联作用的副词、介词、动词都有算作连词。

(二) 王力（《中国语法理论》）

王先生认为连词、介词的界限不清楚，因此把这两类词总称为"联结词"。

1. 古汉语的联结词可以分为两大类
(1) 则、乃、且、而、故、况、以、于
(2) 与、经、因、自、由
2. 王先生原先把介词归入动词。
3. 后来王先生把介词、连词分开来看。
(1) 介词：和、或、的、于、以
(2) 连词：是表示句子和句子之间关系的词：因为、而且

(三) 吕叔湘（《语法学习》）

1. 在此书中吕先生所举连词仅有：
和、跟、但是、因为、所以
要是、除非、虽然
2. 吕先生认为，表示意念上关联的词语，可能是一个专用的"连接词"，也可能是一个兼有关联作用的别类词。实际上吕先生所指的连词，是连接词、词组或句子的关联词。

四、划分连词和介词界限的困难

(一)"连、介兼属"有的时候发生歧义

我 和 他 说了几句话。——"和"是介词（我说了话，他

没有说话)

　　我　和　他　说了几句话。——"和"是连词(我、他两个人都说了话)

　　语言　跟　跟 语言学　有关　的　问题
　　　　　连词　介词

(二) 划分介词、连词界限的最大困难

1. 最大困难在于辨认"既能组合词语、又能组合句子的词"的身份问题。

"因为"　　　词："因为"是连词?
"由于" ＋ 词组(主谓词组除外)："由于"是介词?
"为了"　　　句子："为了"是介词?

(1) 这回 因为 我们有功，主人夸奖了我了。(鲁迅《聪明人和傻子和奴才》)

　　此句中"因为"的后面是"句子"，"因为"是"连词"吗?

(2) 由于人们的阶级地位各有不同，人们的社会本质也各有不同。(刘少奇《人的阶级性》)

　　此句中"由于"本是介词，可是其后面是一个复句，似乎应理解为连词，是否可以认为"由于"兼属介词和连词两个词类呢?

(3) 为了咱们都是好兄弟，为了火车就要来到大戈壁，把这杯酒干了吧，我的亲兄弟。(李季《夜光杯》)

　　此句中"为了"本是介词，可是两个"为了"体现了一组"排比句"，是否又应把"为了"理解为"连词"呢?

(4) 除了你小凤是一个团员一个党员，其他都是群众，不好说话。(赵树理《三里湾》)

(5) 关于美帝国主义者平常怎样压迫它国内的黑人，我们已经听到很多了。

　　此两句中的"除了"、"关于"既是介词又是连词?

(6) 由于历来的经验，我知道青年们，尤其是文学青年们，十之九是感觉很敏，自尊心也很旺盛的……(鲁迅《为了忘却的纪

（7）在土地改革以前，他是数一数二的贫农，<u>为了</u>生活，不得不给地主当长工。
　　此两句中"由于"、"为了"的后边是词或词组，"由于、为了"是"介词"？
　　（8）就<u>因为</u>这件事，他再也没有来过。
　　（9）<u>要是</u>白天，你不妨顺着又宽又平的马路散散步。
　　（10）<u>不论</u>做什么工作，都应当好好完成。
　　此三句中的"因为、要是、不论"既是"介词"又是"连词"吗？
　　2．"由于"、"因为"的特殊用法
　　（1）<u>由于</u>我国农村地少人多，<u>所以</u>在农村中仍然有一部分困难户。
　　（2）<u>由于</u>新来的同学不适应这里的气候，<u>因此</u>有些人容易闹毛病。
　　此两句中"由于"与"所以"互相呼应，应是连词；"由于"与"因此"互相呼应，应是"连词"。
　　（3）这难道不是 因为 我们领导工人阶级和广大人民群众取得了全国政权的缘故吗？
　　此句中的"因为"是"介词"？试析：
　　"这"：全句的主语
　　"难道不是因为我们领导工人阶级和广大人民群众取得了全国政权的缘故"：全句的谓语
　　"难道不是"：谓语中的"述语"
　　"因为我们领导工人阶级和广大人民群众取得了全国政权的缘故"：谓语中的"宾语"
　　"因为我们领导工人阶级和广大人民群众取得了全国政权"：宾语中的"定语"
　　"缘故"：宾语中的"中心语"（"被定语"）
　　"因为我们领导工人阶级和广大人民群众"：定语中的"状语"
　　"取得了全国政权"：定语中的中心语（"被状语"）

再看：

这 是 因为 我国的 民族教育 事业 有 特殊性。

主语　　　　　　　　　谓语

　　　述语　　　　　　　　　宾语

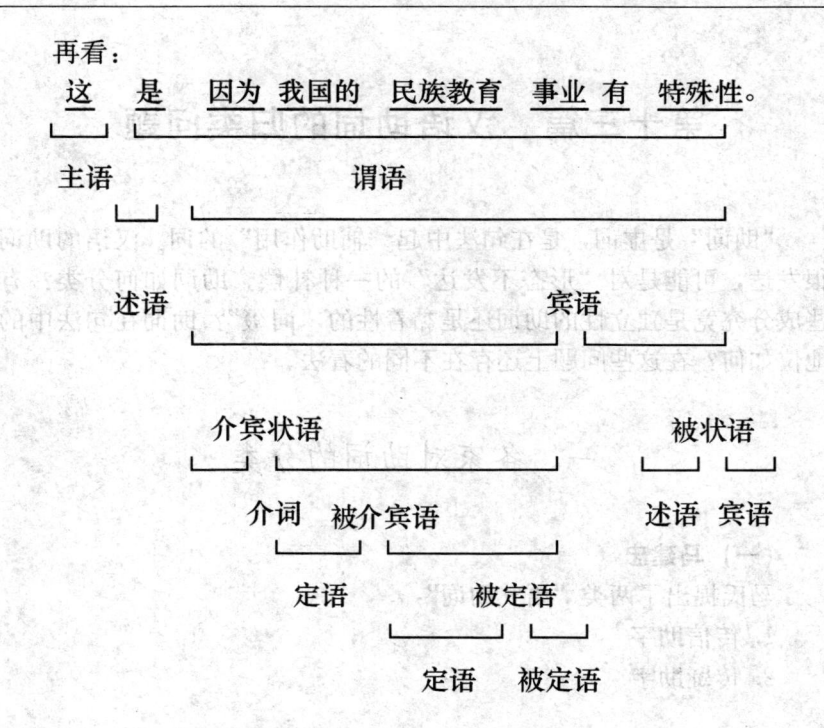

　　介宾状语　　　　　　　　被状语

　　介词　被介宾语　　　　述语　宾语

　　　　定语　被定语

　　　　　　定语　被定语

（三）对待这些困难的态度

1. 任何介词，包括"由于、为了"，都可以用来组成"介宾结构"，介词后面的宾语也可以是主谓词组。

2. 任何连词，包括"因为"，其后面是一个词或是主谓词组以外的词组，也可以认为是省去某些成分的分句，而不一定是连词转变成了介词。

3. 应当根据一般特点的用途来确定连词和介词的界限，而不要等到它们进入语言片段（包括词组和句子）以后再来区别。

第十三篇 汉语助词的归类问题

"助词"是虚词，是在句法中起"辅助作用"的词。汉语的助词很发达，可能是对"形态不发达"的一种补偿。助词如何分类？有些成分究竟是独立性的助词还是黏着性的"词缀"？助词在句法中的地位如何？在这些问题上还存在不同的看法。

一、各家对助词的分类

（一）马建忠
马氏提出了两类"语气助词"：
1. 传信助字
2. 传疑助字

（二）黎锦熙（语气词）
黎氏提出了五类语气词：
1. 决定语气词
2. 商榷语气词
3. 疑问语气词
4. 惊叹语气词
5. 祈使语气词

（三）陈承泽（《国文法草创》）、杨树达（《词诠》、《高等国文法》）
陈氏按句法位置分助词：
1. 语末助字
2. 语间助字
3. 语首助字

(四) 陈望道（"试论助辞"，载《中国语文研究资料选辑》，中华书局，1955）

陈氏按语气分助词：
1. 起发助词
2. 提引助词
3. 顿切助词
4. 收束助词
5. 带搭助词

(五) 当今一般分法
1. 结构助词
   的、地、得、所
2. 时态助词（"时态"又称"体"或"情貌"）
   了、着、过、来着
3. 语气助词
   呢、吗、吧、啊

二、助词与副词的区别

（一）助词是修饰或限制动词、形容词的词。但是，有些词究竟是助词还是副词，划分起来有困难。
   岂、敢、宁、难道、却
这些词可以表达全句语气，如何归类就有争论。
1. 助词？
2. 副词、助词兼类（黎锦熙）？
3. 语气副词（王力），用在谓词之前？
   偏、竟、可、敢
   又、也、还、才
   并、却、就、简直

索性、难道、到底

（二）表示语气的副词与一般副词在意义上虽有些区别，但语法特点不变。

我说的就是你。"就"是助词？

电铃刚响，他就到了。"就"是连词？

用在谓词之前，语法特点相同，应归为副词。

三、助词与副词的句法功能

（一）大多数副词用在谓词之前，而助词用在词、词组或句子之后。
（二）少数副词可以单用，助词都不单用。

四、助词"的"的归类

（一）"的"不是词尾（史存直，"的字是不是词尾"，载《中国语文》1954年4月号）"的"很难说是词尾：

1．"的"在一个词之后：
我的；穿的；戴的
2．"的"在词组之后：
省、市、县的文化教育；唱大鼓的；买香蕉、苹果的
3．"的"在句子之后：他会回来的。

（二）各家对"的"的处理

	表示修饰语与被修饰语的关系		"的"之后无中心词，"的"与它前面的词构成体词性结构	在句尾表语气
实例	红的花	我的书，穿的衣服	我的，红的，吃的，种地的	我昨天见过他的
1	词尾	统摄性介词准名词	连接代名词	助词
2	语助词	语助词	语助词	语助词

续表

	表示修饰语与被修饰语的关系	"的"之后无中心词，"的"与它前面的词构成体词性结构	在句尾表语气
3	附加成分	附加成分	附加成分	语助词
4	记号	记号	记号	语气词
5	连词	连词	词尾	语气词
6	助词	助词	助词	助词
7	—	关联词	词尾	语气词
8	词尾	词尾	词尾	语助词

注：
1. 黎锦熙：《新著国语文法》
2. 赵元任：《现代吴语研究》，"北京、苏州、常州语助词研究"，1956 年，影印本。
3. 赵元任：《北京口语语法》
4. 王力：《中国现代语法》
5. 吕叔湘、朱德熙：《语法修辞讲话》
6. 陈望道：《中国语文研究参考资料选辑》
7. 陆宗达、俞敏：《现代汉语语法》
8. 丁声树等：《现代汉语语法讲话》

(三)"的"归为连词？

"的"连接附加语与被附加语，与别的连词的性质不同，不能划为连词。"的"字虽有高度的附着性，还是划为助词为好。

(四)"的"是词尾或介词？(岑麒祥，"关于汉语构词法的几个问题"，载《中国语文》，1956 年 2 月号)

1. 词尾：只要是加在一个词的后面，互相结合得很紧，能够表示一定的语法意义，我们就有权力把它叫做词尾。

2. 介词：加在词组或句子后面，不如按其功能叫做介词：

这就是出这本书<u>的</u>影响，<u>的</u>力量。(《朱自清诗文选》)

问题：

介词能够前置吗？

动词带了"的"做修饰语，后面又不出现中心词的时候，能说这个"的"是介词吗？(来的人是谁？来的是谁？)

词组后面带"的",能说这个"的"是词尾吗?

五、助词"得"的归类

(一) 黎锦熙(《新著国语文法》)
1. 介词
跑得直喘、甜得很、画得好
2. 助动词
吃得、吃不得

(二) 吕叔湘(《语法修辞讲话》)
吕先生认为"得"是连词。
问题是介词与连词是不同的,连词有时候可以省去,而介词是不能省去的。
工人和农民团结起来。=工人( )农民团结起来。
只要努力工作就能做好。=( )努力工作就能做好。
画得好≠画好
√跑得直喘——×跑喘
√甜得很 ——×甜很

(三) 陆志韦(《北京话单音词词汇》)
陆先生认为"得"是"下加副词"。
问题是按照汉语的习惯,副词做状语修饰动词的时候,副词只能用在动词之前,而不能用在动词之后。

六、助词"所"的归类

(一) 各家的看法
1. 马建忠(《马氏文通》):"接续代词"(relative pronoun)

2. 杨树达（《词诠》）：
(1) 名词
(2) 被动助动词
(3) 假设连词
(4) 语中助词
(5) 语尾
3. 刘复（《中国文法通论》）：
(1) 表被动
(2) 关系副词
(3) 关系代词
4. 黎锦熙（《新著国语文法》）：
(1) 连接代名词：据我所知
(2) 表被动性的助动词：我们所住的房子
5. 王力
(1)《中国文法初探》："带代词性的助词"
(2)《中国现代语法》："记号"，"动词的前记号"
王先生还认为"所"和"得"都是"单词"：
我所买的书
我所不欲

(二)"所"是代词吗？
马建忠说"所"是"接续代词"。马建忠用了一个英文术语"relative pronoun"做注，那么"接续代词"就是"关系代词"。按照他的理论，"关系代词"之前应当有"先词"。而"所"的前面没有"先词"（其前面没有名词出现），况且代词也不能处在所代名词之前。

即使是"关系代词"，也只能处在两个句子之间，而"所"并不处在两个句子之间。

(三)"所"是助动词吗？（"助动词"即"能愿动词"）
1. 能愿动词有比较实在的意义，"所"只有"语法意义"（关系意义)。

2. 能愿动词能够单独做谓语，"所"不能单独做谓语。
3. 能愿动词之前可以加"不"，"所"之前不能加"不"
　　√不能　　√能不能
　　×不所　　×所不所
4. "为……所"、"被……所"的被动性由何而来？
"为……所"、"被……所"表示的被动性，并不是由"所"产生出来的，而是由"为"与"被"产生出来的。因为在这样的结构里，"所"省去以后，语义并不发生变化。如果省去"为"或"被"，句子就不能成立了。
　　√为我们领导的中国平民所推翻。
　　√为我们领导的中国人民（　）推翻。
　　×（　）我们领导的中国人民所推翻。
　　√被我们各国人民所推翻。
　　√被我们各国人民推翻。
　　×（　）我们各国人民所推翻。

(四)"所"是副词吗？
1. 副词是修饰或限制动词、形容词的
副词能够修饰动词或形容词，它们组成修饰结构可以做谓语，表达的意义也比较实在。
　　不说不写
　　不思不想
　　不好不坏
2. 结构助词是表示结构关系的助词
结构助词如果与动词结合，就可以组成"体词性"结构，表达的意义也比较空虚。
　　所说所写
　　所思所想
　　急群众之所急，想群众之所想
　　这正是我们所盼望的。

第十四篇　汉语的特殊句式问题

"特殊句式"是反映汉语语法特点的东西。"特殊"是与"一般"或"普通"相对而言的。在习惯上，人们认为"主语＋述语＋宾语"的句式是各种语言的"通式"，其他的句式就成为"特殊句式"了。"特殊"只是"特殊"，不一定就很"复杂"。特殊表现在三个方面，一是就汉语自身而言，特殊句式与普通句式有所不同；二是就汉语与其他语言比较而言，这种句式是其他语言中没有或少见的句式。三是各家有各家的特殊认识。

一、何谓独词句？

（一）关于独词句的传统说法

1. 有些学者没有介绍独词句，或者不承认有独词句。

在汉语语法学研究史上，早期的学者都没有介绍独词句。查看下列学者的代表作，都未明确讲到独词句：

（1）马建忠：《马氏文通》
（2）章士钊：《中等国文典》
（3）陈承泽：《国文法草创》
（4）黎锦熙：《新著国语文法》
（5）吕叔湘：《中国文法要略》
（6）王力：《中国现代语法》
（7）高名凯：《汉语语法论》
（8）张志公：《汉语语法常识》

2. 马建忠的"绝句"

马建忠把独词句看作"绝句"，实际上就是"省略句"。

来，予与尔言。

"来"是"绝句",是省略了"起词"的"绝句"。马氏所讲的"起词"即主语,"止词"即谓语。

3. 王力认为"单词成句的情形是很少见的"。

4. 金兆梓的"独字句"

金氏在他的《国文法之研究》中,将"独字句"分为:

(1) 省略谓语的独字句(省谓句)

(2) 省略主句的独字句(省主句)

(3) 无所谓主语谓语句的独字句(如应对语:"然"、"否")

(4) 无主语谓语的独字句(如感叹词"吁"、"噫")

5. 刘复的"独字句"和"推广的独字句"

刘氏采取了与金氏相同的办法给独字句分类,并且增加了一种"推广的独字句",就是两字以上的感叹词形成的独字句(如"噫嘻"),或一个实词加一个感叹词形成的独字句(如"天乎")。

6. 高名凯的"单词可以成句"

高先生承认单词可以成句,"表示感情的语词往往是单独的用着,然而和上下文都有关联,而其本身也可以算是一个句子"。

"呼语"也是一个句子:"宝姐姐!"

7. 丁声树等的"单词句"

丁氏等认为,"在一定条件下,一个字能传达一定的意思,所以即使是一个字,也是句子。"

<u>一定条件　　问或答</u>
传达一定意思"谁?"——"我。"
　　　　　　"抽烟吗?"——"抽。"
　　　　　　"去不去看电影?"——"去"。

8. 张志公的"叹词又成句又不成句"

单独用的叹词是句子:"嗯。"而叹词附在句子的前头又不算句子:

"妈呀!怕煞人了。"

"唉!那是怎样的宁静而幸福的夜啊!"

二、独词句与简略句的区别

（一）不能勉强把独词句看作省略句

有人把"火！"这样的独词句看做是"火起！"的省略，把"好一个晚晴天！"看做是"这是好一个晚晴天！"的省略。这种看法有点勉强，因为如果扩大省略句的范围，就会导致不承认有"无主句"和"独词句"。

（二）独词句与省略句也不容易划清

有人说，独词句与省略句总是"藕断丝连"，不那么好"一刀两断"。为什么？

1. 因为独词句中的"应对语"大多是动词（如"是。"、"请。"）而有的动词，特别是有达意功能的动词单独成句的时候，就最容易扩充为主谓句。

独词句	主谓句
谢谢。	我谢谢你。

2. 独词句中"应对语"的独立性比较弱。"应对语"总是要承前而说，如果单独说出来，总觉得表达的意义不够圆满，因而很像简略句。

你去不去？（言语环境）
去。（应对）
你不要难过，没事可以常来找我。是杰花巷10号吧？
是。谢谢太太。

这里的"是"很容易被看成简略句，因为"是"可以扩充为"是杰花巷10号"。

难防的是小人。
是，爸爸。

这里的"是"算为一个独词句，因为在这里很难确定对"是"补充什么或扩充什么。

3. 下面句子的性质比较好确定

简略句	独词句
谢谢你！	谢谢！
劳您驾！	劳驾！
给您道喜！	恭喜！

(三) 叹词何以能独立成句

1. 从意义上看

叹词是虚词，无实在意义，但是可以做句词；副词是实词，意义相当实在，却不做句词。

2. 从语法功能上看

叹词是实词，能独立成句；副词是虚词，却不能独立成句。

可见，叹词虽然没有实在意义，但也能够独立表意，所以能独立成句。

3. 关于叹词的不同看法

（1）陈承泽

"感字（即叹词）独立表意，于文之构造部不生关系"。（《国文法草创》）

（2）王力

"我们所谓'呼声'，就是普通所谓感叹词或叹词……不足以称为词"。（《中国语法理论》）

(四) 独词句与句子中的独立成分有所区别

独词句应当有自己的独立作用，而独立成分只对它后面的句子起"注释"作用。

迅哥儿，昨天的戏可好么？

（独立成分）

但是事实未必完全如此。实际上独立成分无论在句首、句中或句末，也都对全句起注释作用。

看起来，天气就要热了。

看起来天气就要热了。

天气看起来就要热了。
天气就要热了,看起来。
如果说,凡是独立成句的词算独立句,凡是附着在另一个句子上的词算独立成分,那么,又该怎样来判断是不是附着在另一个句子上呢?从上面的 4 个例句来看,光靠标点符号也很难判断"看起来"究竟是独词句,还是独立成分。

三、句子的"简略"

(一)马建忠:"议事论首之句,戒命之句,承前之句等可以省去'起词'(即主语);比拟句,凡所与比者'语词'可省(即谓语)。"(《马氏文通》)

(二)章士钊:句子成分主语、动词、宾语可以省。(《中等国文法》)

(三)金兆梓:句子可以省去主语,省字是省去某一个词。(《国文法之研究》)

(四)刘复:句子有省略句,"省去的字,仍旧暗含着,并不是根本上减省"。(《中国文法通论》)

(五)吕叔湘:"省略"是承上性的省略,可以省主语,省宾语。(《中国文法要略》)

(六)黎锦熙:句子的主要成分可以省略,省略的情形有 8 项(《新著国语文法》):

(1) 省主语　　　　　　(2) 省述语
(3) 省宾语　　　　　　(4) 省补足语
(5) 省定语("形附")　(6) 省定语后的中心语
(7) 省介宾之宾("副位")　(8) 省复句之一

(《新著国语文法》专门列有"主要成分的省略"一章,书后索引还有一条谈省略)

不过,别的语法学家都不觉得有省略的句子,而黎先生却认为有欠缺。有欠缺就是省略。下列各句之中,黎先生认为都有省略,而且都可以把省略的成分"补出来"。

A 火｛起｝！B 这本书已经｛被｝送给张先生。
B 德国被盟国｛被｝打败了。
C 这座铁桥，｛当｝今年秋季完成。
D 这是一本很好的书，我要再读｛书｝一遍。
E 大街上有一人卖花的｛人｝。
F 这一盆｛墨菊花｝是我自己种的墨菊花。
G 我的心｛的干净｝像水｛的干净｝似的。
H 这棵树的叶子｛的颜色｝都红了。
I ｛第｝一月，｛第｝二月，｛第｝二哥，｛第｝三弟。
J 我已经读完了｛十分之｝八成的光景。
K 大江｛向｝东去。
L 现在物价｛比××｝都贱些。
M 他不走动，何况你（怎么走得动）呢！
N 这些故事都是潘仁美那斯搬弄出来的｛事｝。
O 莫要人不知｛没有法子可以叫人不知｝，除非己莫为。

不难看出，黎先生所谓的"完整、省略"，在言语事实中并不那么说。

（二）20世纪40年代汉语语法学界尽量避免用"省略"解释

王力先生认为，补出所缺的部分，是反自然的说法。勉强补出，如违反习惯，则省略不能成立。

下面的例子不能算省略。

1. 本来不用谓词（指谓语）的句子

   一千银子一把，我也不卖。

   我今年二十岁。

   一个萝卜一个坑儿。

   他老王。

2. 本来不合逻辑的句子

   怎么我的心就和奶奶一样。

   那小牛是木头做的。

   有砸他的，不如来砸我。

工人师傅像儿子一样爱护我。

不过，王先生也承认有省略：承说的省略、替代法的省略、称数法的省略、谓词的省略、问语的省略等。

四、紧缩句

(一) 汉语句子的紧缩现象

1. 金兆梓最早注意到"复句凝缩之法"。(《国文法之研究》)

"子温而厉，威而不猛，恭而安。"(《论语》)

这是包含3个子句的复句。是由包含6个子句的复句凝缩而成的：

子虽温，却厉；虽威，却不猛；虽恭，却安。

2. 刘复有"复句之伸缩"一说(《中国文法通论》)

地体圆而不平。(减缩句)

地体是圆的，不是平的。(复句)

此人长大而无用。(减缩句)

此人虽长大，但是没有用处。(复句)

3. 王力说有"紧缩式"(《中国现代语法》，《中国语法理论》)。

(1) 积累式的紧缩

兄弟来请安。

口里说着，便去开门。

大家吟诗做东道。

(2) 目的式的紧缩

还要买一个丫头来你使。

我送他几两银子使吧。

明儿挑一个丫头给老太太使唤。

(3) 结果式的紧缩

说的林黛玉嗤的一声笑了。

兴儿……先吓了一跳。

我长了这么大，……
(4) 申说式的紧缩
身子更要保重才好。
且商议咱们八月十五赏月是正经。
只纳罕他家怎么这样宝贵呢?
(5) 条件式的紧缩
你一去都没有兴头了。
不问还不来呢。
越给钱越闹的凶。
我不叫他便罢。
(6) 容许式的紧缩
去了也是白去的。
不用出来也使得。
(7) 时间限制式的紧缩
到阶下便朝上跪下磕头。
待张材家的缴清再发。
(8) 转折式的紧缩
雍也，仁而不佞。
怀其宝而迷其邦……好从事而亟失时。

王先生说，此 8 类还只是举例性质，"其余的复合句也有紧缩的可能。"

(二) 句子紧缩的条件

1. 王力 (《中国现代语法》)
(1) 念起来只像一个句子形式，中间没有语音停顿。
(2) 只把两个意思联结在一起，不用联结词（"而且、以便、因为"之类）：
出去开门。（两个意思，中间无停顿。）
吓一跳。（两个意思，中间无停顿。）
2. 丁声树等 (《现代汉语语法讲话》)
(1) 复句中可停而不停者，就是紧缩句。

你怕丢人（，）你走开。
你不问（，）我替你问。
放了你（，）还不回去。
你上哪儿（，）我也找得着。
一开春（，）天就长了。

(2) 紧缩现象就是用紧缩句表达复句或近于复句的意义。
人家问他，他也不答应。——问他也不答应。
人家叫他吃饭，他也不动弹。——叫他吃饭也不动弹。
你爹越惯你，你越不像样。——越惯你越不像样。
人多了，里头就能出韩信。——人多出韩信。（才干跟韩信相同的人）
你爱信就信，你不爱信就不信。——你爱信不信。（当中不能停顿，又需同一个主语）

五、"把"字句和"处置式"

(一)"把"字句（或"将"字句）的成立
一般句式与"把"字句的区别：
一般句式："主语＋谓语＋宾语"
"把"字句："主语＋〔'把'＋宾语〕＋谓语"
问题：
(1) 为什么要用一个"把"字来挪动一下句法成分？
(2) 什么情况之下必须这样挪动？什么情况之下不能这样挪动？
(3) 什么情况之下挪动也可以、不挪动也可以？
(4) 什么时候可用可不用"把"，是在任何情况下可用可不用"把"，还是在某种情况下要用"把"，而在另一种情况下却不用"把"？

(二) 王力论"处置式"（《中国现代语法》）
王先生把"把"字句叫做"处置式"，并且指出"把"字的后面不能用"不"。

王先生进一步阐明了处置式的条件和性质：

1. 处置式的条件："处置式是把人怎样安排，怎样支使，怎样对付；或把物怎样处理，或把事情怎样进行"。处置式必须符合以下5条。

（1）处置式叙述词的后面有"末品补语"（即动词补语或趋向动词）

　　紫鹃又把镯子连袖子轻轻的褪上。
　　把酒烫得滚热的拿来。

（2）处置式叙述词的前面或后面有表示处所的"末品谓语形式"（即"介宾结构"做状语或补语）

　　晴雯伸手把宝玉的袄儿往自己身上拉。
　　把你林姑娘安置在碧纱橱里。

（3）处置式叙述词后面有"关系位"（即"近宾语"）

　　把那条还我吧。

（4）处置式叙述词后面有"数量末品"（即数量补语）

　　我把他打了一顿。
　　我把那门敲了三下。

（5）处置式里有"情貌"表示（或用时态助词或用"动"＋"一"＋"动"表示行动状态）

　　由着奴才们把一族中主子都得罪了。
　　他把书老拿着。
　　把头也另梳一梳。

2. 如果行为不带处置性质，就不能用处置式。

（1）叙述词（即谓语动词）表示精神行为者

　　我爱他。≠"我把他爱。"

（2）叙述词表示感受现象

　　我看见他。≠"我把他看见。"

（3）叙述词所表示的行为的目的语（即宾语）所表示的事物变更状况

　　我上楼。≠"我把楼上。"

（4）叙述词所表示的行为是一种意外的遭遇
　　我拾了一块手帕。≠"我把一块手帕拾了"。
（5）叙述词是"有、在"等存在动词
　　我有钱。≠"我把钱有。"
　　我在家。≠"我把家在。"
3. "继事式"与"处置式"
"继事式"是"处置式"的转化，是"处置式"的活用，但是并不表示一种"处置"，只表示此一事受彼一事的影响而产生的结果。
（1）继事式的叙述词表示精神行为
　　谁知接连许多事情把你忘了。
（2）继事式的叙述词表示意外遭遇
　　把牙磕了，那时说才不演呢。
　　何必为我把自己失了。
（3）继事式的叙述词表示感受某种现象
　　小红听了，不觉把脸一红。
（4）继事式的叙述词是不及物的动词
　　偏偏又把凤丫头病了。
　　怎么忽然把个晴雯姐姐也没了。
比较起来，"处置式"不能表示这 4 种状况。"处置式"的叙述词必定是及物动词（"他动词"），"继事式"的叙述词可以是及物动词，也可以是不及物动词。

（三）吕叔湘论"把"字句
吕先生认为，可以从三个方面来考察"把"字句。
1. 从动词本身的意义来考察"把"字句
吕先生说王力先生是从动词本身的意义来考察"把"字句的。即使是从动词本身的意义来考察，王先生的提法也不可以成立。
（1）属于精神行为的，也可以用"把"。
　　这么一来，他何必把你恨透了。
　　盼来盼去，总算把这一天盼到了。
　　你把这个话再想想看。

（2）属于不能使目的语所表示的事物改变状况的，也可以用"把"。

　　把三百级台阶一口气走完。
　　你把这个留着自己用。
　　把安老爷上下打量两眼。

（3）属于意外遭遇的，也可以用"把"。

　　把日子误了。
　　把机会错过了。
　　把姑娘的东西丢了。
　　先把太太得罪了。

由此可以证明，从动词本身意义观察，只能知道在哪些情况下不能或不宜用"把"，而不能知道在哪些情况下必须或宜于用"把"。

2. 从宾语的性质来考察"把"字句

从宾语的性质来考察，只能知道宾语代表"无定的"事物不能用"把"，但是不能知道宾语代表"有定的"事物在哪些情况下用"把"，在哪些情况下不用"把"。

　　"我把一块手帕拾了。"
　　我把那一块手帕拾了。

3. 从全句的格局来考察"把"字句

吕先生认为，从全句的格局来考察"把"字句，用"把"的原因，是动词之后有了某些成分。动词后置的成分，是"把"字句发展的动力。根据动词的后置成分，吕先生把这类句子分为"必须"用'把'的和"可用可不用'把'的"两大类。吕先生最后的结论是，"把"字句式起初也许并无特殊用途，但在近代口语里推广，主要是因为有一些情况需要把宾语挪到动词之前去。宾语挪到动词之前有两个条件：宾语必须是有定的；动词必须代表一种作为、一种处置。

（四）从形式和意义两方面来看"把"字句

1. 动词谓语句的常见格式是"主语＋谓语动词＋宾语"，如果没有特殊需要，一般不用"把"。

2. 在下列情况下，"把"可用可不用。
(1) 动词带"了、着、起来、下去"之类
  打了他。
  把他打了。
  把他抓起来。
  把他捆着。
  把他赶下去。
(2) 谓语是个"动+补"结构
  说完话。
  把话说完。
(3) 动词后面带两个宾语
  还他书。
  把书还他。
(4) 谓语动词的前后有附加语
  仔细地读一遍书。
  把书仔细地读一遍。
3. 如果动词带较为复杂的补语再带宾语，则常常不用"把"。
  √你打得倒他吗？
  ×你把他打得倒吗？
4. 如果动词的补语是"介+宾"的词组，就非用"把"不可。
  ×"关他在家里。"
  √把他关在家里。

六、"被"字句

各家对"被"字句的看法没有多大分歧。

(一) 王力认为"被动式"与"处置式"有相似之处
1. 像"把"字后面不能有否定词一样，"被"字后面也不能有否定词。

2. 像"处置式"只限于叙述处置性的事件一样，"被动式"只限于叙述不如意的事情。

3. 不用"被"字的"被动式"，是意义上的被动，形式上却是主动。

五儿吓得哭哭啼啼。

这类句子"没有把施事者说出来"，张志公称之为"自动形式的被动句"。

油豆腐也煮得十分好。

4. 有"挨、受"之类动词的句子，类似被动式的主动句。

他挨撸了。

我受领导表扬了。

（二）丁声树等认为"把"字句与"被"字句有所不同

1. "把"字后面必须带宾语再接动词，"被"字后面可以没有宾语而直接接动词。

√ 把猪吃了。　　× "把吃了"。

√ 被老虎吃了。　√ 被吃了。

2. "把"字句的动词的前后带一些别的成分。而"被"字句的动词，如果是单音节的，就要带别的成分。如果是双音节的，就可以不带不什么成分。

被打了。

被打得落花流水。

被推翻。

七、"存现句"

（一）存现句的成立

1. 从意义上看

存现句是表示人或事物在什么地方存在、出现、消失的句式。

天安门广场上　矗立着　一座人民英雄纪念碑。
黄浦江口　　　驶过来　一艘货轮。
学院里　　　　送走了　一批毕业生。

2. 从结构方式上看

存现句的构成方式是："处所性词语＋动词性结构＋体词性结构"。其中首项"处所词语"是重要标志，如果缺了首项"处所性语"，就不是存现句句式。

存现句	非存现句
窗台上摆着一盆君子兰花。	一盆君子兰花摆在窗台上。
树林边跑过来一头梅花鹿。	一头梅花鹿从树边跑过来。
脑海里掠过许多英雄形象。	许多英雄形象从脑海里掠过。

3. 从作用上看

存现句又可以从作用上分为两种。

(1) 存在句

这种句式可以用来表明什么地方、存在什么人或事物。

什么地方	存在	什么人或事物
围墙外	是	一条大马路。
校门前	有	一对石头狮子。
橱窗中	摆着	各式各样的商品。
凉床上	躺着	一个胖大汉。

(2) 隐现句

这种句式用来表明什么地方出现或消失了什么人或事物。

什么地方	出现、消失	什么人或事物
屋角边	长出来	一棵竹笋。
山沟里	摔死了	一头老牛。
教室中	充满着	嬉笑之声。

(二) "存在句"的表达功能和结构特点

1. 存在句的表达功能

存在句具有"描写性"的表达功能。或者说，描写性的句式往往是存在句。

"工作台上有一台显示器。显示器的正面有一个键盘和一个鼠标器。显示器左边有一台电源控制器。显示器右边有一台电脑主机。电脑主机的旁边有一台扫描仪。扫描仪旁边有一台激光打印机。激光打印机旁边有一个调制解调器和一部电话机。"

2. 存在句的结构特点

存在句可以切分为三个结构项:"首项+中项+末项"。

(1) 存在句的"首项"通常由方位词、"方位词性的词组"或处所词充当。必要的时候,方位词、"方位性的词组"或处所词也可以用代词代替。"介宾词组"、"动词性词组"也可以充当存在句的首项。存在句的首项是存在句的重要标志,在结构上是不可缺少的。

首项	中项	末项
屋后的菜园里	种着	不少芹菜、黄瓜、柿子椒。
大门口	站着	两个保安人员。
那里	摆满了	售货摊。
工作台旁边	有	一个大书柜。
白石桥后面	就是	首都体育馆。

如果缺少了首项,就不成其为存在句了。

门口　　站着　　两个解放军。(存在句)
[*]　　站着　　两个解放军。(无主句)

(2) 存在句的"中项"通常用动词"有、是"充当。还可以由动词"站、躺、挤、围、爬"等(表示人或物体活动、变化的动词),或动词"放、摆、插、刻、画"等(表示由人处置的动词)来充当。

(3) 存在句的"末项"通常由"数-量-名"词组充当。其中的名词通常是不定指的人或物,也可以是"专名"。

头上　　举着　　一顶大花伞。
腰里　　披着　　一只死耗子。
面前　　蹲着　　一个鲁智深。

3. 存在句中动词的特点

(1) "有"字存在句

教室里有一台电视机。

心里有一个小九九。

"有"字句在语义上表示"存在"。"有"的后面可以接用助词"了、过"。

校门口早先有过一家小吃店。

那边有了三家裁缝铺了。

"有"字的前头可以加表示"范围、肯定、否定、疑问"的副词。

脸上略有几分醉意。

兜里仅有几块钱。

山北面没有阳光。

脑子里就有准主意。

心里哪有谱儿。

屋子里只有三个人。

(2) "是"字存在句

街对面是那幢有名的红楼。

北青山是老根据地。

"是"字的后面不能接用"过、了"之类的助词。"是"的前面可以用表示"范围、否定、肯定"的副词。

桥下面不是运河。

长安街东头就是北京火车站。

旮旯里全是废纸。

全身都是伤疤。

书房中净是书。

(3) "动+补"存在句

玻璃窗中贴满了宣传画。

草原上长遍了黄花。

脸上布满了皱纹。

心里装满了故事。

场院上堆满了粮食。

嘴里说开了笑话。

锅里盛少了水。

（4）"动+着"存在句

及物动词几乎都可以带"着"用于存在句中。

常用于存在句中的不及物动词有："坐、躺、站、睡、蹲、跪、趴"等。

（5）不用动词的"体词性谓语存在句"

存在句的体词性谓语往往采取"数+量+定+体"的方式。

眼前一片广袤的草原。

屋里一片沉寂。

边疆一派大好风光。

村中一阵令人陶醉的花香。

房间里一张写字台，一把椅子，几个书架。

（三）隐现句的功能和特点

隐现句是叙述什么人、什么东西，在什么时间或什么地方消失或出现的句式。

隐现句与存在句一样有"前项、中项、末项"三个结构段，但是这三项的内容与存在句三项的内容有所不同。

1. 隐现句的"前项"除了用方位词语外，还可以用时间词，而且可以没有"前项"。

[*] 掌声一片。

霎时间，跳出来一个好汉。

2. 隐现句的"前项"可以是一个"介词结构"。

从遥远的边疆来了一批少数民族大学生。

冲着校门，开进来一辆黑色小轿车。

3. 隐现句的"中项"多半是不及物动词，"末项"多半是"施事宾语"。

仓库里死了一只老鼠。

山沟里刮起一阵大风。

湖中开满了荷花。

第十五篇　汉语句法分析的方法问题

　　简单地说,"句法"就是句子的"组成规则",可是用什么方法确定一个句子的资格就是一个问题。换句话说,用什么标准来划分句子与其他语法单位的界线?用什么标准来划分句子与句子之间的界线?用什么标准来说明各个句法成分之间的关系?这些都是争论不休的问题。针对汉语的实际,采取什么方法来分析句法比较好呢?下面的问题值得讨论。

一、句法分析的出发点

(一) 分清语法和逻辑各自的内容

1. 逻辑规律与语法规律的统一性与差异性

　　逻辑规律是世界各民族共同的思维规律,逻辑规律无所谓民族性。

　　语法规律既有人类语言共同性一的面,又有各民族语言自身结构规律的一面,因此,语法规律有鲜明的民族性。应该强调的是,语言与思维是统一的,语法与逻辑之间既有统一性又有差异性。在研究语法的时候,既不能绝对地把逻辑规律跟语法规律割裂开来,也不能完全用逻辑规律来代替语法规律。

　　在汉语语法研究史上,中心词分析法是最早被采用的方法。19世纪中后期至20世纪初期,无论在中国还是在外国,研究语法的人,如马建忠(《马氏文通》,1898);黎锦熙(《新著国语文法》,1924初版)以及德国人保罗(HermannPaul,1846年～1921年)等等,用逻辑规律代替语法规律。有些人甚至主张建立普遍适用于全人类语言的"普遍语法"或"万能语法"("UniversalGrammar"或叫"GeneralGrammar"),认为语法特征对所有语言来说都是共同的,这就难免抹杀语法的民族性。

2. 语法序列与逻辑序列有同有异

  英雄 爱 江山。
  猫儿 捉 老鼠。
  狮子 滚 绣球。

在这样的"判断句"里,语法上的主语和谓语,逻辑上的主辞与宾辞,当然是一致的。

无论怎么分析,不会有用逻辑代替语法之嫌。正因为这样的句子很多,才使人们误以为语法规律就是逻辑规律。

当逻辑的判断与句子的结构不一致的时候,问题就突出了。

  恢复 健康。
  太阳 晒。
  风   吹。

人们总觉得这样的句子"合乎逻辑",因为句法成分的序列与逻辑的判断一致。所以"健康"是宾语,"太阳"是主语,"风"是主语。

  恢复 疲劳。
  晒   太阳。
  吹   风。

人们总觉得这样的句子"不合逻辑",因为句法成分的序列与逻辑的判断不一致。"疲劳"怎么能"恢复"呢?"太阳"怎么成了"宾语"呢?"风"怎么也成了宾语呢?殊不知这就是语法的民族性之所在。汉语的宾语是很活跃的,宾语既可以是"受事者",也可以是"施事者",还可以有其他各式各样的宾语。

 (1) 处所宾语:<u>去北京</u>
 (2) 存现宾语:<u>长了一棵草</u>
 (3) 动量宾语:<u>走一趟</u>
 (4) 时量宾语:<u>等半天</u>
 (5) 数量宾语:<u>矮一寸</u>(都是准宾语)
 (6) 双宾语:<u>送他书</u>

（7）虚指宾语：唱它一段　笑什么
　　（8）选择性宾语：敲竹杠
　　（9）比况性宾语：挖墙脚
　　（10）谓词性宾语：希望来
　　（11）前置宾语：你我管不着
　3. 逻辑内容相同，句法结构可以不同
　　　十字街口　趴着　两只石头狮子。
　　　两只石头狮子　趴　在十字街口。
　　　十字街口　趴着的　是两只石头狮子。
　　　有　两只石头狮子　在十字街口　趴着。
　　　十字街口　有　两只石头狮子　趴着。
　　　趴在十字街口的　是　两只石头狮子。
　　逻辑内容相同、句法结构不同，这样的例子屡见不鲜。所谓逻辑内容相同，就是对同一客观事物进行了同一逻辑判断。所谓句法结构不同，就是对同一客观事物的表述采用了不同的句法格式。这是一个问题的两个侧面，把二者结合起来看，这种句法结构就叫做"语法同义结构"。句法的研究必须搞清语法与逻辑的差别，当然不是把语法与逻辑割裂开来，而是要在思维与语言的统一中，说明语法与逻辑各自的独立性。惟其如此，才能把握各民族语言语法的特征。

（二）分清词汇意义与语法意义各自的内容
　1. 语法分析所注意的，首先是"语法意义"。
　　平常人们说到"词的意义"的时候，首先所想到的是它在词典中被注释的意义。但是当每一个实词进入句法结构之后，它所体现的意义并不是一个单纯的意义。句法结构中的每一个实词，都包含三层意义：在"词汇意义"之外，还有"语法意义"；在词汇意义和语法意义之外，还有"修辞意义"。
　　杜鹃花红遍了整个山沟。（"红"本是形容词，在此句中同时带补语和宾语）
　　香山的红叶吸引了很多游人。（"红"本是形容词，在此句中做

修饰名词的定语）

日光的光谱是红、橙、黄、绿、蓝、靛、紫七色。（"红"本是形容词，在此句中做代表颜色名称的名词）

这三句话中都有一个"红"。无论在哪一句话里，"红"都体现了上述三层意义，构成一个"词义三角"。在不同的句子里，词汇意义是相同的，语法意义则可能不同，修辞意义也可能不同。

```
           词汇意义
              △
            词义
      语法意义    修辞意义
```

2. 词汇意义具有概括性，语法意义具有更大的概括性。如："桌子"

"桌子"的词汇意义："上有平面，下有支柱，可以在它的上面放东西或做事情"。只要符合这些条件，不论具体的形体、质料、用途如何，都叫做"桌子"。

"桌子"的语法意义："事物"，即客观存在的物体。包括"桌子"在内，只要是客观存在的物体，都叫做"事物"。

实词的词汇意义在进入句子之前就可以体现出来，而实词的语法意义只有在词与词的结合之中才能体现出来。

他脸红了。（"红"表示一种"动程"的意义）

红脸关公。（"红"表示一种"性质"的意义）

喜欢红不喜欢绿。（"红"表示一种"名称"的意义）实词的这些语法意义，体现了词的功能。词的"语法意义"就是词的"功能意义"。同一个实词可以有好几种语法意义。

（三）分清不同的言语环境

1. 言语单位的同一性表现在言语环境中

语法分析总是离不开具体的言语环境。面对一个具体的言语单位（或言语片段），必须看它是在什么样的言语环境中出现的，才能说明它是一个什么样的语法结构，表示什么样的语法意义，处在什么样的语法层次之上。同一性质的言语单位，应当具有同一性。言语单位的同一性表现是：语法结构相同、语法意义相同、语法层次相同。言语单位的同一性只有在具体的言语环境中才能表现出来。所谓具体的言语环境，就是具体的言语场合，也就是具体的上下文。

离开言语环境，孤立地分析一个言语单位，就会分不清不同语法单位的界线。

  A 工作有成绩。
  B 工作有成绩也不要骄傲。

在这里，A 句的"工作有成绩"与 B 句中的"工作有成绩"都是言语单位。从表面上看，它们的形式相同。从语法上看，二者是没有同一性的言语单位。A 句的"工作有成绩"是一个独立的句子，B 句中的"工作有成绩"是一个词组。而句子和词组是不同的语法层次的言语单位。

  2. 重视言语环境可以避免将语法与逻辑混淆

人们受"万能语法"的影响，总以为各民族的语言的语法有一个万能模式。遇到一些在逻辑上"说不通"的句法结构，就认为不是"省略"了某个句法成分，便是某个句法成分"倒装"了，"提前"了，"错后"了。

  台上坐着主席团。

从逻辑的角度看，明明是"主席团坐着"，怎么会变成"坐着主席团"呢？于是就断定"主席团"是"主退谓后"，不能承认"主席团"是"存现宾语"。

  下雪了。

从逻辑的角度看，应当是"天"下雪了，或者是"某某地方"下雪了，或者是"某个时间"下雪了，怎么能说"下雪了"是"无主句"呢？于是认定"下雪了"是一个"省略"了主语的"省主句"。在具体分析的时候就给它"补出"一个主语来。

这里的问题就是将语法与逻辑混淆起来了。如果把"下雪了"放到具体的言语环境之中，语法与逻辑的问题就不至于混淆了。

  A 哈尔滨下雪了吗？ 下雪了。
  B 东北下雪了吗？ 下雪了。

C　昨天下雪了吗？　　　　下雪了。
　　D　下雪了。
　　"上文"是"问句","下文"是"答句",这就是言语环境。
　　A 例是"处所词做主语"的问句,其答句是一个省略了主语的句子。
　　B 例是一个"方位词做主语"的句子,其答句也是一个省略了主语的句子。
　　C 例是一个"时间词做主语"的句子,其答句也是一个省略了主语的句子。
　　D 例是一个孤立的句子,没有明确的上下文,所以它是一个"无主句"。
　　由此可见,抓住了言语环境,就抓住了言语单位的语法性质,就可以分清语法与逻辑的界线,就不会把语法的分析湮没在逻辑的分析之中。

二、中心词分析法

（一）中心词分析法的出发点

1. 谓语是句子的中心

中心词分析法认为"句子是以谓语为中心的向心结构"。一个句子能不能成立,就要看它有没有谓语。

　　大家（主语）　学（谓语）　会了　电脑（宾语）。

这句话如果没有谓语"学",那么主语"大家"与宾语"电脑"之间就建立不了语法上的联系。

　　（无主语）　下（谓语）　雨　（宾语）了。

这句话没有主语,是一个无主句。无主句是靠谓语来支撑的。

　　蛇!

这是一个"独词句"。独词句依靠言语环境而成立。这样的独词句无所谓主语、谓语、宾语,但是它具有"称谓作用"。"蛇!"这句话具体地判断了"蛇"这个物体,"蛇"是一个名词,在这个独词句里,却具有谓语的作用。因此,独词句也具有谓语性。

2. 谓语之外,无所谓中心词

中心词分析法认为只有谓语才是句子的中心,一个句子只有一个中心。至于后来把"修饰结构"中的被修饰成分,把"述补结构"被补充成分等等,也都叫做中心词,那不是中心词分析法的本意。中心词分析法本意所称的中心词,是狭义的中心词。中心词分析法以外所称的中心词是广义的中心词。

3. 主语、谓语是句子的主要成分

依中心词分析法的理解,句子中的谓语和主语是句子的主要成分。谓语是句子的核心,宾语是"跨界成分",定语是主语和宾语的连带成分,状语、补语是谓语的连带成分。谓语好比是一条扁担,主语和宾语好比是扁担两头所挑的箩筐,二者的重要性很难分高下。

依照中心词分析法的看法,可以对句子结构作如下的图解。

主语	谓语	宾语
定语	状语/补语	定语

4. 句子成分是句子的基本结构单位

句子成分可以从"形式"与"意义"两个方面来看。从形式上看,句子成分是由什么言语单位充当的?句子成分可以是词,也可以是词组;从意义上看,句子成分是可以与谓语直接关联或间接关联地回答问题的成分。

句子成分	关联问题
主语	谁(做)?
谓语	做(什么)?
宾语	(做)什么?
定语	谁的?什么样的?
状语	怎样(做)?
补语	(做得)怎样?

句子成分的形式和意义是紧密相关的。换句话说,在意义上可能回答的问题,一定在形式上可以替换;在意义上不能回答的问题,

一定在形式上不可以替换。不管怎样替换，其意义应当始终如一。例如：

　　学生们（主语）读课本。
　　谁（主语）读课本？
　　学生们读（谓语）课本。
　　学生们做（谓语）什么？
　　学生们读课本（宾语）。
　　学生们读什么（宾语）？
　　学生们读新（定语）课本。
　　学生们读什么样的（定语）课本？
　　学生们下正在（状语）读课本。
　　学生们怎样（状语）读课本？

（二）中心词分析法的应用价值

　　中心词分析法，是为了分清句子成分之间的语法意义而提出的一种析句方法，因此，意义是中心词分析法划分句子成分的标准。在语法教学中，中心词分析法是一种"实践语法分析法"。它的应用价值在于：

　　1. 明确认识句子的中心，找出分析句子的切入点，有助于理解句子的句法结构。

　　2. 结合句子的意义来分析句子，有助于恰当地用词造句。

　　3. 抓住句子的中心和意义，有助于提高语言之间翻译的准确性。

　　4. 中心词分析法是汉语语法学史上出现最早的分析句法结构的方法，操作比较简便，因此能够在语法教学中被长期普遍应用，而成为"传统的句法分析方法"。它对于普及汉语语法知识，提高汉语语法教学水平，推动汉语语法的研究，都起到了一定的作用。

（三）中心词分析法也有不足之处

　　1. 虽然分析句法结构不能完全离开意义，但是，拿意义做分析句法结构的主要标准也有问题。

中心词分析法是以语法意义作为分析句法结构的基本标准的。如何理解一个言语单位的语法意义，在实践上难以准确把握，甚至不可避免地会产生主观随意性。对语法意义理解的不同，就会对句法结构有不同的看法，因而影响到处理句子的结果。20 世纪 50 年代初到 60 年代初，汉语语法学界关于主语宾语问题的大辩论，起因就在于拿意义作为分析句法结构所存在的困难。典型的例子是：

台上坐着主席团。

这句话中的主语在哪里？就要看对主语的意义如何理解。如果说，"主语是句子陈述的主体或主题"，那么，这句话中的主体或主题，你可以说是"主席团"，他可以说是"台上"。这种理解的随意性，光从意义出发是谁也说服不了谁的。

有人主张完全不顾意义，只看句法成分所处的位置，来决定是主语还是宾语。只看句法位置，就只能承认汉语的句法只有一种"主语＋谓语＋宾语"的结构。这种位置几乎是不可变动的，即主语一定在谓语之前，宾语一定在谓语之后。这样看来，"台上"是主语，"坐着"是谓语，"主席团"是宾语。然则，"台上"能发出"坐着"的动作吗？"台上"能"坐"到"主席团"上吗？在这句话里，"台上"是"施事者"吗？"主席团"是"受事者"吗？

2. 中心词分析法未能就分析句子的深层结构提出办法，限制了对句子意义的理解。

中心词分析法一味抓句子的中心词，面对一个句子，要求搞清楚它的中心词，就算完成了分析句子的基本任务。这样做不但限制了对句子意义的准确理解，还有可能产生对句子意义的误解。

我们绝对不怕任何敌人。

按照中心词分析法的要求，这句话的结构成分是：

主语——我们

谓语——怕

宾语——敌人

这样来分析，就有"我们怕敌人"之嫌了。

3. 中心词分析法未能提出处理"同构现象"的办法

同一个言语单位在什么情况下取得了句子的资格，在什么情况下只有词组的资格，中心词分析法并没有交代清楚。

　　A　我去。

　　B　他希望我去。

　　按照中心词分析法，A例"我去"是"主谓＋谓语"的一个句子。B例中的"我去"是"主谓结构"。这就没有划清词组与句子的界线。

　　语法中的"同构现象"对于句法分析或词法分析是很值得重视的。

　　一个单独的词可以成为一个"独词句"。在这种情况下，独词句的结构与单词的结构是相同的。

　　一个单词可以在另外一个词里充当"词素"。一个大的词素又可以包含几个小的词素。一个小的词素又可以是一个词。词素又可以与词的结构相同。如何处理这些现象，中心词分析法并没有提出有效的解决办法。

　　电子（是词，由词素"电"＋词素"子"构成）

　　计算（是词，由词素"计"＋词素"算"构成）

　　计算机（是词，由词素"计算"＋词素"机"构成）

　　电子计算机（是词，由词素"电子"＋词素"计算机"构成）

三、层次分析法

（一）层次分析法来源于"直接成分分析法"

　　层次分析法是来源于美国描写语言学的一种析句方法，用这种方法可以分析句子或词组的层次结构。

　　层次分析法是在"直接成分分析法"（也称"分布分析法"）的基础上建立起来的。

　　直接成分分析法认为人的嘴里说出来的话具有"线条性"。一个人说话的时候，不能同时将两句话并行说出来。无论谁嘴里说出的话，都不会占据"几何空间"，而只能一串接一串地说出来。就像流水线一样,人嘴里说出来的话是"言语线条"。言语线条的结构成分可以分为3个层次:"音位—语素—话语"。

言语线条结构可以切分成"结构段"。切分的方法是连续二分法:

言语线条→话语结构段+话语结构段

话语→语素结构段+语素结构段

语素→音位结构段+音位结构段

音位结构段→音位+音位

二分法的操作程序是从言语线条入手,逐层切分,最后切分到音位为止。所谓"逐层切分",首先是从言语材料中切出"句子";其次是从句中切出"词组";再其次是从词组中切出"词";又其次是从词中切出"语素"("词素");最后是从语素中切出"音位"。音位是能够区别意义的最小单位。"最小"指的是不能再分割,"区别意义"指的是区别词的"词汇意义"或"语法意义"。

农 药 买 来 了, 都 是 特 效 农 药。

(言语线条的第 1 个层次)

(言语线条的第 2 个层次)

(言语线条的第 3 个层次)

(言语线条的第 4 个层次)

(言语线条的第 5 个层次)

n–ong iao m–ai l–ai l–ed–ou sh–i te–x–iao n–ong iao (言语线条的第 6 个层次)

n–o–ng i –a–o m–a–i l –a–i l–e d–o–u sh–i t –e–x–i–a–o n–o–ng i–a–o (言语线条的第 7 个层次)

（二）直接成分分析法的特点

1. 直接成分分析法认为言语线条是由两个侧面组成的。一个侧面是能够用来表示意义的声音："能表"。"能表"就是言语的声音部分。另一个侧面是声音所表示的意义："所表"。"所表"就是言语的意义部分。层次分析法之所以不用"声音"和"意义"这类传统的术语，而要采用"能表"和"所表"的说法，是因为层次分析法的提倡者在分析语句的时候，首先着眼于实际的话语材料中哪些意义与哪些声音相联系，并且强调意义与声音的"分布关系"，即意义与声音的对应关系。这样做就把言语的声音与自然界的一般声音区分开来了。

2. 怎样来切分言语线条？直接成分分析法切分言语线条的依据，就是"能表"与"所表"的对应关系。"农药"是一个"语素结构段"，这个语素结构段可以切分为两个"音位结构段"——"农"（nong）和"药"（yiao）。而"农"区别了一定的意义，"药"也区别了一定和意义。因此，任何一个言语线条都可以切分出来一个一个有区别意义作用的言语单位。

3. 直接成分分析法不讲词素、词、词组、句子的划分，而认为词素、词、词组、句子都是语素结构段。

4. 直接成分分析法不讲语音学、词汇学、语法学的区别，而只讲"结构段学"和"音位学"。

5. 直接成分分析法对词汇的研究、词组与句子的研究、语义的研究，都不屑一顾。

（三）层次分析法是将直接成分分析法加以改革的结果

20世纪60年代以后，中国的语言学界开始拿直接成分分析法来分析汉语的句子结构。在实践中，语言学界将直接成分分析法加以改革，改革的出发点是将结构主义的直接成分分析法与传统的中心词分析法的语义分析法结合起来，从而形成了一种独特的层次分析法。这种层次分析法，吸收了美国描写语言学的方法和中国的中心词分析法的合理部分，但是又不同于二者。例如，"国家重视农业建

设",可以分为 3 个层次:
第 1 个层次:"主—谓"关系
第 2 个层次:"述—宾"关系
第 3 个层次:"偏—正"关系

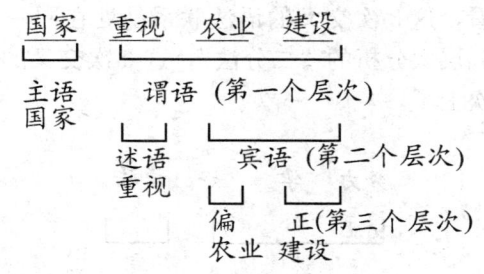

```
国家  重视  农业  建设
└─┘   └──────────────┘
主语     谓语 (第一个层次)
国家
         └──┘ └────────┘
         述语    宾语 (第二个层次)
         重视
                └──┘ └──┘
                 偏    正(第三个层次)
                农业   建设
```

(三) 层次分析法的基本特点

1. 层次分析法是一种综合性的分析方法,既运用美国描写语言学的采用"二分法"一层一层切分话语材料的原则,又运用传统的句子、词组、词的区分原则。

2. 层次分析法切分的终点是"词",而不是"音位"。对话语材料的切分到"词"为止,不再切分到音位。

3. 由于层次分析法将层次与意义结合起来分析句子,所以能够层层深入分析句子的内部结构,最后辨析出句子中直接发生语法联系的句法成分,而运用中心词分析法不能完全做到这一点。

4. 在名目上,"层次分析法"是中国语言学界有意采用的名称,以便与描写语言学派的"直接成分分析法"("分布分析法")有所区别。

(四) 层次分析法也有不足之处

由于过于注意"层次",因而不能全面地、正确地反映句子结构现象的实质。用层次分析法来分析句子,首先可以将句子切分为词组,其次可以将词组切分为词。从句子到词组再到词,三者之间是有原则差别的。而层次分析法不能反映这种差别。

1. 词组的一个重要语法特点是具有"交叉性",用"二分法"来切分，在层次上不能反映这种交叉性。

努力　学　好　语法。

此句中的"学"，反映了3次交叉的语法联系：

努力学　　　　学语法　　　　学好

从意义上看，这3次交叉的语法联系是处在同一个语法层次上的。但是一用到层次分析的"二分法"，这3次交叉的语法联系就不处在同一个层次上了。

```
        努力   学    好   语法。
        └──────┘    └────┘
            述         宾
        └──┘└──┘
         偏   正
             └──┘└──┘
                述补
```

本来是处在同一个语法层次上的语法关系，切分的结果与语言的实际不等同，这就不是理想的办法。无论如何，"切分"（或"分析"）不应与语言事实相悖。或者说，不能迁就切分的需要而改变语言事实。

2. "二分法"的理想结果，应当是一个句子经过层层切分以后，所有成分之间的联系以及所有成分的地位，都能够一目了然。但是恰好句子中有一些语料切分不完，如句子中的"呼语"、"插入语"、"关联词语"之类，于是就让它们游离出来，或者抛到一边不管了。

不能这样蛮干下去了老兄。

据说他不能来了。

这件事你看该怎么办。

不去就算了。

用二分法来切分，其中的"老兄、据说、你看、说"都成了"游离"或"剩余"的东西，都没有个交代总不太好。

四、线性句型分析法

（一）线性句型分析法中句型的含义

传统的所谓句型，就是中心词分析法所讲的句型，也就是句法成分的组排形式。如"主语＋谓语"是一种句型，"主语＋谓语＋宾语"又是一种句型。一种语言里凡是句法成分能够组合排列出来的、合乎该语言表达习惯的句法类型，就是该语言的句型。

线性句型分析法所谓的句型，认为句型具有线条性，句型的线条则是由"能表"和"所表"两个侧面构成的。其具体内容如下：

1. 句型的"能表"就是表达句法成分的各种语法手段（如词形变化，词序、虚词等）。
2. 句型的"所表"就是句法成分的本身。
3. 句型的"能表"和"所表"结合在一起构成句型单位。
4. 句型单位中的"能表"与"所表"之间有意义的对应关系。
5. 句型单位在句型中有一定的位置。
6. 句型由句型单位的结构段组成。

```
    枪      响。
    名词    动词（"能表"）
    ↓       ↓
    主语    谓语（"所表"）
```

（二）线性句型分析法的纯形式描写

为了简便，这种句型可以用各种约定的符号在形式上进行描写。用什么符号，可以由研究者自己决定。在国际上大家习惯于用英语语法术语的缩写式（即第一个字母）做代表。例如：

N　静词　　　　　Nn　名词
Vs　谓语动词　　　Inf　非谓语动词
Pread　谓词　　　 Aay　副词
Gen　数量词　　　 Adj　形容词
Inter　叹词　　　 Pron　代词

D 否定词　　　　Neg 系词

句型可以分类。拿汉语来说，表示"主谓结构"的句型就是一个大类。汉语的"主谓结构"这类句型是由一些稍有变化的"主谓结构"句型组成的：

Nn＋Vf	枪—响。
Nn＋Adj	子弹—尖。
Nn＋Neg＋Adj	子弹—是—尖。
Pron＋Nn	他—中国人。
Pron＋Neg＋Nn	他—是—藏族。
Nn＋Neg＋Nn	道尔吉—是—藏族。
Pron＋Neg＋Adj	他—是—勇敢。
Adj＋Neg＋Adj	黑—是—黑，白—是—白。
Gen＋Neg＋Nn	十—是—位数。
Gen＋Neg＋Gen	一—是—一，二—是—二。
Inf＋Neg＋Adj	打—是—疼。
Inf＋Neg＋Inf	骂—是—爱。
Pron＋Neg＋Inf	这—是—抬杠。
N＋Neg＋N	刚才—是—刚才， 现在—是—现在。

(三) 线性句型的"常体"与"变体"

从理论上讲，每一种句型都可以有"常体"和"变体"之分。但是对于"常体"与"变体"的理解又有所不同。

1. 一种理解是，把句型的形式本身看作"常体"，把具体的句子看作"变体"。

"常体"—N＋Vf

"变体"—主席到了。
　　　　客人来了。
　　　　我们开会了。

2. 另一种理解是，在句型的语法意义不变的情况下，句子中词序、虚词、词的形态的变化，就是句型的"变体"。
  N+Vf 同学们出发！（常体）
  Vf+N 出发，同学们！（变体）
  需要指出的是，线性句型分析法逃不过它的局限性，问题是它不能穷尽地分析各种复杂的句法结构，而只能分析一般的不太复杂的句法结构。

五、句型转换法

（一）句法同义现象

  句法同义现象所指的是句法结构不同，而具有相似的句法意义的句型。这些句型是"同义句型"。一批同义句型可以组成一个序列，同一个序列之内的各个句型可以互相转换，而转换之后句法意义不会有根本变化。这种转换，就是通过言语活动将一种句型替代另一种句型。根据不同言语环境或修辞的需要，用不同的句型表达同一个言语内容，可以充分发挥语言的表达功能。
  下面的句子都是"同义"句型，它们所体现的是句法同义现象。
    巴特尔打败了图力更。
    图力更让巴特尔打败了。
    图力更是让巴特尔打败了。
    巴特尔打胜了图力更。
    巴特尔是打胜了图力更。

（二）"同义"句型与"同一"句型

  "同义"句型是"同义异构"现象；"同一"句型是"同构异义"现象。
  "同一"句型出现的条件是：
  1. 在"同一"句型中，虚词可有可无。虚词的有无不影响句法意义的本质差别。
    巴特尔打败了。

巴特尔被打败了。
2. 在同一句型中，虚词的变换与句法意义无关。
图力更让巴特尔打败了。
图力更被巴特尔打败了。
3. 在"同一"句型中，语序的改变与句法关系无关。
我们上午上课。
上午我们上课。
4. "虚词结构"的不同与句法关系无关。
市场上出现了繁荣景象。
在市场上出现了繁荣景象。
5. "同一"句型可以有省略形式，这种省略形式是"同一"句型的变体，而不是"同义"句型。
十个人之中，总有八九个人。
十个人之中，总有八九个……

（三）句型的内部转换

采用句型的内部转换的办法，可以鉴定句法单位的同一性。能够进行内部转换的句法单位，都是同一单位，不能进行内部转换的句法单位就不是同一单位。一种句法结构是什么性质的结构，完全可以用内部转换的办法来鉴别。

钱吃掉了。可以转换为"被动结构"：
√钱被吃掉了。
书码好了。可以转换为"被动结构"：
√书被码好了。
这就可以证明"钱吃掉了"和"书码好了"都是"被动结构"。
他们吃饱了。不能转换为"被动结构"：
×"他们被吃饱了"。
这就可以证明"他们吃饱了"是"主动结构"，而不是"被动结构"。
满怀信心前进。
满怀信心地前进。

"满怀信心"的后面可以加结构助词"地",证明"满怀信心"是"状语"。"满怀信心"与"前进"之间是一种修饰关系,"满怀信心前进"是一个"修饰结构"。

√准备车子出发。

×准备车子地出发。

"准备车子"的后面不能加结构助词"地",证明"准备车子"不是"状语"。

"准备车子"与"出发"之间是一种"连动关系"。"准备车子出发"是一个"连动结构"。

(四)句型的"本质特征转换"与"非本质特征转换"的鉴别

"同一"句型的内部转换都是句型的非本质特征转换,非本质特征转换结果就成了"同一"句型的变体。

句型的本质特征转换,必然构成新句型或"同义"句型。

然则句型的本质特征是什么?

他来了。

这个句型包含的本质特征是:人称性,陈述性,双部性。

他来了。

客人走了。

这两个句型是"同一"句型的不同变体。两个句型之间的转换,是"同一"句型的内部转换。转换之后,句型原有的本质特征不变,所以,二者之间的转换属于"非本质特征转换"。

来吧!

这个句型的本质特征是:无人称性,祈使性,单部性。

他来了。来吧!

这两个句型有各自的本质特征,是两个不同的句型,二者不属于同一个转换系列,所以,二者之间的转换属于"本质特征转换"。

(五)要区分句型的非本质特征转换与句型的本质特征转换,必须以句子的语法意义为标准。

1. 句型转换以后,如果不引起语法意义的转换,则是"同一"句型的不同变体。

我来了。

他走了。

2. 句型转换以后，只引起转换部分语法意义的转换，则是"同义"句型。

同学们跳起舞来了。（人称性，双部性，陈述性）

跳起舞来，同学们！（人称性，双部性，祈使性）

3. 句型转换以后，如果引起全部语法意义的转换，则是不同义句型。

兔子跑了。（双部句，主谓句，陈述句）

跑吗？（单部句，无主句，疑问句）

从实践上看，句型分析法和句型转换方法，对于"双语教学"是有很大帮助的。至于要进行语法结构的彻底分析，光用句型分析和句型转换方法就不能解决根本问题了。

第十六篇　汉语"主谓谓语句"的构成问题

汉语"主谓谓语句"的提出，是 20 世纪 60 年代的事。几十年来，不少著作和论文都讨论过"主谓谓语句"的形成与作用，不过到目前为止，语法学界对这种句式还没有取得完全的共识，有些问题值得进一步探讨，如："主谓谓语句这种句式是否能够成立"？"在语言接触中汉语的主谓谓语句对少数民族语言的句法有什么样的影响"？如果能够明确回答这类问题，不但可以进一步认清汉语"主谓谓语句"的性质，而且还能够说明，在中国境内的语言接触中，作为全国通用语言的汉语，其活力之强劲，确实是独一无二的。

一、"主谓谓语句"是否存在

20 世纪 50 年代初到 60 年代初，汉语语法学界关于主语宾语问题的大辩论，起因就在于传统的"中心词分析法"根据意义分析句法结构的时候遇到了困难。20 世纪 60 年代以后，汉语语法学界就引进了美国描写语言学的一种析句法，叫做"直接成分分析法"，并且将"直接成分分析法"与"中心词分析法"结合起来，兼收二者的"合理"部分，从而成为一种混合式的析句法，称为"层次分析法"。"层次分析法"简称为"二分法"，同时从语法意义和结构层次（或语法形式）两个方面对具体的句子进行"二分"，进而从"二分"的结果看句法成分之间的关系。例如：

他　耳朵　软。	他　的　耳朵　软。
主语　谓语（第一个层次）	主语　　谓语（第一个层次）
主语 谓语（第二个层次）	定语 助词 中心语（第二个层次）

层次分析法虽然在理论上兼顾了"语法意义"和"语法结构",但是有的时候在实践上还不得不迁就于形式而回避意义。例如"台上坐着主席团",这句话中的主语在哪里、谓语在哪里?就要看对主语的"句法位置"和"语法意义"如何理解。如果说,"主语是句子陈述的主体或主题",那么,这句话中的主体或主题,你可以说是"主席团",他可以说是"台上"。这种理解的随意性,光从意义出发或光从结构出发,是谁也说服不了谁的。

有人主张完全不顾意义,只看句法成分所处的位置,来决定哪个成分是主语。只看句法位置,那就要承认主语一定在谓语之前,谓语一定在谓语之后。这样看来,"台上"是主语,"坐着主席团"是谓语,谓语之中"坐着"是"述语","主席团"是宾语。这样来分析,意义上的问题又出来了,难道"台上"能发出"坐着"的动作吗?难道"台上"能"坐"到"主席团"之上吗?

尽管层次分析法也有一定的缺陷,但是操作起来还是比较方便,所以大家乐于采用。于是,"主谓谓语句"与其他"非主谓谓语句"就有区分的必要了。例如:

他 手 长。	他 的 手 长。
主语　主谓词组谓语	偏正词组主语　谓词性谓语
主语　谓语	定语　助词　中心语
(全句意义:"不该他伸手的他都伸手")	(全句意义:"他的手确实长得长")

逻辑内容相同、句法结构不同,这样的例子屡见不鲜。所谓逻辑内容相同,就是对同一客观事物进行了同一逻辑判断。所谓句法结构不同,就是对同一客观事物的表述采用了不同的句法格式。这是一个问题的两个侧面,要把二者结合起来看。句法的研究必须搞清语法与逻辑的差别,当然不是把语法与逻辑割裂开来,而是要在思维与语言的统一中,说明语法与逻辑各自的独立性。惟其如此,才能把握各民族语言语法的特征。如果能够把逻辑内容与语法结构结合起来看,就要明确承认,一个具体的句子分析为不同句式的可能性是存在的,例如"他说话简练":

1. 可以分析为"主谓谓语句"：

他　　说话　　简练。
全句主语　全句谓语
(体词性主语)　(主谓谓语)

谓语的主语　谓语的谓语

2. 可以分析为"主谓主语句"：

他　　说话　　简练。
全句主语　全句谓语
(主谓主语)　(谓词性谓语)

主语的主语　主语的谓语

二、句法功能决定"主谓谓语句"成立的资格

中心词分析法没有讲清楚"主谓谓语形式"是否可以做句子成分，而层次分析法明确承认"词"和"词组"都可以充当句子成分，后者为确定主谓谓语句的资格创造了条件。例如：

主谓谓语句	主语	主谓谓语	
		主语	谓语
这本书我读过。	这本书	我	读过
这件事大家都知道。	这件事	大家	都知道
他什么都会。	他	什么	都会
售货员态度很好。	售货员	态度	很好
这孩子我喜欢。	这孩子	我	喜欢
中国人死都不怕。	中国人	死	都不怕
他酒喝多了。	他	酒	喝多了
夺取全国胜利，这只是万里长征走完了第一步。	夺取全国胜利	这	只是万里长征走完了第一步

除了句子的谓语可以是"主谓形式"之外，"主谓形式"还可以充当别的各种句子成分。例如：

句子中的主谓形式	主谓形式的句法功能
这是一项意义深远的措施。	做"定语"
心情舒畅地交换意见。	做"状语"
我们激动得心花怒放。	做"补语"
体制是否改革是一个关键问题。	做"主语"
各族人民信心百倍。	做"谓语"
我们希望大家多提意见。	做"宾语"

由此可见，汉语的"主谓形式"是很活跃的，"主谓谓语句"的存在就不足为奇了。

三、少数民族语言中的"类主谓谓语句"

少数民族语言中有没有"主谓谓语句"，尚待有关学者进行研究，这里提出几种少数民族语言的"类主谓谓语句"，以供讨论。所谓"类主谓语句"，就是在结构上、语义上与汉语的主谓谓语句相类似的句子。以"类"相称，表示其性质"相类似"或"未肯定"的意思。

(表一)[①]

		一、"这个人耳朵软。"
1	维	bu（这个）adem（人）jumʃaq（软）qulaq（耳朵）。
2	哈	bul（这个）kisi（人）qulaʁə（耳朵）dʒumʃaq（软）。
3	柯	bul（这个）kiʃi（人）dʒumsaq（软）qulaq（耳朵）。
4	蒙	ənə（这个）xumun（人）dʒixi（耳朵）dʒogələn（软）。
5	朝	i（这）sanɾamun（人）kyka（耳朵）iərita（软）。
6	彝	tʰi³³（他）no¹¹pɒ（耳朵）bɒ³³（聋）。

① 表中所用少数民族语言资料是由下列各位专家提供的：张兴权（朝鲜族）、哈斯额尔敦（蒙古族）、穆哈塔尔（哈萨克族）、努尔古力（柯尔克孜族）、朱崇先（彝族）、孟尊贤（傣族）、盘承乾（瑶族）、麻树兰（苗族）、覃晓航（壮族）。

第十六篇　汉语"主谓谓语句"的构成问题　　179

续表

一、"这个人耳朵软。"		
7	傣	kon⁵⁵（人）ko⁵³（个）lăi⁵³（这）hu³⁵（耳朵）on³¹（软）。
8	瑶	nɑːi⁵³（这）lɑːn³¹（个）mien³¹（人）m³¹ nɔm³¹（耳朵）nɑːu³³（软）。
9	苗	a⁴⁴（一）le³⁵（个）ne³¹（人）tuŋ³¹ mluɯ³¹·³¹（耳朵）ne⁴²（软）。
10	壮	pou³³（个）vun⁴²（人）nei³³（这）ɣɯ⁴²（耳）ʔun³¹（软）。

（表二）

二、"这个人的耳朵软。"		
1	维	bu（这个）ademniŋ（人的）quliʁi（耳朵）jumaq（软）。
2	哈	bul（这）kisiin（人的）quliʁə（耳朵）dʒumʃaq（软）。
3	柯	bul kiʃinin qulaʁə（耳朵）dʒumʃaq（软）。
4	蒙	ənə（这个）xumun（人）nʊ（的）dʒixi（耳朵）dʒɔgələn（软）。
5	朝	i（这）saramɯnɯi（人的）kyka（耳朵）iərita（软）。
6	彝	vɒ³³ tsʰɒ³³（人）tsʰɒ³³ lɤ³³（这个）no¹¹ bɒ³³（耳朵）va˙⁰²（软）。
7	傣	kon⁵⁵（人）ho⁵³（个）lăi⁵³（这）hu³⁵（耳朵）on³¹（软）。
8	瑶	nɑːi⁵³（这）lɑːn³¹（个）mien³¹（人）ɲei³³（的）m³¹ nɔm³¹（耳朵）nɑːu³³（软）。
9	苗	a⁴⁴（一）le³⁵（个）ne³¹（人）naŋ⁴⁴（的）tuŋ³¹ mluɯ³¹·¹³（耳朵）ne⁴²（软）。
10	壮	ɣɯ⁴²（耳）po³³（个）vun⁴²（人）nei³³（这）ʔun³¹（软）。

（表三）

三、"十把椅子五把坏了。"		
1	维	on（十把）orunduqniŋ（椅子的）beʃisi（五把）buzuq（坏了）。
2	哈	on（十把）otərʁətʃtən（椅子的）besø（五把）buʃuq（坏了）。
3	柯	on（十把）oturʁutʃtən（椅子的）besø（五把）buʃuq（坏了）。
4	蒙	arban（十把）sandali（椅子）tabu ni（五把）əbdərəbə（坏了）。
5	朝	kəlsaŋ（椅子）iəlhɛkauntesə（十把）tasəsskeka（五把）maŋkatsiəssta（坏了）。

续表

		三、"十把椅子五把坏了。"
6	彝	ȵi¹¹kʰŋ³³（坐垫）tsʰe¹¹（十）mo³³（个）ŋo³³（五）mo³³（个）dɑ⁰²（坏）。
7	傣	tăŋ¹¹（椅子）sip³⁵（十）hoi¹¹（把）lɛu³⁵（坏）he³⁵（了）ha³¹（五）hoi¹¹（把）。
8	瑶	ziep¹²（十）zuŋ³³（张）ei⁵³（椅子）mɑːi³¹（有）piɑ³³（五）zuŋ³³（张）wɑːi¹²（坏）ŋei³³（的）。
9	苗	ku²²（十）ten³⁵（把）hen⁴⁴（椅子）pɑ²²（坏）plɑ³⁵（五）ten³⁵（把）。
10	壮	ɕip²¹（十）ʔan²⁴（把）ʔei⁵⁵（椅子）mi⁴²（有）ha⁵⁵（五）ʔan²⁴（把）vai²¹（坏）lo⁰（了）。

（表四）

		四、"十把椅子有五把把坏了。"
1	维	on（十把）orunduq（椅子）tin（有）beʃisi（五把）buzulup（坏）qaldi（了）。
2	哈	on（十把）otərʁɐtʃtan（椅子有）besøbuʃuq（坏了）。
3	柯	on（十把）oturʁutʃdan（椅子有）besøbuʒulup（坏）qaldə（了）。
4	蒙	arban（十把）sandali（椅子）jin（的）tabu ni（五把）əbdərəbə（坏了）。
5	朝	kəlsaŋ（椅子）iəlkɛkauntesə（十把）tasəsskɛka（五把）maŋkatsiəssta（坏了）。
6	彝	ȵi¹¹kʰŋ³³（坐垫）tsʰe¹¹（十）mo³³（个）kɯ⁵⁵（之中）ŋo³³（五）mo³³（个）dɑ⁰²（坏）。
7	傣	tăŋ¹¹（椅子）sip³⁵（十）hoi¹¹（把）mi³⁵（有）ha³¹（五）hoi¹¹（把）lɛu³⁵（坏）jău⁵³（了）。
8	瑶	ziep¹²（十）zuŋ³³（张）ei⁵³（椅子）mɑːi³¹（有）piɑ³³（五）zuŋ³³（张）wɑːi¹²（坏）ŋei³³（的）。
9	苗	ku²²（十）ten³⁵（把）hen⁴⁴（椅子）me³¹（有）plɑ³⁵（五）ten³⁵（把）pɑ²²（坏）tɕu²²（了）。
10	壮	ɕip²¹（十）ʔan²⁴（把）ʔei⁵⁵（椅子）mi⁴²（有）ha⁵⁵（五）ʔan²⁴（把）vai²¹（坏）lo⁰（了）。

第十六篇 汉语"主谓谓语句"的构成问题

（表五）

五、"他头疼。"		
1	维	uniŋ（他）biʃi（头）aʉriwɑtrdu（疼）。
2	哈	anən（他）baʃə（头）awrəptur（疼）
3	柯	anen（他）baʃ（头）orujt（疼）。
4	蒙	tərə（他）tɔlɔgai（头）ɛbədtʃu（疼）baina（在）。
5	朝	kɯnɯn（他）məri（头）apʰahanta（疼）。
6	彝	tʰi³³（他）zu³³ky⁰²（头）no¹¹（疼）。
7	傣	mǎn⁵⁵（他）ho³⁵xǎi³¹（头）xun³¹（疼）。
8	瑶	ni³¹（他）n̩³¹goŋ⁵³（头）mun³³（疼）。
9	苗	wu⁴⁴（他）taŋ³¹（疼）plei⁴⁴（头）。
10	壮	te²⁴（他）kjau⁵⁵（疼）toːk⁴⁴（头）。

（表六）

六、"他心眼儿直。"		
1	维	uniŋ（他的）høɲili（心眼儿）tyz（直）。
2	哈	anən（他的）høɲili（心眼儿）tyy（直）。
3	柯	anən（他的）høɲyly（心眼儿）tyz（直）。
4	蒙	tərə（他）ɑsbʉri（直爽）。
5	朝	kɯnɯn（他）maumi（心眼儿）kotta（直）。
6	彝	tʰi³³（他）dzɿə⁵⁵（心眼儿）dzɿʊ⁵⁵（直）
7	傣	mǎn⁵⁵（他）tsǎɯ³³（心眼儿）sɯ³³（直）。
8	瑶	nin³¹（他）ɲei³³（的）ɲiou⁵³（心眼儿）tsaʔ¹²（直）。
9	苗	wu⁴⁴（他）tæ³¹（直）tɕʰi³⁵（肚）。 wu⁴⁴（他）naŋ⁴⁴（的）qo³⁵ótɕʰi³⁵（肚子）tæ³¹（直）。
10	壮	te²⁴（他）θim²⁴（心眼儿）θo²¹（直）。

（表七）

七、"他肚子疼。"		
1	维	uniŋ（他的）qosʁi（肚子）aʁijodu（疼）。
2	哈	anən（他的）qarnɯ（肚子）awləptur（疼）

七、"他肚子疼。"		
3	柯	ɑnən（他的）qursaʁə（肚子）orupdʒɑtɑt（疼）
4	蒙	tərə（他）gədəsu（肚子）əbədtʃu（疼）baina（在）,
5	朝	kɯnɯn（他）pɛ（胃）apʰahanta（疼）。
6	彝	tʰi³³（他）o⁵⁵be³³（肚子）no¹¹（疼）。
7	傣	tɔŋ⁵³（肚子）mǎn⁵⁵（他）xɯn³¹（疼）。 mǎn⁵⁵（他）tɔŋ⁵³（肚子）xɯn³¹（疼）。
8	瑶	nin³¹（他）xə³¹se³³（肚子）mun³³（疼）。 nin³¹（他）ɲei³（的）xə³¹se³³（肚子）mun³³（疼）
9	苗	wu⁴⁴（他）muŋ³⁵（疼）tɕʰi³⁵（肚子）。 wu⁴⁴（他）naŋ⁴⁴（的）qo³⁵。tɕʰi³⁵（肚子）muŋ³⁵（疼）
10	壮	te²⁴（他）tɔŋ³³（肚子）ʔin²⁴（疼）。

（表八）

八、"我酒不喝了。"		
1	维	men（我）ɑraqni（酒）itʃmejmen（不喝了）。
2	哈	men（我）ɒrɑqtə（把酒）itʃpejm（不喝了）。
3	柯	men（我）ɑraqtə（把酒）itʃpejm（不喝了）
4	蒙	bi（我）ɑrixi（酒）ʊguːxʊ（喝）uɡəi（不）。
5	朝	naɯnn（我）sulɯl（酒）masitsi（喝）ankʰesta（不）。
6	彝	ŋo³³（我）ɳtʂʰɯ¹¹（酒）ma¹¹（不）ntʰɒ¹¹（喝）。 ɳtʂʰɯ¹¹（酒）no¹¹ŋo³³（我）ma¹¹（不）ntʰɒ¹¹（喝）。
7	傣	lǎu³¹（酒），hǎu³³（我）he³⁵jǎŋ（也不）tsin³³（kin³³，喝）jǎu⁵³（了）。
8	瑶	tiu⁵³（酒），jie³³（我）m̩⁵³（不）hop⁵³（喝）ɑ⁵³（了）。 jei³³（我）m̩⁵³（不）hop⁵³（喝）tiu⁵³（酒）ɑ⁵³（了）。
9	苗	we²²（我）tɕuɯ⁴⁴（酒）tɕe³¹（不）hu⁴⁴（喝）tɕu²²（了）。
10	壮	hou²⁴（我）ʔbou⁵⁵（不）kɯn²⁴（吃）lau⁵⁵（酒）lo⁰（了）。

四、主谓谓语句中主语与谓语的接缝

（一）大主语、小主语、大谓语、小谓语之分

在主谓词组做谓语的主谓谓语句之中，整个句子的主语称为"大主语"，整个句子的谓语称为"大谓语"；大谓语中"主谓词组谓语"中的主语称为"小主语"；大谓语中"主谓词组谓语"中的谓语称为"小谓语"。例如：

大主语	大谓语	
	小主语	小谓语
衣裳	旧的	不一定坏
朋友	老的	不一定好
电视	我	看节目报了
我	用功的	都喜欢
这个同学	心眼儿	直

（二）穿插成分的突出作用

1. 结构助词"的"的穿插

在主谓词组做谓语的主谓谓语句之中，大主语与小主语之间不能插进结构助词"的"。如果插进"的"，则整个结构是一个"主语＋谓词性谓语"的句式。例如：

主谓谓语句			谓词性谓语句		
主语	主谓谓语	意义	主语	谓词性谓语	意义
他	手长	比喻：多管闲事	他的手	长	实质：生来就长
他	肚子大	比喻：吃得多	他的肚子	大	实质：生来就大
八月十五	家家吃月饼	强调：八月十五	八月十五的家家	吃月饼	此句不能成立！
酒	我不喝了	强调：酒	酒的我	不喝了	此句不能成立！

2. 代词、副词的穿插

大主语与小主语之间可以插进代词、副词，或者说，大谓语可以受代词或副词修饰。例如：

大主语	穿插成分	大谓语	
		小主语	小谓语
他	（无）	胆儿	小
他	还	胆儿	小
他	不	胆儿	小
他	怎么这么	胆儿	小

五、语言接触中汉语的强劲活力

在汉语中，可以认为单独说出来的、孤立的"他耳朵"跟单独说出来的、孤立的"他的耳朵"，二者在语义上相通，而在结构形式上有所不同。换言之，语义相同的两个言语片段，一个有结构助词"的"，另一个没有结构助词"的"，在形式上就不能画等号。在分析既定的具体的句式的时候，如果单纯依主观的感觉来增减句法成分（如增减"的"或增减别的什么），就会带来句式分析的随意性，进而否定"主谓谓语句"的存在了。句法成分之间有另外一个成分存在跟没有另外一个成分存在是两回事，不要轻易地以一个形式去代替（或等同）另一个形式。如果在这一点上能够取得共识，再来谈少数民族语言中有没有"主谓谓语句式"以及汉语的"主谓谓语句式"对少数民族语言有什么影响，问题就迎刃而解了。

不少学者明确指出，汉语和少数民族语言中都有"主谓谓语句"，不过，少数民族语言中的"主谓谓语句"似乎是受汉语的影响而产生的。根据是什么？一句话，根据就是母语人的"语感"。母语人的语感又是什么？就是在言语交流中母语人对词汇意义和语法意义的直觉判断。简单地说，母语人的语感就是母语人对言语形式和意义的直接感受。非母语人的语感可能与母语人一致，也可能不一致。在不一致的情况下，母语人的语感对言语片段的形式和意义的判断具有权威性、绝对性，而非母语人的语感则具有参考性、补充性。以母语人的语感为主，以非母语人的语感为辅来分析语法，应当是描写语法学的一个重要原则。

我们做了一次简单的现场调查（调查记录见上文第三部分），在一些少数民族语言里，同一个"这个人的耳朵软"的句式，表达的意义有两种可能，一种是比喻义，就是"缺少主见、轻信他人"的意思；一种是对事物实质性的描述，就是"本来如此"的意思。如果一定要像汉语一样把"这个人耳朵软"与"这个人的耳朵软"加以区别，那么，在综合性的语言里（如维吾尔语、朝鲜语等），就要在"人"这个词的形态上做文章，在"人"这个词带有表示领属性意义的后缀的时候，则这句话是"主谓句"，在"人"这个词没有带后缀而保持原形的时候，则这句话是"主谓谓语句"；在分析性的语言里（如彝语、瑶语等），在"人"与"耳朵"之间插进结构助词"的"时候，则这句话是"主谓句"，在"人"与"耳朵"之间没有插进结构助词"的"的时候，则这句话是"主谓谓语句"。

从语感上来看，一般少数民族母语人认为，像"这个人的耳朵软"、"我不喝酒了"是"常式句"，而"这个人耳朵软"、"酒我不喝了"是"变式句"，其根据是，在正式的场合，宁可采用"这个人的耳朵软"、"我不喝酒了"这样的句式，而极少采用"这个人耳朵软"、"酒我不喝了"这样的句式。我们不妨认为，在少数民族语言中，"常式句"是母语的本来句式，"变式句"是在一定条件下变化出来的句式。这个"一定条件"，就是少数民族语言与汉语的长期密切接触而深受汉语的影响。汉语的"这个人耳朵软"、"酒我不喝了"这类句式，已经广泛地被少数民族语言所吸纳了。汉语作为各民族的通用语言，在语言接触中具有绝对强劲的活力，因而汉语的"主谓谓语句式"已经成为大多少数民族语言通用的一种新兴句式了。

顺便说一说，也有专家郑重地指出，虽然"主谓谓语句"在汉语普通话里很活跃，但是，在有些汉语方言里却不是那么典型，甚至在几十年前，有些汉语方言中还没有产生"主谓谓语句"。我们认为，这是完全可能的，在同一种语言的各个方言间，一种句式出现的频率不一定是相等的，出现的时期不一定是同步的。但是我们应当承认，汉语普通话作为汉民族的共同语，在语音、词汇、语法各个方面，对于汉语方言的影响之大，是无可比拟的。换句话说，普通话里所拥有而方言里所没有的形式，只要是社会交际所需要，在普通话的影响下，方言不但不会拒绝，反而是非吸纳不可的。当然，如果交际确实需要，普通话也不会拒绝方言中有而普通话中没有的形式。只不过普通话处在全民语言的地位，它对方言的响力必然超越方言对普通话的影响力。从广义的角度看，普通话与方言之间的关系也应该算是一种接触关系。在接触中，普通话的活力绝对大于方言的活力。

第十七篇　汉语"比喻性套式"的分析问题

本文原载延边大学出版的《汉语学习》1980年第3期。有一位少数民族的青年学生写了一篇调查报告,特别提到他在某个工厂实习期间,工人老师傅对他关怀备至,使他受到极大的教育,因为"工人师傅像儿子一样爱护我"。不难看出,这位学生想要表达的是什么意思。他本想说,工人师傅爱护他,爱护到什么程度呢?工人师傅把他"当成自己的儿子一样"。可是,他笔下写的和心里想的并不一样,写出来的这句话恰恰把"父子关系"搞颠倒了。问题出在哪里呢?出在"像……一样"这种"比喻性套式"的使用上。

一、究竟谁是"儿子"

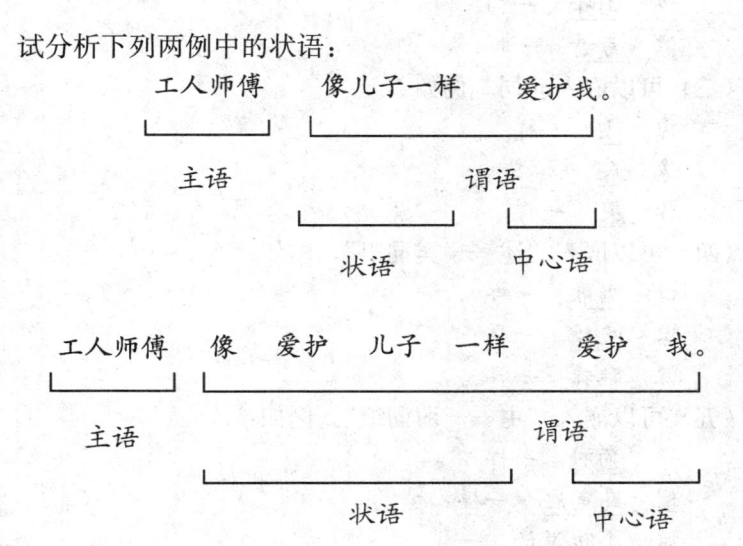

试分析下列两例中的状语:

工人师傅　像儿子一样　爱护我。
　主语　　　　　谓语
　　　　　　状语　　中心语

工人师傅　像　爱护　儿子　一样　爱护　我。
　主语　　　　　　　　　　　谓语
　　　　　　　　状语　　　　中心语

显然,"像儿子一样"与"像爱护儿子一样"二者的语义是有所不同的。在头一个例句里,"师傅"是"儿子";在第二个例句里,"我"是"儿子"。

二、比喻性"远距离搭配套式"

在汉语中,"像……一样"是由"像"和"一样"构成的远距离搭配的套式。这个远距离搭配套式是比喻性的,其中可以嵌入各种比喻词语:

(一)可以嵌入有生命名词,包括动物名词、指人的名词,也可以是人称代词。例如:

  像 老虎 一样
  像 小王 一样
  像 她们 一样

(二)可以嵌入无生命名词。例如:

  像 地球 一样
  像 山峰 一样
  像 弓箭 一样

(三)可以嵌入动词。例如:

  像 飞 一样
  像 爬 一样
  你 哭 一样

(四)可以嵌入"述——宾词组"。例如:

  像 唱歌 一样
  像 吃糖 一样
  像 跳舞 一样

(五)可以嵌入"主——谓词组"。例如:

  像 狗叫 一样
  像 乌龟爬 一样
  像 小孩说话 一样

三、比喻性套式中的比喻者和被比喻者

凡属比喻,总得有"比喻者"和"被比喻者"。嵌入"像……一样"中的往往是比喻者。在修辞上,被比喻者不一定要在句子中出现。所以"像+比喻者+一样"可以单元独用,也可以在它的前面或后面补出被比喻者。例如:

	比喻者		被比喻者
像	唱歌	一样	唱戏
像	吃糖	一样	吃冰棍
像	跳舞	一样	跳绳

像	唱戏	一样	唱歌
像	吃冰棍	一样	吃糖
像	跳绳	一样	跳舞

这样一补,就可以清楚地看出:

(一)上例中两个被比喻者都是同一类结构(此处都是"述宾结构");

(二)前后两个述宾结构使用的是同一个动词。

回过头来看看:

被比喻者　　比喻者
工人师傅　像　儿子　一样　爱护　我。
(工人师傅——儿子)

　　　　　　比喻者　　　　　被比喻者
工人师傅　像　爱护　儿子　一样　我。　爱护
　　　　　　　　　　　　　　　　(我——儿子)

1. 从修辞上看,这两句话里都有比喻者和被比喻者,而且两句话中比喻者相同,只是被喻者不同罢了。

2. 从句法上看,如果被比喻者在句首,则动词"爱护"只出现一次;如果被比喻者在句尾,则动词"爱护"要重复使用,即出现

两次。
　　3."像儿子一样"所比喻的是"人";"像爱护儿子一样"所比喻的是"事"。

第十八篇　汉语"兼语式谓语"与"主谓式宾语"的区别问题

本文原载于延边大学主办的《汉语学习》1981年第2期。在此略有修订。许多非汉语人的学生,包括少数民族学生,还有外国学生,在学习汉语语法的时候,常常搞不清"兼语结构"与"主谓式宾语"(即"主谓结构作宾语")两种句法格式的区别。即使是汉语人(以汉语为母语的人),区别这两类结构也感到有困难。本文兼采各家之说,简略归纳出区分这类两类结构的一些方法,曾用于实际教学,尚称方便。

一、在形式上极为相似的两种结构

兼语结构与主谓结构作宾语的形式极为相似,例如:
　　"我请他来。"
　　"我希望他来。"
这两句话都是一个大的主谓结构包含中一个小的主谓结构。其实,二者有根本的不同。前者是所谓的"兼语式谓语",后者是所谓的"述宾式谓语"。试看:

```
    我        请      他       来。
  └─────┘  └──────────────────────┘
   主语一          兼语式谓语
           └──────────┘└──────────┘
              述宾         主述
           └─────┘└──────┘└──────┘
           述语一  宾兼主二  述语二
```

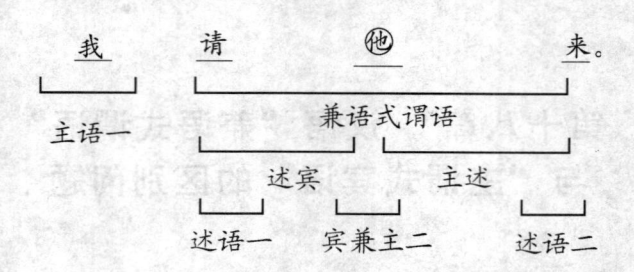

```
    我      请      他       来。
  └─┬─┘  └──┬───┘└─┬─┘└──┬──┘
   主语一     兼语式谓语
          └──┬──┘  └─┬─┘
            述宾      主述
          └─┬─┘└─┬─┘└─┬─┘
          述语一 宾兼主二 述语二
```

二、区分两种结构应依据的标准

  要区分这两类结构，首先要明确一个问题，那就是以什么样的标准为依据的问题。在不少的汉语语法著作中，大都只从第一个动词所表示的意义出发来区分这两类结构。即：凡是第一个动词是表示"心理活动"的，如"知道、以为、记得、觉得"等，后面如果是"主谓形式"的，则一律是"主谓结构作宾语"；凡是第一个动词是表示"使令"的，如"使、令、让、叫、要求、吩咐"等，后面如果是"主谓形式"的，则一律是"兼语结构"。这种区分法乍看起来似乎立论者的主张很果断，但是细究起来就感到有明显的缺点，这就是究竟哪些动词"表示心理活动的"，哪些动词是"表示使令的"，没有一个精确的识别标准。既使能有一个明确的统计表，对于非汉语人来说，不大可能把这些词一一记住。有语法学者指出，人们"需要的是一个鉴别的标准，而不是个别的词"。再者说，表示心理活动的动词后面是"主谓形式"的，也不见得必定是"主谓结构作宾语"。例如：
  他 怪 对方 没有 给 他 提供 方便 条件。
  这里的"怪"是表示心理活动的动词，"怪"和它后面的整个部分并不构成"述宾结构"。可见，上述区分这两种结构的方法，局限性是很大的。要区分这两类结构，恐怕要采取综合性的手段才行。现在看来，不妨从"语音停顿"、"嵌入成分"、"形式转换"等方面入手来考察。

三、从"语音停顿"来看

（一）如果是"主谓结构作宾作宾语"，则这个宾语的前面可以有语音上的停顿。例如：

我希望他办这件事。
　　→我希望（,）他办这件事。
我记得柔石在年底曾回故乡。
　　→我记得（,）柔石在年底曾回故乡。
我认为小朴近来有很大进步。
　　→我认为（,）小朴近来有很大进步。

（二）如果是"兼语结构"，则第一个动词与它所带的宾语之间不能有语音上的停顿。例如：

我请他办这件事。
　　×我请（,）他办这件事。
谦虚使人进步。
　　×谦虚使（,）人进步。
校长派他参加会议。
　　×校长派（,）参加会议。

四、从"嵌入成分"来看

（一）"兼语结构"中的"兼语"跟它前面的动词靠得很紧，中间不能嵌入其他的成分。例如：

我们 请 大家 （以后） 多 提 意见。
　　×我们 请 以后 大家 多 提 意见。
指挥部 邀请 他 来 北京 （一次）。
　　×指挥部 邀请 （一次） 他 来 北京。
让 我 （仔细地） 看看 你。

　　　　×让（仔细地）我 看看 你。
（二）"主谓式结构"充当宾语时，这个结构跟它前面的动词述语之间可以嵌入其他成分。例如：
　　我们 希望 大家 多 提 意见。
　　　→我们 希望（今后）大家 多 提 意见。
　　我 盼望 他 来。
　　　→我 盼望（明天）他 来。
　　我们 研究 工程 从 哪儿 开始。
　　　→我们 研究 （一下） 工程 从 哪儿 开始。
（三）从以上的分析中可以看到：
　1. 主谓结构作宾语的"我们希望大家多提意见"，即可以说成"我们希望今后大家多提意见"，也可以说成"我们希望大家今后多提意见"。
　2. 兼语结构的"我们请大家多提意见"，只能说成"我们请大家今后多提意见"，而不能说成"我们请今后大家多提意见"。
　　这就是这两类结构能够严加区分的标志之一。

五、从"形式转换"来看

（一）"主谓式宾语"可以移到句首而不改变原句的意义。不过，在移动之后的"主谓式宾语"的后面要有停顿。例如：
帝国主义害怕中国人民壮大起来。
　　→中国人民壮大起来（，）帝国主义害怕。
我相信小金能成为一名先进工作者。
　　→小金能成为一名先进工作者（，）我相信。
指挥部正在研究工程从哪儿开始。
→工程从哪儿开始（，）指挥部正在研究。
（二）"兼语式"不能将"兼语"移动位置。例如：
我叫他明天来。
　　×他明天来，我叫。

他请我吃饭。
　×我吃饭，他请。
我们推选他做代表。
　×他做代表，我们推选。

六、结构性质的区分要兼顾形式与语义

　　以上是一些汉语语法学者在区分"兼语结构"与"主谓式宾语"的时候经常采用的方法。乍看起来，好像这些方法仅仅是从"结构分析"入手的。其实，是兼顾了"结构"和"意义"的。例如"我相信小金能成为一名先进工作者"这句话，从意义上看，"相信"所及的是一个"事件"，而不是一个"人"或"物"；从结构上看，当表示这个"事件"的成分处在"宾语"的位置时，可以把它移到句首而不改变句子的原意，这跟一般"主——述——宾"格式的句子可以将宾语提到句首而不改变原意的情形是一样的。至于"兼语结构"，它的前一个动词，只能管一个"人"或"物"，而不能管一个"事件"，而这个"人"或"物"因受前一个动词的影响而产生的动作或情态，就不是前一个动词所要管的了。因此说，"兼语结构"中的后一个"主谓结构"就不能移到句首的说法，是不难理解的。
　　总之，在区分"兼语式"与"主谓式宾语"的时候，既不要只采单一的"结构标准"，也不要只采取单一的"意义标准"。实践证明，只有采取"意义＋结构"的综合标准，才是行之有效的方法。

第十九篇　汉语句法分析的"扩展法"问题

在句法分析中，经常要对某个言语片段进行"切分"，以便观察其中各个成分之间的语法关系。汉语语法学家们把这个工作比喻为"修表的工人拆卸表的零件"，著名语言学家、心理学家陆志韦先生说，这好像是"庖丁解牛"。可见，切分言语片段，是语法分析和研究中的一项重要的手段。然而，用什么方式来切分言语片段，则是一个不简单的问题。在这方面，中国的传统语言学没有明确的切分方法。到了上个世纪50年代，语言学界引进外国的一些语言学理论方法之后，汉语语法的研究进入一个新的阶段，"扩展法"也就盛行起来了。

一、"插入"是"扩展"言语片段的基本方法

所谓"插入"，就是将一个言语系列中插入某种成分，使原来的言语系列"扩展"为一个较大的系列，以便更为清晰地显示一个言语系列中各个成分之间的语法关系。不过，陆志韦先生在他的《汉语的构词法》中强调，这样的"扩展"有一个前提，那就是必须"保证已经扩展了的例子是跟原来的例子同一形式的，就是说，两个例子的语法结构基本上是相同的"。

例如：
原式：（述宾结构）
　　买→菜
扩展式：（述宾结构）
　　买（了）菜
　　买（了 一斤）菜

买（了 一斤很好的）菜
买（了 那个 菜店 的 一斤 很好的）菜

在这里，不管怎么"扩展"，"原式"和"扩展式"都是"述宾结构"。

必须指出，如果两个形式的语法结构不同，就不能把某个形式看成为另一个形式的"扩展形式"。例如：

羊 肉（偏正结构）
羊身上 有肉（主谓结构）

在这里，"羊身上有肉"不是"羊肉"的扩展形式。又如：

你 送书（"送书"是述宾结构）
你 送书 给我（"送书给我"是连动结构）

在这里，"你送书给我"不是"你送书"的扩展形式。

二、不能扩展的"黏合"形式

这类黏合形式是典型的单纯词或合成词。例如：

葡萄　蟋蟀　螳螂　坦克
军属　西装　手册　雨帽
破坏　改善　发明　示威
沉闷　透亮　肤浅　美丽
花生米　垂杨柳　喇嘛教
暖烘烘　水汪汪　静悄悄
酸不唧唧　白不呲咧　黑不溜秋
我．们　天．上　火．烧　东．西〔（．）表轻声〕

从构造形式来看，单纯词中有"联绵词"（如"螳螂"），有音译的外来词（如"坦克"）；合成词中有两个词素构成的（如"军属"），有三个词素构成的（如"花生米"），还有带辅助成分的（如"暖烘烘"、"黑不溜秋"）。这些词有一个共同的特点，就是各个成分之间彼此结合得很紧，不能插入其他任何成分。据此，称它们为不能扩展的"黏合"形式。

三、有限扩展的"离合"形式

这一类形式能扩展，但是其扩展能力是极其有限的。例如：
  羊肉 白布 粗活 新戏
  轻放 多做 热吃 活捉
  打倒 推翻 收回 叫醒
  香肥皂 素火腿 白砂糖 暴脾气
  寄.出.去 走.进.来 爬.上.去
  散.开.来 [（.）表轻声]

这类形式扩展的有限性是显而易见的。例如"羊肉"只能扩展为"羊的肉"；"轻放"只能扩展为"轻着放"；"打倒"只能扩展为"打得（不）倒"；"寄出去"只能扩展为"寄得（不）出去"；"素火腿"只能扩展为"素的火腿"。这类结构的特点是，当它们各自整体出现的时候就是一个词，当它们各自插进其他成分的时候就不是一个词而是一个词组了。据此，称它们为有限扩展的"离合"形式。

四、可以扩展的"任意"形式

这类内部组织比较松散。例如：
    吃饱 提高 装满 说明白
    泡透 吓哭 急红 洗干净
    写字 打球 挑水 买菜
    走路 跳舞 种地 造船
    洗澡 鞠躬 结婚 敬礼

以上的每一个结构都能够插进多个成分，它们是典型的词组而不是单词。试看：
  吃饱——吃得饱——吃得很饱——吃得比谁都饱
    ——吃得饱——吃得不饱——吃得不太饱

洗澡——洗了澡——洗完澡——洗完了澡
　　——洗过了澡——洗了个澡——洗了一个澡
　　——洗了一个痛快的澡——洗得了澡
　　——洗不了澡

鞠躬——鞠完躬——鞠了躬——鞠了一个躬
　　——鞠完了一个躬——鞠了深深的一躬
　　——鞠了一个九十度的大躬
　　——鞠得了躬——鞠不了躬

结婚——结过婚——结完婚——结了婚
　　——结了一次婚——结得了婚——结不了婚

敬礼——敬了礼——敬完了礼——敬了一个礼
　　——敬了一个革命的礼

　　这类形式只要在意义上站得住，它们的扩展几乎没有什么限制。据此。称它们为扩展的"任意"形式。

　　说到这里，有一个问题值得注意："洗澡"、"鞠躬"、"结婚"、"敬礼"这类形式到底是"词"还是"词组"？长期以来，汉语语法学家们的看法很不一致。有些语法学家说，为了在写作中遵守"词儿连写"的原则，可以把这类形式看作"词"；为了承认这些形式的"自由扩展"能力，又可以把它们看作"词组"。这就使学习语法的人（特别是学习汉语的"非汉语人"）陷入两难的境地了。应当说，"词儿连写"是一回事，区分"词"与"非词"的界线又是一回事，最好不要混为一谈。细究起来，语法学家为什么要把"洗澡"这类形式看作词而不是词组呢？显然这是从"照顾"人们的"语感"出发的。然而，"语感"这东西很微妙，母语人与母语人之间的语感可能有差异，非母语人与母语人之间的语感更有差异，光凭语感来判断一个形式的性质，有时候会感到无所适从。因此，还是以"扩展法"来区分"词"与"非词"的界线为妥。

五、扩展法在言语实践中的调节作用

(一)"扩展法"可以避免或纠正某些不规范的言语现象

"扩展法"不但在区分"词"与"非词"的界线时有重要的作用,还在调节言语实践中有相当明显的价值。掌握了"扩展法",就可以避免或者纠正某些不规范的言语现象。

在汉语里,有些词是不能扩展的,如果硬要加以扩展,就会出现"语病"。例如:

贪污——×贪(过一次)污
体操——×体(了一堂)操
后悔——×后(了一阵)悔
对象——×对(了一回)象
记录——×记(过一次)录
迟到——×迟(了一回)到
谦虚——×［他没有］谦(过)虚

乱用"扩展法"会造成恶果,一些节目主持人常常犯这样的毛病,诸如"×游(了一次)泳"、"×感(不感)觉"、"×可(不可)以"、"高不高兴"之类,听起来总会让人感到别扭、鄙俗。如果懂得上面这类词是不能随便"扩展"的道理,就完全可以提高言语表达的规范性了。

(二)"扩展法"可以使言语表达方式多样化

运用"扩展法"搞清了哪些词是可以扩展的(特别是能够自由扩展的),再搞清了哪些词是不能扩的,就可以使言语表达方式多样化。陆志韦先生在他的《汉语的构词法》一书中提供了很好的实例(我们更换了其中个别实例)。比方说,在"不……不"这个格式中,就可以装进许许多多体词性的(包括名词,数词,方位词、时间词等)、动词性的、形容词性的成分,使它变为"扩展式",并根据表达上的需要去有选择的加运用。例如:

1. 体词性的
    不人不鬼　不年不节　不伦不类
    不日不月　不上不下　不前不后
    不左不右　不三不四　不中不西
2. 动词性的
    不折不扣　不哼不哈　不依不饶
    不管不顾　不言不语　不经不由儿
3. 形容词性的
    不明不白　不咸不淡　不干不净
    不零不整　不俊不俏　不肥不瘦
    不冷不热　不阴不阳　不大不小

(三)"扩展法"有利于第二语言的汉语教学

1979年暑期,美国(威尔斯利)女子文理学院中国语文学系讲座教授戴祝念女士来华,与"全国民族院校汉语教学研究会"(现称"中国少数民族双语教学研究会")交流经验时,谈到她曾经运用一种"砌句法"教美国学生学习汉语,即将一个比较小的或比较简单的结构形式,逐步扩展为一个比较大的或比较复杂的结构形式,使学生由简到繁、由浅入深地学习并掌握汉语的句式结构。例如:

　　她　戴　花。
　　她　戴　(一朵)　花。
　　她　戴　(一朵红)　花。
　　她　戴　(一朵大红)　花。

戴女士所讲的"砌句法",就是"扩展法"。可见将"扩展法"用于第二语言的汉语教学,不失为一种行之有效的方法。

当然,"扩展法"也不是尽善尽美的,用它切分言语片段的时候,也有不少矛盾不好解决。因此,在使用过程中应当扬长避短,择善而从。

第二十篇　汉语句法分析的"层次"问题

本篇曾载于全国民族院校汉语教学研究会的《汉语教学法与研究》（1981年，内蒙教育出版社），在这里有所调整。在分析汉语句法结构时，我国传统的语法学使用的是中心词分析法。中心词分析法也就是平时所说的成分分析法，它出现的时间比较早，可以追溯到1924年黎锦熙先生的《新著国语文法》。上个世纪50年代中期建立的"暂拟汉语教学语法系统"，使用的也是这套方法，它在我国高等师范院校以及中小学的汉语教学中的影响很大。随着语法科学的发展，50年代初期又出现了"层次分析法"。现在，这套方法已被越来越多的人所认识和应用，因为这套方法析句过程简明，条理清晰，不仅能确切地揭示出汉语句法结构的特点和规律，而且也比较容易被初学汉语语法的人，特别是把汉语作为第二语言来学习的"非汉语人"（包括少数民族学生，也包括和外国学生）所接受。实践证明，在汉语语法教学与研究中，层次分析法不失为一种较好的析句方法。但是，我们运用这套方法来分析汉语句法结构时，还有一些问题不大好解决。这种现象的存在，说明我们对汉语语法的研究还不够深，对层次分析这套方法的掌握和运用还不够好。多年来，我们通过教学实践对层次分析中的一些问题作过初步探讨，现在就把我们的一些粗浅的看法提出来。

一、层次分析法就是"二分法"

层次分析法是分析言语片段的层次构造的一种方法。例如有一个复杂的言语片段，如果不能一下子把它分析为若干个词，就可以按照下列的方法分析：

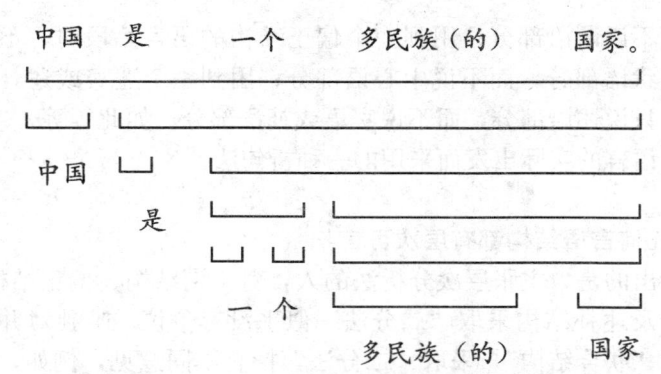

```
中国    是      一个    多民族（的）    国家。
└─┘    └─────────────────────────────┘
└──────┘    └─────────────────────┘
                └──┘    └──────────────┘
                        └──────┘  └──┘

  中国
        是
              一个
                    多民族（的）   国家
```

依照朱德熙先生在《现代汉语语法研究》中的说法，这种自始至终顺次找出言语片段的直接组成成分，并一直分析到词为止的方法，就叫做"层次分析法"。

层次分析法既然是这样的一种方法，那就可以在它与"二分法"之间划一个等号，所谓层次分析法就是"二分法"。

"层次分析法就是二分法"的观点，对句法分析有十分重要的意义。

二、言语层次的构成

（一）言语结构的层层包绕

言语的结构是有层次的，那么，这种构造层次又是怎样的一种情形呢？就一个言语片段来说，它可以包绕两个较大的语言层次，其中的一个较大的语言层次又包绕着两个较小的语言层次，如此层层包绕，一直到词为止。这是承认层次分析法就是"二分法"的出发点。

（二）言语表达由小片段组成较大片段

从人们运用语言的实际情况来看，一个人说话或写文章，总是自觉或不自觉地把两个较小的言语片段组成一个较大的言语片段，总是遵循由词到词组，由词组到句这样一个规律去遣词造句的。在一般的情况下，人们用到一个主谓结构的言语片段时，不会只说主语部分，而不说谓语部分；用到一个偏正结构的语言片段时，不会只说定语或状语部分，而不说中心语部分；用到一个述宾或述补结构时，不会只说述语部分，而不说宾语或补语部分。如此等等，"二分法"是从语言的实际出发而采用的一种析句法。

（三）任何言语结构都有层次可言

值得指出的是，主张层次分析法的人，对主谓结构、偏正结构、述宾结构以及述补结构采取"二分法"似乎没有争议。唯独对并列结构（或称"联合结构"）采取"二分法"持有不同意见，例如，丁声树先生等在《现代汉语语法讲话》一书中就这样说过："除了并列结构可以由两个以上的成分组成之外，其他都是由两个成分组成的。这种构造方式规定了分析句子的步骤：对并列结构采取'多分法'，其他结构一律用'二分法'"。

对"并列结构"就不能用"二分法"吗？回答应当是肯定的。《现代汉语语法讲话》举了一个例子：

"东方红，太阳升，中国出了个毛泽东"

这句话"由3个并列的主谓结构组成；得先把它分成三部分，然后一个一个地分析。"应当说这三个部分不是等同并列在同一个层次上的：

"东方红，太阳升"，从写作上来看这是一种比兴的手法，它和后面的"中国出了个毛泽东"才是并列关系，"东方红"和"太阳升"是并列关系：

东方红，　太阳升，　　　中国　出了个毛泽东。
└─────┴────┘　　　└──┴──────┘
　　　　　并列并系
└──┴──┘　　　　　└─┴────┘
　并列并系　　　　　主谓并系

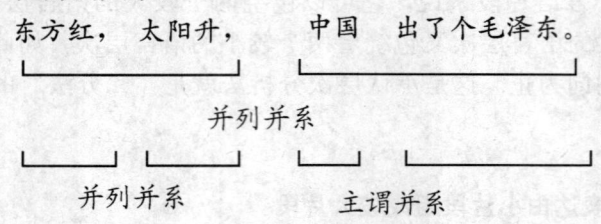

（四）多项并列结构中"音群"与"义群"有重要的作用

在并列结构中，似乎最难处理的是多项并列结构和带有连词（如"和"）的并列结构，这是一些人主张"多分"的重要原因。在分析多项并列结构时，只要把"音群"与"义群"诸因素考虑进去，就不难对它做出"二分"了。例如：

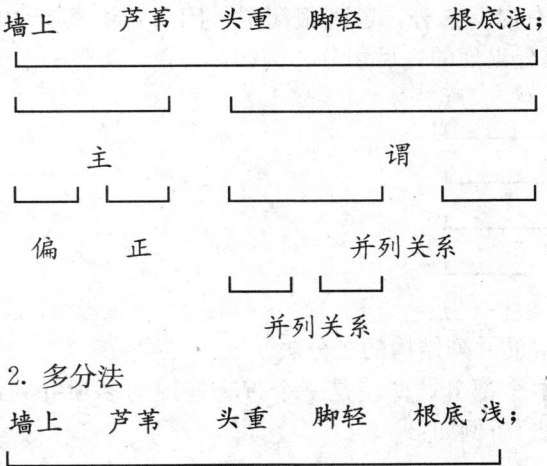

1. 二分法

```
墙上    芦苇    头重  脚轻    根底浅；
└──┬──┘ └──────┬──────────────┘
   主            谓
└┬┘└┬┘  └──┬──┘ └────┬────┘
 偏 正     并列关系
         └──────┬──────────┘
               并列关系
```

2. 多分法

```
墙上    芦苇    头重  脚轻   根底 浅；
└──┬──┘ └──┬──┘ └──┬──┘  └──┬──┘
   主      谓1     谓2       谓3
        └──────────┬────────────┘
                   谓
```

从"音群"与"义群"的角度来看，应当认为还是采用"二分法"更为接近语言的实际。

```
头重 脚轻     根底  浅
└─┬─┘        └─┬─┘
 义群          义群
└──┬──┘      └──┬──┘
四音节音群    三音节音群
```

3. "右向二分法"

有些多项并列结构是由没有连带成分的单纯的结构项组成的。这种单纯的结构项，就是比音群、义群更小的"音段"和"义段"。对于这类多项结构，仍然可以根据"音段"和"义段"进行二分。

对于多项并列结构的分析要采取"右向二分法"，这种方法也可以叫作"连续二分法"。

从意义上讲，多项并列结构其中的任何两项都能构成直接组成成分，那么，这类结构的头一项也可以和它"右向"的多项并列结构构成直接组成成分，这样顺次"二分"下去，一直到词为止。至于为什么要进行"右向"二分，道理很简单，因为言语具有"线条性"，应当按直接成分出现的先后切分。例如：

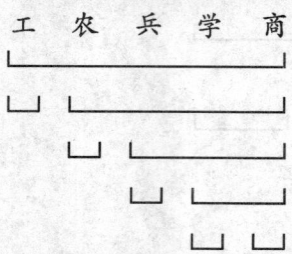

```
工  农  兵  学  商
└──┘
    └──────────┘
    └──┘
        └──────┘
        └──┘
            └──┘
```

（4）由连词连接的并列结构的二分法

连词总是连接两个部分，即使是一个带有连词的多项并列结构也可以采取"二分法"。例如：

```
北京、 上海  和  天津
└───┘       └──┘
    └──┘（＋）└──┘

北京  和  上海、 天津
      └──┘ └────┘
└──┘（＋）└───────┘
```

如果仅仅是"北京和上海"这样一个言语片段，那么，既不能分析为"北京和"加"上海"，也不能分析为"北京"加"和上海"，更不能把三者并列起来分析。显然，"和"不是直接组成成分，它是只连接两个直接组成成分的"附加符号"。这好比数学上的两个数字相加，其中"＋"号只是一个相加符号，它既不属于被加数，也不属于加数，二者的道理是一样的。

总之，对任何一个言语片段进行层次分析，必须遵循按"音群、义群"或"音段、义段"进行切分的原则。只要切分以后的两个部分都能单说，又都能保持未切分以前的原意，这样的切分无疑是准确的。

三、"述语"在层次分析中的重要作用

"述语"这个名称,最早见于黎锦熙先生的《新著国语文法》。黎先生的所谓"述语",又叫做"述说词",它相当于一般语法书上的"谓语",而与层次分析法中所使用的"述语"一词在含义上有本质的不同。

丁声树先生等著的《现代汉语语法讲话》,基本上采用的是层次分析法,但由于它没有使用"述语"一词,所以在进行句法结构的层次分析时显得不那么完备。北京大学中文系汉语教研室,为了适应层次分析的需要,在其所编《现代汉语》(语法部分)一书中最早提出了"述语"一词。作为语法学的一个专用术语来使用,就使层次分析法更臻完善。

这里所说的"述语",指的是一个"谓词性的言语单位"。这个单位可以是一个单个儿的词(动词或形容词),也可以是一个"谓词性的词组"。特别是承认述语可以是一个词组时,对层次分析的意义就更加重大。例如:

洗衣服

对于这样的言语片段,大多数语法著作(包括《现代汉语语法讲话》)称之为"动宾结构"(也叫"动宾关系"),对这个言语片段采取这样的称说似无不可,因为"洗"确实是个动词。可是,到了"洗干净衣服"里头,有的语法著作仍把"洗干净衣服"称为"动宾结构"(或"动宾关系"),那就不太妥当了。因为宾语前面的"洗干净"不是一个单个儿的动词,而是一个动词带有其他成分的词组,这样的词组就叫做"述语"。

述语不是一个单个儿的词而是词组的,大致有以下四种情形:

(一)述语是联合结构的。例如:

巩固和发展/大好形势
讨论并通过决议

（二）述语是偏正结构的。例如：
　　大笑／起来
　　飞跑／过去

（三）述语是述补结构的。例如：
　　赶走／帝国主义
　　压低／嗓子

（四）述语是述宾结构的。例如：
　　看他／一眼
　　叫小王／一下

　　在分析上述各类结构时，不能只抓住动词，而撇开它的连带成分不管，否则，就不能进行层次分析。例如：
　　　　赶　走　帝国主义
　　其中"赶"是一个动词，"走"也是一个动词，如果说它是"动宾结构"，就成了"赶帝国主义"或"走帝国主义"，那是不符合这个言语片段的原意的。如果把以上结构形式称作"述宾结构"，其中的"赶走"就是"述语"，这个"述语"就是一个"述补词组"，这就顺乎情理了。
　　坚持"述语"说，对分析某些特殊的语言结构有很大作用。
　　在汉语里，有的动词可以和名词构成"动宾结构"，例如："写字"、"打球"等等。而有的动词和有的名词就不能构成"动宾结构"，例如："走脚"、"打思想"等等。如果把"走脚"扩展为"走大了脚"，把"打思想"扩展为"打通了思想"，就可以成为合法的言语格式。可是扩展后的"走大了脚"、"打通了思想"，再称它为"动宾结构"就不合适了。因为这里不是动词带宾语，而是动词加上它的连带成分带宾语。在这种情形之下，把动词的连带成分称作述语，而把整个言语片段称作"述宾结构"，这就名实相符了。更重要的是，采用"述语"说，比较容易分清层次。像"走大了脚"这种言语格式，还可以举出许多。例如：

甲组	乙组
笑弯了腰	×笑腰
吓掉了魂	×吓魂
打破了沉寂	×打沉寂
赶走帝国主义	×赶帝国主义
忍得住疼痛	×忍疼痛
挡不住历史洪流	×挡历史洪流
跑上山	×跑山
赶回家	×赶家
气疼了肚子	×气肚子
哭红了眼	×哭眼
涨红了脸	×涨脸

甲组都是"述宾结构",述语又都是"述补结构"。以"笑弯了腰"为例,其层次结构是这样的:

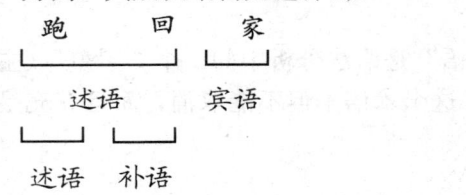

```
跑    回    家
└─────┴────┘
   述语   宾语
└────┴───┘
 述语  补语
```

相比之下,在甲组坚持"述语"说,就可以做出合理的语法分析;在乙组采取"动宾"说,言语格式就不能成立。

坚持"述语"说,还能顺利解决带有"趋向动词"的言语片段的语法分析问题。"趋向动词"在言语片段中的游离性很大,以"出来"为例,大致有以下几种格式:

A　拿·出·来一本书。
B　拿一本书·出·来。
C　拿·出一本书·来。

　　　　　　　　　　［"出来"一律读轻声,下同］

A整个结构是述宾结构(拿·出·来／一本书),述语是一个述补结构(拿／·出·来);B整个结构是述补结构(拿一本书／·出·来);述语是述宾结构(拿／一本书);C整个结构是述补结构(拿出一本书/·来），述语是述宾结构，（拿·出/一本书），述宾结构的述语是述补结构：

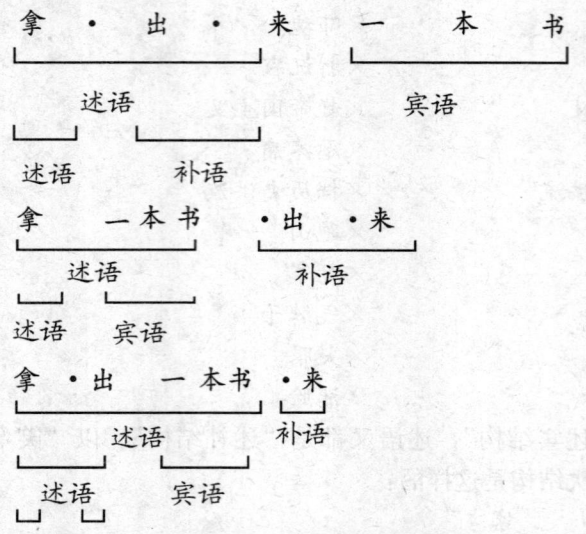

```
  拿   ·出       ·来    一    本    书
  └────┬────┘    └──┬──┘    └────┬────┘
      述语              宾语
  └─┬─┘└─┬─┘
   述语  补语

  拿    一 本 书    ·出   ·来
  └─┬─┘ └──┬──┘    └──┬──┘
   述语   宾语           补语
  └────────┬────────┘
          述语

  拿  ·出   一 本 书    ·来
  └─┬─┘    └──┬──┘      └─┬─┘
   述语      宾语          补语
  └────┬────┘
      述语
```

有的学者指责说，"述语"是语法分析中的一个"累赘"，主张取消。从以上的分析来看，这个术语不但不能取消，而且有充足的理由要将它使用下去。

四、几类特殊结构的层次分析

层次分析法，既然承认它是一种"法"，它就必然能够对语言中的所有结构进行层次分析。如果层次分析法只能分析一部分言语结构，而对另一部分言语结构不能进行分析，那它就不成其为"法"了，至少不是一种科学的、完备的"法"。不少语法著作使用的是层次分析法，可是很少或回避谈及汉语中的几类特殊结构的层次分析。这几类特殊结构是：兼语结构、双宾语结构以及独词句等等。

（一）兼语结构的层次分析

"兼语结构"（又叫"递系结构"）是由一个"述宾结构"和一个

"主谓结构"组成的。其中有两个动词,第一个动词作为述语带有一个宾语,构成述宾关系;同时,这个述语的宾语又兼做主语,与第二个动词构成主谓关系。因为述语的宾语同时兼任主谓结构的主语,所以称为"兼语"。例如:

  叫 你们 去。
  请 巴桑 发言。
  交(给) 妈妈 保存。

试以"请巴桑发言"为例进行层次分析:

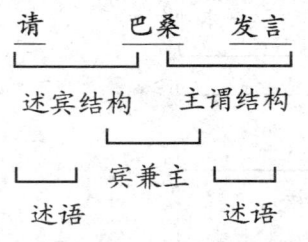

```
请      巴桑    发言
└────────┘└────────┘
述宾结构    主谓结构

└────┘  └────┘
 述语   宾兼主   述语
```

本例中的"巴桑"既是宾语,又是主语,可见它是"跨语段"的,即:它既是前面述宾结构的组成成分,又是后面主谓结构的组成成分。

(二)双宾语结构的层次分析

双宾语结构就是一个动词述语带两个宾语的结构形式。例如:

 A 给你一本书
 B 问我明天去不去
 C 给猫一条鱼
 D 交给张大娘一个孩子

A 中的两个宾语,一个指人,一个指物;B 中的两个宾语,一个指人,一个指事;C 中的两个宾语都指物;D 中的两个宾语都指人。

鉴于双宾语中的两个宾语之间的关系比较特殊,一般语法书都不涉及这类结构的层次分析,只有黎锦熙先生在《新著国语文法》中作过图解:

```
我  │  │ 送            │ 书
         \ 张先生   一本 /
```

按照黎先生的约定，他是把"第一个宾语"当作"补语"来看待的。这显然在语义上说不通，因为"宾语"和"补语"毕竟是两个性质不同的句法成分，"宾语"是述语行为所涉及的对象，"补语"是对述语状态的补充，不应把二者混为一谈。

按照二分法，应当这样来分析：

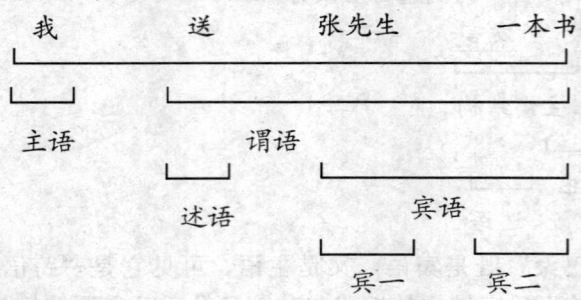

```
    我       送      张先生      一本书
  └───┘   └──────────────────────────┘
   主语              谓语
           └───┘ └──────────────────┘
            述语          宾语
                  └────┘  └────┘
                   宾一    宾二
```

从以上的分析来看，"宾一"和"宾二"，不是联合关系，也不是偏正关系，也不是主谓关系，更不是同位关系，也就是说，它们之间不能构成一种语法关系。其实，上述结构只要分到"述宾关系"就算完成了层次分析的任务。在"双宾语"之下分别标出"宾一"和"宾二"，只不过起一种说明作用，不表示二者有什么关系。

（三）"独词句"与"独语句"的层次分析

有些句子是由一个单词形成的，叫做"独词句"。例如：

A　票！
B　飞机！
C　是！
D　糟了！

有些句子是由一个词组（又称"短语"）形成的，叫做"独语句"。例如：

A　好香的干菜!
　　B　一条蛇!
　　C　这个坏东西!
　有些学者不赞同对这样的言语片段采用层次分析法的根据之一，就是认为"独词句"无所谓层次。诚然，一个句子本身只有一个单词，而句法分析的任务是分析到单词为止，这个独词句也没有层次可言了。如果这个单词是合成词，分析合成词的结构就属于构词法的范围，而不是句法的问题了。

　有的学者则认为，独词句也有"暗含成分"，并且把这种"暗含成分"的称为"零直接成分"。这样说来，"独词句"也是有层次可言的。由一个偏正词组构成的"独语句"（如：好香的干菜），结构层次比较清楚，分析起来也比较容易。如果是由一个单个儿的词构成的"独词句"，分析其结构层次，就要根据具体情况进行具体的分析。独词句有一个特点，那就是必须借助言语环境。比方两个人在山路上行走，忽然爬过来一条蛇，一个人惊叫："蛇!"这句话表示的意思是有所发现。从句法结构上来分析，它可能是：

　　　　"这是蛇。""有一条蛇!"

　"蛇"可能就是"这是蛇"或"有一条蛇"的省略。其层次关系如下：

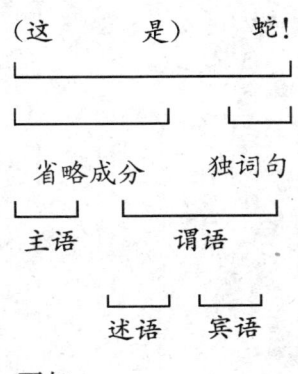

```
(这      是)       蛇!
└───┬───┘        │
    │            │
  省略成分      独词句
    │            │
   主语         谓语
          └──┬──┘
           述语 宾语
```

　再如：

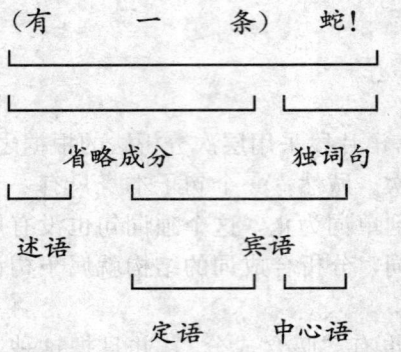

```
（有    一    条）  蛇！
                         
           省略成分         独词句
                         
       述语      宾语
                         
            定语    中心语
```

从直接成分来看，"这"和"是"、"有"和"一条"没有出现，可以把它们看成"零直接成分"。所谓"零直接成分"就是词句中的暗含的部分。有的学者不不赞成用"暗含成分"或"零直接成分"来分析这类"独词句"，认为"独词句"的名称就足可以说明问题了。其实，用不用"暗含成分"解释独词句，不是很紧要的问题，就各自听便吧。

第二十一篇 苗语"谓主结构"的性质问题

　　此稿原是 1981 年提交"第 15 届国际汉藏语言学会议"的论文，后载于《语言研究》1983 年第 1 期（总第 4 期），行文在此略有调整。

　　"语序"（"词序"）是"汉藏语系"大多数语言的重要语法手段之一。本文采用贵州省松桃苗族自治县下寨村的苗语材料。松桃苗话在地理上处于贵州东北部，在语言性质上属于苗语的湘西方言（或称湘西苗语，也称苗语东部方言）。松桃苗话语中主语和谓语的位置有两种类型：一种是"主语——谓语"结构，另一种是"谓语——主语"结构。"谓主结构"的存在，是苗语东部方言（下文一律简称为苗语）的特点之一，值得特别加以论述。

一、主语和谓语的两种句法位置

　　在苗语中，"主谓结构"的主语在前，谓语在后；"谓主结构"的谓语在前，主语在后。在谓主结构中，充当谓语的形容词，都是表示"性质"的形容词，主语则由名词或量词充当：例如：

苗语谓主结构表

语　　序		语　义
谓语在前	主语在后	
æ^{35} 苦	ntɕɯ^{44} 盐	盐苦
pɑ^{22} 坏（烂）	tɕʰi^{35} 肚子	肚子坏〔了〕
tɯ^{44} 长	lʰa^{54} 绳子	绳子长
tɑŋ^{42} 肥	mpa^{54} 猪	猪肥

续表

语　　序		语　义
谓语在前	主语在后	
ȵtɔ⁴⁴ 浑	wu³⁵ 水	水浑
ʐu⁵⁴ 好	ne³¹ 人	人［品］好
ʂaŋ⁵⁴ 快	tɤ⁵⁴（tɯ²²）脚（手）	脚（手）快
ʂɔ³¹ 大	le³⁵ 个儿	个儿大
tsæ²² 凉	ʂæ³⁵ 肝	心凉［了］
tɕa⁴⁴ 坏（不好）	hɑ⁴ lu²² 脾气	脾气坏
ɕæ⁴⁴ 熟	ʂʰi⁵⁴ 饭	饭熟［了］
qɔ⁵⁴ 老	ne³¹ 人	人老［了］
qʰa⁴⁴ 干（涸）	wu³⁵ 水（河）	水（河）干［了］

　　在语义上，这样的结构都是"谓主结构"，而不是"限制结构"（"修饰结构"）。如"æ³⁵（苦）ntɕu⁴⁴（盐）"的意思不是"苦的盐"而是"盐苦"。其中"盐"是"话题"，"苦"是对"盐"的"说明"，因此称为"谓主结构"。

二、"谓主结构"的内在关系

　　苗语的"单音形容词"可以"动词化"。在单音的形容词的前面增加一个"使令意义"的"词缀 tɕi⁴⁴"，这个单音形容词就被"动词化"了。苗语中还有一个用在单音形容之前的"冠词 ma³¹"，表示它后面的单音形容做"前定语"。试比较以下各组实例：

　　1. ta³¹（强大）ʐɔ⁴²（力量）　　　力量强大
　　2. tɕi⁴⁴ ta³¹（加强）ʐɔ⁴²（力量）　加强力量
　　3. ɕu³⁵（细小）ʂɔ³⁵（声音）　　　声音细小
　　4. tɕi⁴⁴ ɕu³⁵（缩小）ʂɔ³⁵（声音）　压低声音
　　5. tɕa⁴⁴（不好）ne³¹（人）　　　人不好
　　6. ma³¹ tɕa⁴⁴（不好的）ne³¹　　　不好的人

7. ƅɔ³¹（大）wuɤ³⁵（水、河） 　　　　　河大（水大）
8. ma³¹ƅɔ³¹ wuɤ³⁵（水、河） 　　　　大的河（水）
9. ntɤ⁴⁴（纸）qwɤ³⁵ 　　　　　　　　白纸
10. ma³¹qwɤ³⁵（白的）ntɤ⁴（纸）　　白的纸
11. ɤ⁴⁴（衣服）qwe³⁵（黑）　　　　　黑衣服
12. ma³¹qwe³⁵（黑的）ɤ⁴⁴（衣服）　　黑的衣服

例1中的"zɔ⁴²（力量）"是"话题"，"ta³¹（强大）"是对"zɔ⁴²（力量）"的"说明"，正好是"说明"在先，"话题"在后。例3的性质与例1完全相同。

例2则是另一回事，"tɕi⁴⁴ta³¹（加强）"是由前缀"tɕi⁴⁴"和词根"ta³¹"构成的使动词，后面的名词做宾语，是一个"述宾归结构"。例4的性质与例2完全相同。

例5和例7是典型的形容词在前、名词在后的"谓主结构"；例6和例8虽然是形容词在前，但是形容词的前面还有"冠词 ma³¹"。有这个"冠词 ma³¹"，整个结构的性质就变了，它不再是一个"谓主结构"，而是一个"前限制结构（偏正结构）"了，其层次可分析如下：

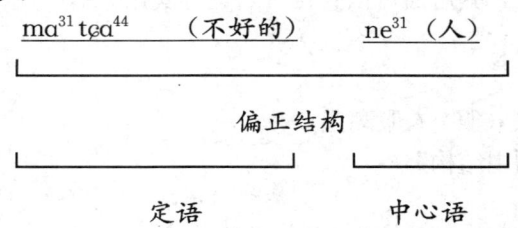

　　ma³¹ tɕa⁴⁴　（不好的）　　ne³¹（人）
　　└─────偏正结构─────┘
　　　　定语　　　　　中心语

例9和例11是一种"后限制结构（正偏结构）"。这种结构的中心语是名词，限制语是形容词，而中心语在前，限制语在后；例10和例12也是一种限制结构，其中心语是名词，限制语的形容词，但是形容词之前有"冠词 ma³¹"，这样就形成了与"谓主结构"性质完全不同的"偏正结构"。

这样就可以得出一个结论：如果是单独的、单音的表示性质的形容词放在名词之前，则必定是"谓主结构"；如果单音的性质形容词前面带有"前缀 tɕi⁴⁴"或加有冠词 ma³¹，则必定是"前限制结构（偏正结构）"。

三、由形容词转变成的及物动词 做述语再带体词宾语

苗语中"形容词+名词"的形式还有两种语法意义：

（一）一种意义是，一部分表示性质的形容词可以临时转变为及物动词而带体性宾语，在这种条件下产生的语法结构是"述宾结构"。例如：

wu^{44}（他）qa^{44}（较）qɔ^{54}（老）we^{22}（我）。
　　　　　　　　　　　［他比我老。］
muŋ^{35}（你）qa^{44}（较）ʐaŋ^{54}（嫩）wu^{44}（他）。
　　　　　　　　　　　［你比他年轻。］

其中的 qɔ^{54}（老）we^{22}（我）和 ʐaŋ^{54}（嫩）wu^{44}（他）者是"述宾结构"。

（二）另一种意义是，少量的表示性质的形容词可以直接转变为"表示被动意义的动词"，其后面可以直接带名词性宾语。

例如：
nte^{35}（潮湿）
nte^{35}（潮湿）ɣ^{44}（衣服）衣服潮湿

这显然是一个"谓主结构"。

又如：
nte^{35}（打湿）
nte^{36}（打湿）nuŋ^{42}（雨）被雨打湿

在这个结构中，nuŋ^{42}（雨）"不是话题"，nte^{35}（打湿）不是"前限制语"，而是对 nuŋ^{42}（雨）的"补充（补足）"。

第二十二篇　苗语句法成分的可移动性问题

原稿曾载于1987年《民族语文》第6期，此处略有调整。

研究"汉藏语言"的人，大都按照汉语语法学的传统习惯，用"主语、谓语、宾语、定语、状语、补语"6大成分来分析句子的内部关系。一般来说，句法成分在句子中应有既定的"位置（地位）"。例如现代汉语，其主语在谓语之前，定语和状语都有在中心语之前，宾和补语都有在中心语之后。各个句法成分在句子中的位置不能随便变动或根本不能变动，这种现象应称为"句法成分的不可移动性"。而在苗语（此处专指湘西苗语）中，句法成分的位置可以变动，从而出现"前主语、后主语、前谓语、后谓语、前宾语、后宾语、前定语、后定语、前状语、后状语"。这种现象，应称为"句法成分的可移动性"。本文专门讨论湘西苗语句法成分的可移动性问题。

一、"主谓结构"与"谓主结构"

主语和谓语，既可以组成"主谓结构"，也可以组成"谓主结构"。主语总是被陈述的对象（话题），谓语总是对主语的陈述（说明）。在前的主语或谓语，就称为"前主语"或"前谓语"。在后的主语或谓语，就称为"后主语"或"后谓语"。

（一）苗语与其他语言一样，主语和谓语组成"主谓结构"是很通常的现象。例如：

we²² （我）　　tʰu⁴⁴ （做）。我做。
└───┬───┘　　└───┬───┘
　前主语　　　　后谓语

wu⁴⁴ （他）　　ʐu⁵⁴ （好）。他好。
└───┬───┘　　└───┬───┘
　前主语　　　　后谓语

两个这样的"主谓结构"又可组成更大的联合片段。例如：

lɤ⁴⁴qe³⁵ （眼睛）tsa⁴⁴ （遇）　qʰu⁴⁴me⁴² （脸面）qæ⁴² （见）
└─────────────主谓结构＋主谓结构─────────────┘
└────┬────┘└───┬───┘└───┬───┘└───┬───┘
　前主语　　　后谓语＋　前主语　　　后谓语
　　　　　　　　　　　　　　　　　（眼见目睹）

（二）苗语中谓语在前、主语在后所组成"谓主结构"也很普遍。例如：

ʐu⁵⁴ （好）　　te³⁵ntsei⁴⁴ （小伙子）。　小伙子好。
└───┬───┘　　└─────┬─────┘
　前谓语　　　　　后主语

tɕɑ⁴⁴ （坏）　　ne³¹ （人）　　［此］人坏
└───┬───┘　　└───┬───┘
　前谓语　　　　后主语

这样的"谓主结构"，可以组成更大的联合片段。而且这样的结构在苗语中的使用频率是很高的。例如：

ɕu³⁵ （小）　ne³¹ （人）　　ʐɔ⁵⁴ （少）　tsɔ⁴² （众）
└─────────谓主结构＋谓主结构─────────┘
└───┬───┘└───┬───┘　　└───┬───┘└───┬───┘
　前谓语　　后主语　＋　　前谓语　　后主语
　　　　　　　　　　　　　　　　（人手缺少）

ca²² （笨）　ȵɔ³¹ （嘴）　zo⁵⁴ （少）　lo⁵⁴ （口）

谓主结构＋谓主结构

前谓语　　后主语　＋　前谓语　　后主语

（嘴笨舌拙）

这里的"前谓语"是由形容词充当的，很容易让人产生错觉，误把这里充当"前谓语"的形容词当作由"形容词变来的动词"，从而把"谓主结构"当作"主谓结构"。这样就会遇到理论上的麻烦，因为几乎所有的形容词都有可以充当前谓语，如果把所有充当前谓语的形容词都叫做动，则每一个形容词既是形容词又都是动词，而现代湘西苗语的动词和形容词是严格分工的。

二、"谓宾结构"与"宾谓结构"

动词性谓语与名词性宾主既可以组成"谓宾结构"，也可以组成"宾谓结构"。无论宾语在前，还是宾语在后，宾总是谓主所涉及（关涉）的对象。在前的谓语、宾语称为"前谓语、前宾语"；在后的谓语、宾语称为"后谓语、后宾语"。

（一）"谓宾结构"在现代苗语里是普遍现象。例如：

ntsa⁴⁴ （洗）　　ʑei³⁵ （菜）　洗菜

前谓语　　　　　后宾语

ntsʰɔ⁵⁴ （濯）　　ɣ⁴⁴ （衣服）　洗衣服

前谓语　　　　　后宾语

两个这样的"谓宾结构"，可以组成更大的联合片段。如：

pɤ³¹ （打）　ʑu²² （黄牛）　ta⁵⁴ （杀）　mpa⁵⁴ （猪）

谓宾结构＋谓宾结构

前谓语　　后宾语＋前谓语　　后宾语

（宰牛杀猪）

tɕʰɔ⁴⁴（撮） ʂuŋ³⁵（虾） n̠ŋ²²（捕）mlɯ²²（鱼）

谓宾结构＋谓宾结构

前谓语　　后宾语＋前谓语　　后宾语

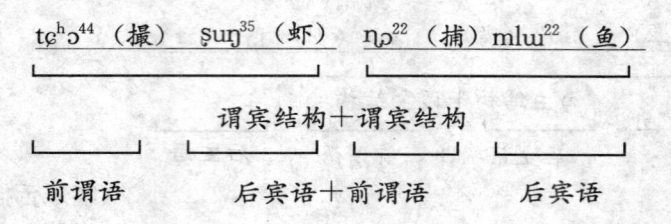

（撮虾捕鱼）

（二）谓语和宾语也可以组成"宾谓结构"，两个"宾谓结构"又可以组成更大的联合片段。例如：

te³⁵ mpɑ⁴⁴（女孩）pi³¹（生育） te³⁵ n̠i⁵⁴（男孩）sɯ⁴⁴（生养）

宾谓结构＋宾谓结构

前宾语　　后谓语＋前宾语　　后谓语

（生女育儿）

n̠ɑ³¹（兽） tɕɛŋ⁵⁴（狩） mlɯ²²（鱼）z̠ɑŋ⁴²（猎）

宾谓结构＋宾谓结构

前宾语　　后谓语＋前宾语　　后谓语

（打猎捕鱼）

苗语的口头文学作品，诸如"古辞"（介绍苗族古代社会风土人情的对偶句 tu⁵⁴ qɔ⁵⁴ tu⁵⁴ z̠ɔ⁵⁴）、"智对"（知识性、礼仪性的对话 tɕi³¹, l̠ʰɑŋ⁴⁴ qɤ³⁵ z̠ɑ⁴²）、"雅言"（精辟言论的汇集 tu⁵⁴ ntsʰɑ³⁵ tu⁵⁴ z̠ɑ⁴²）等，都大量使用这种"宾谓结构"组成的联合片段。

三、"前定语"与"后定语"

"定语"和"被定语"，既可以组成"定语＋被定语结构（'偏正结'或'定中结构'）"，也可以组成"被定语＋定语结构（'正偏结构'或'中定结构'）"。在前的定语称为"前定语"，在后的定语称为"后定语"。

（一）充当前定语的，以数量词、人称代词成多，方位词也可以充当前定语。例如：

a^{44}（一）　le^{35}（个）　te^{54}（碗）　一个碗

偏正结构：前定语 + 中心语

we^{22}（我）　$plɯ^{44}$（家）　我家

偏正结构：前定语 + 中心语

$nɤ^{22}$（前面）　$qɤ^{22}$（山）　前山

偏正结构：前定语 + 中心语

（二）充当后定语的，以形容词、动词、名词居多。例如：

pen^{31}（花）　$ntɕ^h in^{54}$（红）　红花（红色花朵）

中心语 + 后定语

$plɯ^{44}$（房）　$nts^h ɯ^{44}$（茅草）　草房（茅草房屋）

正偏结构：中心语 + 后定语

$k^h ɔ^{44}$（锄头）　$p^h ɤ^{35}$（挖掘）

正偏结构：中心语 + 后定语

（三）形容词或动词充当的"后定语"，可以"转换为前定语"。不过，当形容词或动词充当前定语时，其前面要加"冠词 ma³¹"，其后面或加或不加"助词 nnaŋ⁴⁴（的）"。后定语转换为前定语只有形式上的改变，而没有意义上的变化。例如：

ɤ⁴⁴（衣服） qwe³⁵（黑） 黑（的）衣服

  中心语   后定语
= ma³¹（冠词） qwe³⁵（黑） naŋ⁴⁴（的） ɤ⁴⁴（衣服）
                          （的）
     前定语   后定语

（黑的衣服）

ȵ̥hi⁵⁴（饭） tɕɤ⁴⁴（煮） 煮（的）饭

   正偏结构

  中心语   后定语
= ma³¹（冠词）tɕɤ⁴⁴（煮） naŋ⁴⁴（的） ȵ̥hi⁵⁴（饭）
                         （的）
    前定语   后定语

（煮的饭）

（四）数量度词也可以充当"后定语"，名词也可以充当"前定语"。例如：

a⁴⁴（一） le⁵（个） te⁵⁴（碗） 一个碗

   前定语   中心语
= te⁵⁴（碗） a⁴⁴（一） le³⁵（个）一个碗

  中心语   后定语
cɔ⁴⁴（篓）ȵ̥hi⁵⁴（饭）= ȵ̥hi⁵⁴（饭） cɔ⁴⁴（篓）饭篓

     正偏结构   偏正结构

   中心语 后定语   前定语 中心语

（五）含有"次第意义"的"头"、"中"、"尾"等词，论性质，它们是名词，也可以自由充当前定语或后定语。例如：

plei^{44}（头） te^{35}（儿子）= te^{35}（儿子）plei^{44}（头）

偏正结构			正偏结构	
前定语	中心语	=	中心语	后定语

（长子）

ntuŋ^{35}（中间） te^{35}（儿子）= te^{35}（儿子）ntuŋ^{35}（中间）

偏正结构			正偏结构	
前定语	中心语	=	中心语	后定语

（次子）

pla^{35}（尾） te^{35}（儿子）= te^{35}（儿子）pla^{35}（尾）

偏正结构			正偏结构	
前定语	中心语	=	中心语	后定语

（幼子）

四、"前状语"与"后状语"

"状语"和"被状语"既可以组成"状语＋被状语结构（'偏正结构'）"，也可以组成"被状语＋状语结构（'正偏结构'）"。状语总是对被状语加以规定或限制。在前的状语称为"前状语"，在后的状语称为"后状语"。

（一）从汉语借入的副词可以充当前状语或后状语。例如：

z̩u^{54}（好） hen^{54}（很）= hen^{54}（很） z̩u^{54}（好）

正偏结构			偏正结构	
中心语	后状语	=	前状语	中心语

（很好）

（二）形容词既可以充当"前状语"，也可以充当"后状语"。无论是形容词充当前状语，还是形容词充当后状语，形容词的产须要加"冠词 tɕi³¹"，这个冠词 tɕi³¹ 没有具体的"词汇意义"，只有抽象的"语法意义"，表明它后面的形容词是状语。例如：

tɕi³¹（冠词） ʂɑŋ⁵⁴（快） tʰu⁴⁴（做） 快做
　　　　前状语　　　　　　中心语

=tʰu⁴⁴（做） tɕi³¹（冠词） ʂɑŋ⁵⁴（快） 快做
　中心语　　　　　后状语

tɕi³¹（冠词） ntsɔ⁴⁴（早） lɔ²²（来）早来
　　　前状语　　　　　　中心语

lɔ²²（来） tɕi³¹（冠词） ntsɔ⁴⁴（早） 早来
中心语　　　　　后状语

五、"后状语"与"后补语"

苗语中的补语，在句法位置上是"后补语"，苗语中没有"前补语"。补语总是在谓语之后，与谓语一起组成"谓补结构"。虽然"后补语"与"后状语"都是谓语的后续成分，但是二者还是有区别的："后补语"是对谓语加以"补足"或"补充"；"后状语"是对谓语加以"限制"或"规定"。

（一）"后补语"的肯定式和否定式。例如：

tʰu⁴⁴（做）　　　ʐu⁵⁴（好） 做得好
中心语（无助词） 状态补语

tʰu⁴⁴（做）　tɕe³¹（不）　ʐu⁵⁴（好）做得不好
中心语（无助词）　　状态补语

（二）"可能补语"的肯定式和否定式。例如：

第二十二篇 苗语句法成分的可移动性问题

t^hu^{44}（做）　　$tɔ^{54}$（得）　　$z̩u^{54}$（好）　做得好（能做好）

中心语　　（肯定助词）　可能补语

t^hu^{44}（做）　　$tɕi^{31}$ $tɔ^{54}$（不得）　　$z̩u^{54}$（好）

中心语　　（否定助词）　　可能补语

（做不好〔不能做好〕）

（三）"后状语"没有肯定式与否定式之分。例如：

t^hu^{44}（做）　　$tɕi^{31}$（冠词）　$z̩u^{54}$（使好）

中心语　　　　后状语

（好好地做＝做好些）

（四）"后状语"可以转换为"前状语"，而前状语可以有肯定式与否定式之分。例如：

中性式：

$tɕi^{31}$（冠词）　　$z̩u^{54}$（好）　　t^hu^{44}（做）　　好好地做

　　前状语　　　　　　中心语

肯定式：

bi^{42}（要）　　$tɕi^{31}$（冠词）　　$z̩u^{54}$（好）　　t^hu^{44}（做）

助动词谓语　　　　　　状中结构宾语

　　　　　　　　　　前状语　　　　中心语

（要好好地做）

否定式：

$tɕe^{31}$（不）　　$tɕi^{31}$（冠词）　　$z̩u^{54}$（好）　　t^hu^{44}（做）

副词状语　　　　　　状中结构中心语

　　　　　　　　　　前状语　　　　中心语

（不好好地做）

第二十三篇 苗语词的形态问题

原稿题为"贵州松桃苗话词的形态",载《中国民族语言论文集》(1986年,四川民族出版社),在此略有调整。

现代苗语词的形态并没有很强的系统性,但是与"汉藏语系"大多数语言比较而言,苗语词的形态又保持着一些固有的特点。所谓词的形态,包括词的"分析形态"和词的"综合形态"。词的分析形态又称词的"外部形态",是表示语法意义的形式部分游离于词根之外的一种语法形式。词的综合形态又称词的"内部形态",是词的内部表示语法意义的形式部分,或词的内部起构词作用的形式部分。表示语法意义的形式部分就叫做"构形形态",起构词作用的形式部分就叫做"构词形态"。这两种形态在现代苗语里兼而有之。这一点是否可以说明苗语与汉语有不同的来源。则不是本文要讨论的问题。

一、苗语名词和量词"数"的形态

个别名词和量词有"少数"与"多数"的区别。"一"至"三"为少数,"四"以上为多数。例如名词"ne^{31}(人)"和量词"le^{35}(个)":

a^{44}(一) le^{35}(个) ne^{31}(人) 一个人
ɯ^{35}(二) le^{35}(个) ne^{31}(人) 两个人
pu^{35}(三) le^{35}(个) ne^{31}(人) 三个人
plei^{35}(四) men^{22}(个) tsɔ^{42}(人) 四个人
plɑ^{35}(五) men^{22}(个) tsɔ^{42}(人) 五个人
tɔ^{54}(六) men^{22}(个) tsɔ^{42}(人) 六个人

上面的几个例子说明,苗语的量词"个"有两个词根:le^{35}(个)用于"三"以下的少数;量词 men^{22}(个)用于"四"以上的多数；苗语的名词"人"也有两个词根：ne^{31}（人）用于"三"以下的少数；tsɔ^{42}（个）用于"四"以上的多数。在这里，le^{35} 和 men^{22} 词根不同而词汇意义相同；ne^{31} 和 tsɔ^{42} 也是词根相同而词汇意义不同。这种现象，在语法学上称为"错根现象"，也就是词的形态变化的现象之一。不过，现代苗名词和量词没有普遍性的"数"的变化，大概古代苗语有之，这一点正是研究苗语法的时候不应忽视之处。

二、形容词的简单重叠

（一）形容词的单纯重叠

1. 形容词的"一次性单纯重叠"

形容的一次性单纯重叠，是将词根重叠一次，重叠以后与助词"nɑŋ^{44}（的）"连用，表示程度加深。例如：

a^{44}　le^{35}　te^{35} ntsei^{44}　nen^{44}　ṣæ^{35} ṣæ^{35}　nɑŋ^{44}
（一　个　小伙　这　高高　的）

（这一个小伙子高高的）

a^{44}　tu^{42}　ntu^{54}　zi^{35}　ŋk^{h}u^{44} ŋk^{h}u^{44}　nɑŋ^{44}
（一　棵　树　那　弯弯　的）

（那一棵树弯弯的）

tɕɯŋ^{35}　a^{44}　ŋuŋ^{22}　qwɯ^{44}　bɔ^{31}ɕ^{31}　nɑŋ^{44}
（牵　一　条　狗　大大　的）

（牵着一条大大的狗）

2. 形容词的"三次性单纯重叠"

形容词的三次性单纯重叠，是将词根重叠三次以后独立运用。例如：

qwen^{31}（黄）qwen$^{31-13}$（黄）qwen$^{31-35}$（黄）qwen$^{31-22}$（黄）

（黄不溜求）

ntɕʰin^{54}（红）ntɕʰin$^{54-44}$（红）ntɕʰin^{54}（红）ntɕʰzi$^{54-44}$（红）

（红不龙冬）

三次性单纯重叠有声调的变化。31 调的词根三次重叠以后，声调顺次为 31—13—35—22；51 调的词根三次重叠以后，声调顺次为

54—35—54—44。

（二）形容词的"嵌音重叠"

形容词的嵌音重叠，是将词根重叠一次，同时在重叠的两个词根之间嵌入一个音节"—pɑ⁴⁴"，表示程度加深。这个"—pɑ⁴⁴"并不等于汉语的"又"。苗语的"—pɑ⁴⁴"一个词的内部表示语法意义的形式部分，不是独立的单词。汉语的"又"恰恰相反，不是一个词内部的形式部分，而是一个独立的"连词"。例如：

tʰa⁵⁴ nʰe³⁵ ȵtɕ⁵⁴ pɑ⁴⁴ ȵtɕe⁵⁴。今天热得很。
（今天　　热上加热）

a⁴⁴ tu⁴² ntu⁵⁴ nen⁴⁴ tæ³¹ pɑ⁴⁴ tæ³¹。这棵树直得很。
（这　棵　树　这　直上加直）

wu⁴⁴ tʰu⁴⁴ hɯ⁴⁴ tuŋ³⁵ ʂaŋ⁵⁴ pɑ⁴⁴ ʂaŋ⁵⁴。他干活快得很。
（他　做　工作　　快上加快）

（三）形容词的动词化

形容词的动词化，是将表示"使动意义"的前缀"tɕi³¹"或它的变调形式"tɕi⁴⁴"加在形容词的前头，从而构成动词。例如：

ɕɔ⁴⁴（温）	tɕi³¹ɕɔ⁴⁴（使温，热一热）
tsæ²²（凉）	tɕi³¹tsæ²²（使凉，凉一凉）
Eɔ³¹（大）	tɕi⁴⁴ɓɔ³¹（使大，尊重）
ɕu³⁵（小）	tɕi³¹ɕu³⁵（使小，小看）
ta³¹（强）	tɕi⁴⁴ta³¹（使强，加强）
tɯ⁴⁴（长）	tɕi³¹tɯ⁴⁴（使长，放长）
le⁴⁴（短）	tɕi³¹le⁴⁴（使短，责备）
ʂæ³⁵（高）	tɕi³¹ʂæ³⁵（使高，提高）
ŋɑ⁴⁴（矮）	tɕi³¹ŋɑ⁴⁴（使矮，降低）
ŋɑ²²（窄）	tɕi³¹ŋɑ²²（使窄，变窄）

三、动词的"屈折重叠"

苗语里有一批动词，它们都有一个前加成分"tɕi⁴⁴"或"tɕi³¹"，凡是有加前成分"tɕi⁴⁴"或"tɕi³¹"的动词,都带有"动作反复或延续不断进行"的语法意义。这批动词可以重叠,构成重叠式的动词,在重叠的同时,韵母和声调还要变化。这种变化可以叫做"屈折重叠"。屈折重叠的具体方式是:整个动词重叠一次,同时将重叠以后的第一个词根的韵母和声调加以改变。改变的条件和要求是:词根韵母是"开口呼"的,重叠以后第一个词根的韵母要改为"—ei—";重叠以后词根韵母是"齐齿呼"的,重叠以后的第一个词根的韵母要改为"—i—"。重叠以后第一个词根的声调则一律改为"35调"。

例如:tɕii³¹ɮʰa⁴⁴(拖)　　tɕi³¹ɮʰi³⁵tɕi³¹ɮʰa⁴⁴(拖来拖去)

tɕi³¹cɔ⁴⁴(绕)　　tɕi³¹ci³⁵tɕi³¹cɔ⁴⁴(绕来绕去)

tɕi⁴⁴qa³¹(偏倒)　　tɕi³¹qei³⁵tɕi⁴⁴qa³¹(偏来倒去)

tɕi³¹we³⁵(摇摆)　　tɕi³¹wei³⁵tɕi³¹we³⁵(摇摆)

四、动词的"动向"

表示动作行为的动词,行动的所指的方向可以"单向的",也可以是"相向的"。苗语中"单向动词"大多是单音节的,"相向动词"都是在单向动词之前加一个前缀"tɕi⁴⁴"或"tɕi³¹"构成的。这个前缀"tɕi⁴⁴"或"tɕi³¹"表示动作是"相向的",而与"屈折重叠"的动词前缀"tɕi⁴⁴"或"tɕi³¹"在语法意义上是有所区别的。例如:

we²²(我) hɤ⁵⁴(帮助) muŋ³⁵(你)。我帮助你。

pe³¹le³⁵(我俩) tɕi³¹hɤ⁵⁴(互相帮助)。我俩互相帮助。

wu⁴⁴(他) nta⁵⁴(骂) wu⁴⁴(他)。他骂他。

tɕi⁵⁴mi³¹(他们) tɕi³¹nta⁵⁴(相骂)。他俩吵架。

五、"动状词"和"形状词"的重叠

专门限制说明动词的状词叫做"动状词";专门限制说明形容的状词称为"形状词"。只能限制说明某个动词或形容词的状词,称为

"专用状词",能限制说明一批动词或形容词的状词,称为"通用状词"。包括单叠音动状词和双叠音动状词两个小类。这两个小类动状词都是"专用状词"。

(一)"单叠音动状词"

1. 单叠音动状词专门用在动词之后,限制说明行为的特征。例如:

wu^{44} hwe^{54} mlaŋ^{31}mlaŋ^{54} muŋ^{22} tɕu^{22}。他懒洋洋地走了。
(他　走　懒洋洋状　　去　了)

wu^{44} tɕi^{31}b^{h}in^{35} wei^{31}wei^{35} mu^{22} tɕu^{22}。他突然跑去了。
(他　跑　　突然状　　去　了)

te^{35} qa^{35} ȵtɕu^{44} nt^{h}ei^{31}nt^{h}ei^{54}。小鸡一嘴一嘴地啄着。
(小鸡　啄　　有节奏状)

2. 动词与单叠音动状词之间,可以插入名词、数词、量词。例如:

wu^{44} c^{h}i^{55} a^{44} tɕ^{h}i^{35} qa^{31}qa^{54}。他气得肚子鼓鼓的。
(他　气　一　肚子　满盈盈状)

wu^{44} tu^{22} a^{44} ȵtɕ^{h}a^{44} pa^{35} q^{h}ɤ^{44}q^{h}ɤ^{44}。他一条腿一瘸一拐的。
(他　瘸　一　条　腿　瘸拐状)

(二)"双叠音动状词"

双叠音多半用在动词之前说明动词。也有用在动词之后说明动词的。例如:

wu^{44} pɑ^{44}ts^{h}ɑ^{44}pu^{31}tsɯ^{54} t^{h}u^{44} tɕæ^{31} tɕu^{22}。
(他　　悄悄状　　　做　成　了)
　　　　　　　　　　　　　　　(他不声不响地做完了。)

tɤ^{42} pɑ^{44}t^{h}ɑ^{44}p^{h}u^{31}t^{h}uŋ^{54}。爆炸得噼里啪啦的。
(爆　　噼啪作响状)

nuŋ^{31} lɔ^{22} pɑ^{44}t^{h}a^{hh}pu^{31}nt^{h}uŋ^{54}。吃起来咔赤咔赤的。
(吃　来　　嘎崩作响状)

pɑ^{44}pɑ^{44}pu^{42}pu^{42} ʂɤ^{35} muŋ^{22} tɕu^{22}。惊慌失措地跑走了。
(行动惊慌状　　走　去　了)

(三)"专用单叠音形状词"

1. 每一个形容拥有一个或几个专用单叠音形状词。例如：

qwen³¹ ʐɑŋ³¹ʐɑŋ³⁵ 黄澄澄
（黄　　澄澄）

ʐɑŋ⁵⁴ tsa³¹tsa⁵⁴ 嫩娇娇
（嫩　　澄澄）

ŋa⁴⁴ tʰɑ³¹tʰɑ⁵⁴ 矮墩墩
（矮　　墩墩）

ntɕʰin⁵⁴ qɑ²²qɑ²² 红彤彤
（红　　彤彤）

ntɕʰin⁵⁴ qʰɤ²²qʰɤ⁴⁴ 红绯绯
（红　　绯绯）

ntɕʰin⁵⁴ qæ⁴²qæ⁴² 红润润
（红　　润润）

qwe³⁵ mlɑ⁴⁴mlɑ⁴⁴ 黑漆漆
（黑　　漆漆）

qwe³⁵ ɲcʰæ³¹ɲcʰæ³⁵ 黑黝黝
（黑　　黝黝）

qwe³⁵ laʰɤ⁴⁴laʰɤ⁴⁴ 黑幽幽
（黑　　幽幽）

2. 形容词与单叠音形容状词典之间可以插入名词

苗语的这个特点与汉语的"形容词的生动形式"不同。汉语的"红"与"彤彤"共同构成一个词，而苗语的"ntɕʰin（红）"与"qɑ²²qɑ²²"是两个各自独立的词。因为苗语的形容词与单叠音形状词之间，还可以插入名词，而汉语的带后加双音成分的形容词是不能拆开的。例如：

ta⁴⁴ ŋta³¹ŋta⁵⁴ 硬邦邦
（硬　邦邦）

ta⁴⁴ ɬʰi⁵⁴ ŋta⁴⁴³¹ŋta⁵⁴ 饭硬邦邦的
（硬 饭　邦邦）

ta³⁵ cɑ³¹cɑ⁵⁴ 厚实实
（厚　实实）

ta³⁵ ntei³⁵ cɑ³¹ cɑ⁵⁴ 布厚实实的
（厚　布　　实实）

æ³⁵ qæ³¹ qæ⁵⁴ 苦唧唧
（苦　　唧唧）

æ³⁵ lɔ⁵⁴ qæ³¹ qæ⁵⁴ 嘴（感到）苦唧唧的
（苦　嘴　　唧唧）

3．"通用单叠音形状词"

通用单叠音形状词可以放在任何一个形容词之后表示程度加深。而且，形容词与通用单叠音形状词之间，还可以插入名词。例如：

qwɤ³⁵ ȵtɕæ⁴⁴ ȵtɕæ⁴⁴ 白晃晃
（白　　纯洁状）

qwɤ³⁵ me⁴² ȵtɕæ⁴⁴ ȵtɕæ⁴⁴ 脸蛋白晃晃的
（白　脸　　纯洁状）

meln⁴² ȵtɕæ⁴⁴ ȵtɕæ⁴⁴ 亮晃晃
（亮　　纯洁状）

mlen⁴² lʰɑ⁵⁴ ȵtɕæ⁴⁴ ȵtɕæ⁴⁴ 月亮亮晃晃的
（亮　月亮　　纯洁状）

tɕo⁴² ȵtɕæ⁴⁴ ȵtɕæ⁴⁴ 净光光
（亮　　纯洁状）

mlen⁴² tɯ²² ȵtɕæ⁴⁴ ȵtɕæ⁴⁴ 手净光光的
（亮　手　　纯洁状）

在这里，通用单叠音形状词"ȵtɕæ⁴⁴ ȵtɕæ⁴⁴"，可以与几个不同的形容词搭配，共同表示"纯洁状"的意义。

第二十四篇　苗语冠词与前缀的关系问题

原题为"贵州松桃苗话的冠词",载《民族语文》1980 年第 4 期。现重新加以调整,除改正印刷上的差错之外,个别提法也有修正。如"形补结构",一律改称"谓主结构",以与另一篇小文"松桃苗话的谓主结构"相呼应。

原文中的苗语例词例句都是用新创苗文记录的,可能不便于认读。为了更多的人能够直接了解其读音,现全部改用国际音标标注。同时,全文版式也有所变动。

"松桃"是贵州省铜仁专区的一个苗族自治县。那里的苗族所操的苗话,属于苗语湘西方言。我于 1954 年 2 月至 10 月、1960 年 2 月至 8 月,两次到松桃县原臭脑乡(后称世昌人民公社)搞语言调查。前一次调查,由苗族教师龙正学先生带领,我们中央民族学院语文系首届(1952 级)苗语班的 6 个人随行。其中 1 人是苗族,2 人是土家族,3 人是汉族;后一次调查,59 级苗语班的 10 名学生(全是苗族)参加,由我带领。这篇文章所用材料是在臭脑乡的臭脑寨(苗话称 haŋ^{44} qɤ^{22},即"下寨"之意)记录的。虽然不能拿来代表整个苗语湘西方言,但是也可以从中看到苗语湘西方言的一些重要特点。

拿苗语与汉藏语系其他语言相比,语法上既有许多共同之处,也有自己的特点。像苗语中的"冠词",就是苗语语法的重要特点之一。本文的内容,是我于 1964 年在原中央民族学院语文系讲授苗语语法时所编讲义的一部分。现在拿出来,目的是要请更多的民族语文工作者,对松桃苗话冠词的语法作用进行分析,并对这些冠词的性质加以讨论。

一、松桃苗话中 qɤ³⁵ 和 ta³⁵ 的语法作用

（一）松桃苗话的名词有"静物名词"和"动物名词"之分。静物名词是表示静物名称的词，包括一切无生命物体和抽象事物的名称。动物名词是表示动物名称的词，包括一切有生命实物的名称。

"人"是有生命的，但是松桃苗话把"人"、民族名称以及部分亲属称谓归入静物名词之列。"天"、"地"、"雷"等是无生命的，但是在松桃苗话中把它们属于动物名词之列。至于为什么苗族把"人"等归入静物范畴，把"天"、"地"、"雷"等归入动物范畴，这不是语法学能单独解决的问题，而必须结合苗族的社会历史、哲学、宗教、心理等方面的研究，才能得到答案。从语法学的角度来看，松桃苗话的 qɤ³⁵ 与静物名词发生关系，ta³⁵ 与动物名词发生关系，二者的界限是十分清楚的。

（二）单音的"静物名词"单说时，其前面必须前置冠词 qɤ³⁵。单音的"动物名词"单说时，必须前置冠词 ta³⁵。（"﹡"是冠词的代号，调号中"点"之前是本调，"点"之后是变调，下文同）如：

qɤ³⁵ ntu⁵⁴ 树　　　　　　qɤ³⁵ te⁵⁴ 碗
（﹡ 树木）　　　　　　　（﹡ 碗）

qɤ³⁵ wæ²² 锅　　　　　　ta³⁵·³¹ ȵe³¹·¹³ 水牛
（﹡ 锅）　　　　　　　　（﹡ 水牛）

ta³⁵ mpa⁵⁴ 猪　　　　　　ta³⁵ quɯ⁴⁴ 狗
（﹡ 猪）　　　　　　　　（﹡ 狗）

复音的静物名词，如 tɕi⁴⁴ pe³¹（桌子）、le³⁵ ɤp²²（稻谷）、ɤp⁴⁴ z̩ɤ⁴⁴（包谷）等等，复音的动物名词，如 cɑ³⁵ cɑ⁵⁴（喜鹊）、Huɯ³⁵ tɯ⁵⁴（雁）、tsei³⁵ iɑ⁴⁴ s̩⁵⁴（蝉）等等，在任何情况之下都不用前置冠词 qɤ³⁵ 或 ta³⁵。可见，在名词内部，上述的 qɤ³⁵ 或 ta³⁵ 是一种有条件出现的成分。

（三）两个单音的静物名词或动物名词组成联立结构时，联立的两个词都必须前置冠词 qɤ³⁵ 或 ta³⁵。如：

qɤ³⁵ ɕæ³⁵ qɤ³⁵ ntɕu⁴⁴ 油、盐
（＊ 油 ＊ 盐）

qɤ³⁵ lu⁵⁴ qɤ³⁵ lɑ⁴² 田、土
（＊ 土 ＊ 田）

ta³⁵ quɯ⁴⁴ ta³⁵ mpa⁵⁴ 狗、猪
（＊ 狗 ＊ 猪）

ta³⁵,³¹ ʐ̩uŋ³¹,¹³ ta³⁵ ntsʰɤ⁵⁴ 龙、凤
（＊ 龙 ＊ 凤）

（四）单音的静物名词或动物名词做句子的主语，又不受其他词语修饰时，其前面必须前置静物冠词 qɤ³⁵ 或动物冠词 ta³⁵。如：

qɤ³⁵ ntu⁵⁴ te²² tɕu⁴² pluɯ⁴⁴。木头可以盖房子。
（＊ 树木 可以 建 屋）

qɤ³⁵ nten⁴⁴ tɕe³¹ ʐ̩ɑ⁴²。刀子不快。
（＊ 刀子 不 快）

ta³⁵ quɯ⁴⁴ tɕu⁴²。狗吠。
（＊ 狗 吠）

ta³⁵ nen²² ntɕu⁴⁴ ne³¹。蛇咬人。
（＊ 蛇 咬 人）

（五）单音的静物名词或动物名词作"动词述语"的宾语时，单音名词可以前置冠词，也可以不前置冠词。如：

qʰɤ⁵⁴ qɤ³⁵ ntu⁵⁴＝qʰɤ⁵⁴ ntu⁵⁴ 砍树
（砍 ＊ 树木）（砍 树木）

ɤp³¹ qɤ³⁵ tɕin³¹＝ɤp³¹ tɕin⁴⁴ 敲锣
（敲打 ＊ 锣）（敲打 锣）

tɯ⁴² ta³⁵ ju²²＝tɯ⁴² ju²² 放牛
（看守 ＊ 牛 看守 牛）

ŋɔ²² ta³⁵ mluɯ²²＝ŋɔ²² mluɯ²² 钓鱼
（钓 ＊ 鱼 钓 鱼）

（六）单音的静物名词或动物名词作"形后名序列"的"谓主结构"（曾称为"形补结构"，现改称为"谓主结构"）的"后主语"时，单音名词可以前置冠词 qɤ³⁵ 或 ta³⁵，也可以不前置。这种"谓主结构"做句子的谓语时，单音名词前面一般不前置冠词 qɤ³⁵ 或 ta³⁵。这又是 qɤ³⁵ 或 ta³⁵ 出现、不出现的一种条件。如：

ʂæ³⁵ qɤ³⁵ ntu⁵⁴＝ʂæ³⁵ ntu⁴⁴ 树高
（高　＊　村木）（高　树）

a⁴⁴ tʂu⁴² ntu⁵⁴ nen⁴⁴ ʂæ³⁵ ntu⁵⁴ zɑŋ²²。 这棵树特别高。
（一　棵　树木　这　高　树木　特别）

ɕu³⁵ qɤ³⁵ wæ²²＝ɕu³⁵ wæ²²。锅小。
（小　＊　锅　小锅）

ʐo⁵⁴ ta³⁵,³¹ qa³⁵＝ʐo⁵⁴ qa³⁵。鸡少。
（少　＊　鸡　少鸡）

pɯ³⁵ plɯ⁴⁴ ʐo⁵⁴ qa³⁵ hen⁵⁴。我们家的鸡少得很。
（我们　家　少　鸡　很）

"兼属"动词和形容词的某些词，如形容词"tsæ²²，凉"与动词"tsæ²²，冰冻"，其后的名词性成分是否要前置 qɤ³⁵ 或 ta³⁵，与这里所说的情形是一致的，如：

tsæ²² tɯ²² 手凉＝tsæ²² qɤ³⁵ tɯ²² 手凉
（凉　手）　　（凉　＊　手）

a⁴⁴ ntɕʰa⁴⁴ tɯ²² nen⁴⁴ tsæ²² tɯ²² hen⁵⁴。
（一　只　手　这　凉　手　很）

这一只"手很凉"。

tsæ²² tɯ²² 冻手＝tsæ²² qɤ³⁵ tɯ²² 冻手
（冻　手）　　（冻　＊　手）

a⁴⁴ pæ³⁵ wu³⁵ nen⁴⁴ tsæ²² tɯ²² hen⁵⁴。
（一　些　水　这　冻　手　很）

这些水很"冻手"。

这里的区别是：

作为"谓主结构"的"tsæ²² tɯ²² 手凉"再充当句子的谓语时，全句的"大主语"与谓语中的"小主语"必须重复出现；

作为"述宾结构"的"tsæ²² tɯ²² 冻手"充当全句的谓语时，就不存在"大主语"与"小主语"之分的问题了。

（七）单音的静物名词或动物名词与介词 hɤ⁴⁴（用、将、把）组成"介宾结构"直接做"述语的状语"时，单音名词要前置静物冠词 qɤ³⁵ 或动物冠词 ta³⁵。如：

hɤ⁴⁴ qɤ³⁵,³¹ æ³⁵ to⁵⁵ 用坛子装
（用　＊　坛子　装）

第二十四篇 苗语冠词与前缀的关系问题

hɤ⁴⁴ qɤ³⁵ tɯ²² cu⁴⁴ 用手抓
（用　＊　手　抓）

hɤ⁴⁴ ta³⁵,³¹ qa³⁵ tɕaŋ⁵⁴ ʂɤ³⁵ 把鸡放跑
（将　＊　鸡　放　跑）

hɤ⁴⁴ ta³⁵ me²² tɕi³¹ l̥ʰa⁴⁴ 用马拉
（用　＊　马　拉）

但是，以单音的静物名词或动物名词作同一介词 hɤ⁴⁴ 的宾语的两个"介宾结构"，分别修饰两个述语而连用时，单音名词不需前置冠词 qɤ³⁵ 或 ta³⁵ 均可。如：（以下方括弧内的冠词可省）

hɤ⁴⁴ [qɤ³⁵] l̥ʰɔ⁴⁴ hæ³⁵ 用竹子编
（用　＊　竹子　编）

hɤ⁴⁴ [qɤ³⁵] ntu⁴⁴ tʰu⁴⁴ 用木头做
（用　＊　木头　做）

hɤ⁴⁴ [qɤ³⁵] pei⁴⁴ hu⁴⁴ 拿杯子喝
（拿　＊　杯子　喝）

hɤ⁴⁴ [qɤ³⁵] te⁵⁴ nuŋ³¹ 拿碗吃
（拿　＊　碗　吃）

hɤ⁴⁴ [ta³⁵,³¹] qa³⁵ ɤp³¹ 把鸡宰
（把　＊　鸡　宰）

hɤ⁴⁴ [ta³⁵] quɯ⁴⁴ l̥ʰa⁴⁴ 把狗杀
（把　＊　狗　杀）

hɤ⁴⁴ [ta³⁵,³¹] qa³⁵ ȵa³⁵ 让鸡鸣
（让　＊　鸡　鸣）

hɤ⁴⁴ [ta³⁵] quɯ⁴⁴ tɕu⁴² 让狗吠
（让　＊　狗　吠）

（八）不受其他词语修饰的单音的静物名词或动物名词作系词 ȵi⁴² （是）的宾语时，要前置冠词 qɤ³⁵ 或 ta³⁵。如：

muŋ³⁵ ȵi⁴² [qɤ³⁵] ɕuŋ³⁵。你是苗族。
（你　是　＊　苗族）

wu⁴⁴ ntu⁵⁴ naŋ⁴⁴ ȵi⁴² [qɤ³⁵] hu⁴⁴。他戴的是斗笠。
（他　戴　的　是　＊　斗笠）

we²² n̠ɯ⁴² naŋ⁴⁴ ȵi⁴² [ta³⁵] la⁴⁴。他买的是兔子。
（他　买　的　是　＊　兔子）

tɕi³ lɑ⁴² suɯ⁴⁴ nɑŋ⁴⁴ ȵi⁴² [tɑ³⁵] mlɯ²²。田里养的是鱼。
（里 田 养 的 是 * 鱼）

但是，以单音的静物名词或动物名词做两个单句组成的复句时，单音名词前置或不前置冠词 qʁ³⁵ 或 tɑ³⁵ 均可。如：

a⁴⁴ le³⁵ nen⁴⁴ ȵi⁴² [qʁ³⁵] te⁵⁴, a⁴⁴ le³⁵ zi³⁵ ȵi⁴¹ [qʁ³⁵] wæ²²。
（一 个 这 是 * 碗 一 个 那 是 * 锅）
这一个是碗，那一个是锅。

a⁴⁴ ŋuŋ²² nen⁴⁴ ȵi⁴² [tɑ³⁵] mlɯ²², a⁴⁴ ŋuŋ zi³⁵ ȵi⁴²
（一 条 这 是 * 鱼 一 条 那 是
[tɑ³⁵,³¹] nen³⁵
* 蛇）
这一条是鱼，那一条是蛇。

（九）单音的静物名词或动物名词受数量词修饰时，通常不需前置冠词 qʁ³⁵ 或 tɑ³⁵，但也可以前置冠词 qʁ³⁵ 或 tɑ³⁵。如：

a⁴⁴ tu⁴² ntu⁵⁴＝a⁴⁴ tu⁴² [qʁ³⁵] ntu⁵⁴ 一棵树
（一 棵 树 一 棵 * 树）

a⁴⁴ te²² lʰɔ⁴⁴＝a⁴⁴ te²² [qʁ³⁵] lʰɔ⁴⁴ 一节竹子
（一 节 竹子 一 节 * 竹子）

a⁴⁴ ŋuŋ²² tɕo³⁵＝a⁴⁴ ŋuŋ²² [tɑ³⁵,³¹] tɕo³⁵ 一只猴子
（一 只 猴子 一 只 * 猴子）

a⁴⁴ ŋuŋ²² ʑuŋ³¹＝a⁴⁴ ŋuŋ²² [tɑ³⁵,³¹] ʑuŋ³¹,¹³ 一只羊
（一 只 羊 一 只 * 羊）

（十）单音静物名词或动物名词受人称代词修饰时，通常要前置冠词 qʁ³⁵ 或 tɑ³⁵。同时人称代词之后要接助词 nɑŋ⁴⁴（的）。如：

me³¹ nɑŋ⁴⁴ (qʁ³⁵) se⁴⁴ 你们的伞
（你们 的 * 伞）

pʁ³⁵ nɑŋ⁴⁴ (qʁ³⁵) tu⁴² 我们的筷子
（我们 的 * 筷子）

me³¹ nɑŋ⁴⁴ (tɑ³⁵) mpa⁵⁴ 你们的猪
（你们 的 * 猪）

pɯ³⁵ nɑŋ⁴⁴ (tɑ³⁵) me²² 我们的马
（我们 的 * 马）

（十一）单音的（复音的除外）静物名词或动物名词作"前定

语"时，要前置冠词 $qɤ^{35}$ 或 ta^{35}，同时人称代词的后面要接助词 $naŋ^{44}$（的）。如：

$[qɤ^{35}]$ ntu^{54} $naŋ^{44}$ $[qɤ^{35,31}]$ $nu^{31,13}$ 树叶
（＊ 树木 的 ＊ 叶子）

$[qɤ^{35}]$ hen^{44} $naŋ^{44}$ $[qɤ^{35}]$ ta^{54} 椅子腿
（＊ 椅子 的 ＊ 蹄）

$[ta^{35}]$ zu^{22} $naŋ^{44}$ $[qɤ^{35}]$ $tɤ^{44}$ 黄牛皮
（＊ 黄牛 的 ＊ 皮）

$[ta^{35,31}]$ $maŋ^{35}$ $naŋ^{44}$ $lɤ^{44}$ qe^{35} 猫眼睛
（＊ 猫 的 眼睛）

（十二）单音的静物名词或动物名词受"后定语"修饰时，可以前置冠词 $qɤ^{35}$ 或 ta^{35}，也可以不前置冠词 $qɤ^{35}$ 或 ta^{35}。如：

$[qɤ^{35,31}]$ $nu^{31,13}$ ntu^{54} ＝ $nu^{31,13}$ ntu^{54} 树叶
（＊ 叶子 树木）（叶子 树木）

$[qɤ^{35,31}]$ $tuŋ^{31,13}$ $l^hɔ^{44}$ ＝ $tuŋ^{31,13}$ $l^hɔ^{44}$ 竹筒
（＊ 筒 竹子 筒 竹子）

$[ta^{35}]$ me^{22} $quɤ^{35}$ ＝ me^{22} $quɤ^{35}$ 白马
（＊ 马 白） （马 白）

$[ta^{35}]$ $tɕɔ^{44}$ $ntɤ^{44}$ ＝ $tɕɔ^{44}$ $ntɤ^{44}$ 纸老虎
（＊ 虎 纸） （虎 纸）

（十三）由单音的静物名词或动物名词充当"中心语"、由单音的静物名词或动物名词充当的"后定语"时，充当中心语的单音名词前置或不前置冠词 $qɤ^{35}$ 均可。但是充当定语的单音名词一律不需前置冠词 $qɤ^{35}$。如：

$æ^{35}$ pla^{42} ＝ $[qɤ^{35,31}]$ $æ^{35}$ pla^{42} 酸菜坛子
（坛子 酸菜） （＊ 坛子 酸菜）

$ƃaŋ^{31,13}$ $pluɯ^{44}$ ＝ $[qɤ^{35,31}]$ $ƃaŋ^{31,13}$ $pluɯ^{44}$ 屋梁
（梁 屋） （＊ 梁 屋）

ta^{54} mpa^{54} ＝ $[qɤ^{35}]$ ta^{54} mpa^{54} 猪蹄
（蹄 猪） （＊ 蹄 猪）

ce^{35} $ɲe^{31,13}$ ＝ $[qɤ^{35,31}]$ ce^{35} $ɲe^{31,13}$ 水牛角
（角 水牛） （＊ 角 水牛）

（十四）以单音的静物名词或动物名词充当宾语的两个"述宾结

构"联立时，单音名词一律不前置冠词 qɤ^{35} 或 ta^{35}。如：

ɤp^{31} ŋɔ^{22} ɤp^{31} tɕin^{44} 敲锣打鼓
（打　鼓　打　锣）

su^{44} qu^{44} su^{44} mpa^{54} 养狗养猪
（养　狗　养　猪）

ntɔ^{35} hu^{44} ntɔ^{35} huŋ^{35} 行途走路
（走　路　走　途）

ntsaŋ^{54} li^{31} ntsaŋ^{54} me^{22} 骑驴骑马
（骑　驴　骑　马）

ɤp^{31} qa^{35} pɤ^{31} nu^{42} 杀鸡宰鸭
（打　鸡　打　鸭）

（十五）qɤ^{35} 与"形容性词素"结合，构成名词。如：

nt^{h}a^{54} 能干　　　　　qɤ^{35} nt^{h}a^{54} 本领
taŋ^{42} 肥　　　　　　　qɤ^{35} taŋ^{42} 肥肉
ẓa^{42} 聪明　　　　　　　qɤ^{35} ẓa^{42} 才智
nt^{h}uŋ^{54} 美丽　　　　　qɤ^{35} nt^{h}uŋ^{54} 美人

（十六）qɤ^{35} 与"动词性词素"结合，构成名词。如：

ntɕæ^{44} 钉　　　　　　　qɤ^{35} ntɕæ^{54} 钉子
ɕu^{44} 锯　　　　　　　　qɤ^{35} ɕu^{44} 锯子
ɕɔ^{54} 筛　　　　　　　　qɤ^{35} ɕɔ^{54} 筛子
nt^{h}e^{54} 盖　　　　　　　qɤ^{35} nt^{h}e^{54} 盖子

（十七）qɤ^{35} 与"量词性词素"结合，构成名词。如：

ha^{22} 块　　　　　　　　qɤ^{35} ha^{22} 块儿
haŋ^{35} 斤　　　　　　　　qɤ^{35} haŋ^{35} 斤数
le^{35} 个　　　　　　　　qɤ^{35,31} le^{35} 个儿
tɕ^{h}i^{31} 尺　　　　　　　qɤ^{35} tɕ^{h}i^{31} 尺子

（十八）qɤ^{35} 与"数词性词素"结合，构成名词。如：

hu^{22} 十　　　　　　　　qɤ^{35} hu^{22} 十数
pa^{54} 百　　　　　　　　qɤ^{35} pa^{54} 百数
ts^{h}æ^{35} 千　　　　　　　qɤ^{35,31} ts^{h}æ^{35} 千数
wæ^{35} 万　　　　　　　　qɤ^{35} wæ^{35} 万数

以上由十五至十八各节中所列举的合成词中，qɤ^{35} 是"前加"的

"构词成分"，而不是"前置"的"冠词"。作为"静物冠词的 qɤ³⁵"，在一定条件下可以省去不用。作为"前加构词成分的 qɤ³⁵"，在任何情况下，都不能省略。

二、松桃苗话中 mɑ³¹ 的语法作用

（一）动词前面加 mɑ³¹，表示行为所施或所受的事物，如：

nuŋ³¹ 吃　　　　　　mɑ³¹ nuŋ³¹,¹³ 吃的东西
hu⁴⁴ 喝　　　　　　mɑ³¹ hu⁴⁴ 喝的东西
n̥ʰen⁴⁴ 穿　　　　　mɑ³¹ n̥ʰen⁴¹ 穿的东西
ɕɤ⁴⁴ 站立　　　　　mɑ³¹ ɕɤ⁴⁴ 站立者
tɕuŋ⁵⁴ 坐　　　　　mɑ³¹ tɕuŋ⁵⁴ 坐着的人或动物

（二）单音的形容词不能单说。要单说就必须在形容词前面加 mɑ³¹。形容词前面加 mɑ³¹ 以后，既可以指事物的性质，也可以指性质所属的事物。如：

quɤ³⁵ 白　　　　　　mɑ³¹ quɤ³⁵ 白的东西
ʐu⁵⁴ 好　　　　　　mɑ³¹ ʐu⁵⁴ 好的东西
ɕu³⁵ 小　　　　　　mɑ³¹ ɕu³⁵ 小的东西
qo⁵⁴ 老　　　　　　mɑ³¹ qo⁵⁴ 老者

形容词或动词前面加 mɑ³¹ 以后，可以作句子的主语、宾语（"＊"是"前加成分"的代号，下同）。如：

mɑ³¹ ntɕʰin⁵⁴ qa⁴⁴ ʐu⁵⁴。红的比较好。
（＊　　红　　较　好）
we²² zæ³⁵ mɑ³¹ ntɕʰin⁵⁴。我喜欢红的。
（我　喜欢　＊　红）
a⁴⁴ hæ⁵⁴ nen⁴⁴ ȵi⁴² mɑ³¹ ntɕʰin⁵⁴。这一些是红的。
（一　些　这　是　＊　红）
a⁴⁴ pæ³⁵ ʑi³⁵ ȵi⁴² mɑ³¹ ca³⁵。那一些是炒的。
（一　些　那　是　＊　妙）

（三）单独的单音形容词可以充当"后定语"。如果要强调"定语"，则可以把"后定语"变为"前定语"；单独的单音形容词充当"前定语"时，必须前置 mɑ³¹，同时后接助词 naŋ⁴⁴（的）。如：

ci³¹ ntɕʰin⁵⁴ 红旗＝mɑ³¹ ntɕʰin⁵⁴ naŋ⁴⁴ ci³¹ 红的旗
（旗　红）　　　（＊　红　　的　旗）

pen³¹ quɤ³⁵ 白花＝mɑ³¹ quɤ³⁵ naŋ⁴⁴ pen³¹　白的花
（茶　白）　　　（＊　白　的　花）

ntɤ⁴⁴ quen³¹ 黄纸＝mɑ³¹ quen³¹ naŋ⁴⁴ ntɤ⁴⁴ 黄的纸
（纸　黄）　　　（＊　黄　的　纸）

ntei³⁵ pʰu⁴⁴ 蓝布＝mɑ³¹ pʰu⁴⁴ naŋ⁴⁴ ntei³ 蓝的布
（布　蓝）　　　（＊　蓝　的　布）

（四）数量词和形容词同时修饰名词时，数量词充当"前定语"，形容词充当"后定语"。充当"后定语"的形容词必须前置 mɑ³¹。如：

　　a⁴⁴ le³⁵ pi⁴⁴ qɤ²² mɑ³¹ sæ³⁵ 一座高山
（一个　山　　＊　高）

　　a⁴⁴ le³⁵ ne³¹ mɑ³¹ taŋ⁴² 一个胖子
（一个　人　＊　肥）

　　a⁴⁴ pɔ⁵⁴ ntei³⁵ mɑ³¹ que³⁵ 一匹黑布
（一匹　布　　＊　黑）

（五）"述宾结构"前面加 mɑ³¹ 以后，可以指行为者；"谓主结构"前面加 mɑ³¹ 以后，可以指后主语所表的行为者。如：

　　Nqɤ³⁵ sa⁴⁴（唱歌）→（mɑ³¹ Nqɤ³⁵ sa⁴⁴ 唱歌者
（唱　歌）　　　　（＊　唱　歌）

　　qʰɤ⁵⁴ tɯ²²（砍柴）→　mɑ³¹ qʰɤ⁵⁴ tɯ²² 砍柴者
（砍　柴）　　　（＊　砍　柴）

　　ƥɔ³¹ le³⁵（个儿大）→mɑ³¹ ƥɔ³¹ le³⁵ 个儿大者
（大　个）　　　（＊　大　个）

　　ʂaŋ⁵⁴ tɯ²²（手快）→mɑ³¹ ʂaŋ⁵⁴ tɯ²² 手脚麻利者
（快　手）　　　（＊　快　手）

（六）mɑ³¹ 还可以加在以"介宾词组"为状语、以"谓词"为中心的结构之前，表示相关的人或物如：

　　mɑ³¹ hɤ⁵⁴ puɯ³⁵ tʰu⁴⁴ tʰe⁴⁴ 帮我们做饭的人
（＊　帮　我们做　餐）

　　mɑ³¹ ȵaŋ⁴² wu⁴⁴ pʰu⁴⁴ tu⁵⁴ 跟他说话的人
（＊　跟　他　说　话）

ma³¹ tɕe³¹ ʑuŋ³⁵ tɔ⁴² 用不着的东西
（* 不 用 着）
　　ma³¹ quɯ⁴⁴ qe³⁵ quɯ⁴⁴ me⁴² 瞪着眼的人
（* 瞪 眼 瞪 脸）

（七）以上从 2.1 至 2.6 各节所说的 ma³¹，加在形容词、动词、述宾结构、谓主结构能及以谓词为中心的其他结构的前面表示人或物的词组，其后面还可以接 naŋ⁴⁴（的）。接 naŋ⁴⁴（的）以后，其意义和作用并不发生变化。如：

ma³¹ ntɕʰin⁵⁴ 红者
（* 红）
＝ ma³¹ ntɕʰin⁵⁴ naŋ³¹ 红的东西
　（* 红　　的）
ma³¹ ɕɤ⁴⁴ 站立者
（* 站立）
＝ma³¹ ɕɤ⁴⁴ naŋ⁴⁴ 站着的人
（ * 站立的）
ma³¹ Nqɤ³⁵ sa⁴⁴ 唱歌者
（* 唱 歌）
＝ma³¹ Nqɤ³⁵ sa⁴⁴ naŋ⁴⁴ 唱歌的人
（ * 唱 歌 的）
ma³¹ ntɕʰin⁵⁴ me⁴² 红脸者
（* 红　　面）
＝ma³¹ ntɕʰin⁵⁴ me⁴² naŋ⁴⁴ 脸红的人
（* 红　　脸 的）
ma³¹ hɤ⁵⁴ puɯ³⁵ tʰu⁴⁴ tʰe⁴⁴ 帮助我们做饭者
（* 帮 我们做 饭）
＝ma³¹ hɤ⁵⁴ puɯ³⁵ tʰu⁴⁴ tʰe⁴⁴ naŋ⁴⁴ 帮我们做饭的人
（* 帮 我们做 餐 的）

三、几点推论

（一）松桃苗话中的 qɤ³⁵ ta³⁵ ma³¹ 到底是黏附的词素，还是独立的虚词？是争论已久的一个问题。细看上面所提供的语言实例，不难做出明确的答案。

（二）根据qɤ³⁵用法，应该认为松桃苗话有两个不同的qɤ³⁵，姑且区分为"qɤ³⁵［1］"与"qɤ³⁵［2］"。

qɤ³⁵［1］与名词连用，有两个明显的作用：第一，它指明它后面所跟的是"单音名词"；第二，它指明它后面所跟的是"静物名词"。有了这个"qɤ³⁵［1］"，就能避免名词与同音的其他词类的混淆。但是，在一定的语言环境中，单音静物名词的意义明确，不致引起混淆时，"qɤ³⁵［1］"就不必出现，或出现不出现均可。因此，单音静物名词前面的"qɤ³⁵［1］"，并不是名词的"固定标志"，即不是黏附的词素，而是独立的虚词。这个"qɤ³⁵［1］"专门冠在静物名词之前，不妨称之为"静物冠词"。

"qɤ³⁵［2］"加在形容词性词素、动词性词素、量词性词素以及数词性词素之前，构成静物名词，它是这种派生的静物名词不可缺少的部分。因此，"qɤ³⁵［2］"并不是独立的虚词，而是黏附的词素，不妨称之为"静物词素"。

（三）ta³⁵的情况简单一些，它只与名词连用。ta³⁵的作用在于：第一，它指明它后面所跟的是"单音名词"；第二，它指明它后面所跟的是"动物名词"。有了这个ta³⁵，就能避免另一部分名词与同音的其他词类的混淆。同样，在一定的语言环境中，单音动物名词的意义明确，不致引起混淆时，ta³⁵，就不必出现，或出现不出现均可。显然，ta³⁵与静物冠词"qɤ³⁵［1］"相对称，不妨称之为"动物冠词"。

从语言发展的痕迹来看，在松桃苗话发展的历史上，可能存在过"ta³⁵［1］"与"qɤ³⁵［2］"的区别，只是在现代松桃苗话中，这种区别已经基本消失了。下列语例值得注意：

plɑ³⁵顶端→qɤ³⁵plɑ³⁵顶端→ta³⁵plɑ³⁵天

tɯ³⁵地地→qɤ³⁵tɯ³⁵土地→ta³⁵tɯ³⁵地

这里的qɤ³⁵，是上文所说的"qɤ³⁵［1］"，即是一个"静物冠词"。这里的ta³⁵，与上文所说的ta³⁵就不同了。这个ta³⁵不是独立的虚词，而是黏附的词素，它在任何情况下没有不出现的可能。分析其原因，是由于松桃苗话把"天"（ta³⁵plɑ³⁵）和"地"（ta³⁵tɯ³⁵）归为动物名词之列，跟汉语的"天公"、"地母"一类的说法相似。如果"天"（ta³⁵plɑ³⁵）和"地"（ta³⁵tɯ³⁵）的 ta³⁵ 不是黏附的，那么，就要与静物名词 plɑ³¹（顶端）、（tɯ³⁵土地）混淆了。不过，松桃苗话中这种现象极少，在语法学上，就不必将 ta³⁵ 一分为二了。

（四）mɑ³¹是一个相当活跃的冠词，它的作用在于：第一，它冠在单音形容州之前，使单音形容词能够单说；第二，它冠在动词、形容词、述宾结构、谓主结构以及其他以谓词为中心的结构之前，使这些词或结构具有名词的作用，但不等于名词。因此，mɑ³¹ 是一个独立的虚词，不妨称之为"谓冠词"。

松桃苗话的冠词 mɑ³¹，有点像汉语的结构助词"的"。但是二者之间还有两条明显的区别：其一，苗话的 mɑ³¹ 是"前置的"，汉语的"的"是"后置的"；其二，苗话的单音形容词单说时要冠 mɑ³¹，汉语的单音形容词可以单说而不需要带"的"。在苗话中还有一个与汉语的"的"完全相当的结构助词 nɑŋ⁴⁴。这个 nɑŋ⁴⁴ 很可能是受汉语"的"的影响而产生的。

（五）为什么松桃苗话有"qɤ³⁵［1］"与"qɤ³⁵［2］"之分？这是值得进一步阐明的问题。

松桃苗话中的单音名词分为"静物名词"和"动物名词"两大类，与单音名词连用的冠词也就有"静物冠词""qɤ³⁵［1］"与动物冠词 ta³⁵ "静物冠词"与"动物冠词"的原始区别恐怕只限于此。语言的发展要求名词以外的单音实词转化为名词。转化而来的名词显然不是"动物名词"，而是"静物名词"。为了使它们区别于非名词的词类，应该给他们加上"静物名词"的标志，否则就要引起表达上的混淆。这就决定了"qɤ³⁵［1］"与 ta³⁵ 的命运：ta³⁵ 只能作单音名词的冠词，而 qɤ³⁵ 不但要作单音名词的冠词，而且还要使单音的非名词转化为名词。如果由单音的非名词转化而成的名词所带的静物名词的标志不是固定的，那就会加大名词与其他词类的混淆。因此，qɤ³⁵ 必须分化："qɤ³⁵［1］"专作单音"静物名词的"冠词"，在具体的语言环境中出现与否，有一定的规律；"qɤ³⁵［2］"专使单音名词以外的其他单音实词转化为名词，也就是派生"新的静物名词"。它是这种派生的静物名词的固定标志,在任何语言环境中都不能脱落。到现在,这种分化已经定型,就不可把"qɤ^{35}[1]"与"qɤ^{35}[2]"混为一谈了。

(六)为什么"qɤ^{35}[1]"和ta^{35}都可隐可现呢?这又是一个值得进一步阐明的问题。

静物冠词"qɤ^{35}[1]"和和动物冠词ta^{35}在何种条件下必须出现,在何种条件下不必出现,在何种条件下又可出现或可不出现,前面已经详加分析。这里要说的,是二者可隐可现的根本原因。

跟汉藏语系中其他许多语言一样,苗语的词汇在其发展的较早阶段,是以单音词为主的。大量单音词的存在,不能不影响到语言的表达,这是语言材料与语言运用之间的矛盾。要解决这个矛盾,汉语的办法之一,就是使单音词复音化。苗语的办法之一,就是利用"冠词"。当单音名词的表达受到局限时,冠词"qɤ^{35}[1]"和ta^{35}就必须出现;当单音名词的表达顺利时,冠词"qɤ^{35}[1]"和ta^{35}就不必出现;当单音名词的表达虽不十分完美,但有其他词语配合而不致引起很大的混淆时,冠词"qɤ^{35}[1]"和ta^{35}就可出现或不出现。

第二十五篇　苗语句法分析的方法问题

　　苗语与汉语有着密切的关系，多年来苗语语法的研究深受汉语法研究的影响。借鉴汉语语法研究的成果来研究苗语语法，当然是不可回避的途径之一。不过，研究者不但应当看到苗汉两种语法的共同之处，更应该努力探寻两种语法之间各自的独特之点。只有同则说同，异则说异，才能显示各自的本来面貌。

　　本文采用贵州省松桃苗族自治县境内的苗话资料。松桃的苗族所操的苗话是苗语湘西方言的一个次方言。研究湘西苗语的学者有不少，而系统描写湘西苗语语法的不算多。对于如何描写与苗语同类型语言的语法，学者们之间还远没达成共识。本文力图从实际出发，将松桃苗话的句式划分为不同的"语段"，语段本身又划分为若干层次，不同层次的语段相互"对接"构成句子。苗语属于"有调语言"，适合于分析苗语句法的方法，可能对其他"有调语言"的研究有某种参考作用。

一、苗语句法分析的立足点

　　当今世界上有各式各样的分析语法的理论和方法可资借鉴，这些理论和方法都是从实践中总结出来的。但是，分析任何一种具体的语言或方言，所采用的理论和方法应当有很强的针对性。要知道某种理论和方法是否适合所要研究的语言或方言，只有认真地试一试才能下结论。可能所要研究的语言或方言已有别人先行研究过，那就要看看他研究的结果与实际的情况是否相符。如果他所采用的理论和方法基本上适合所研究的对象，也要看看有没有应当加以补充或完善之处。如果他的研究结论与所研究对象的实际情况相去甚远，那就要吸取他的经验教训，不妨另辟蹊径，试用其他的理论和方法，当然也可以创建新的理论和方法来解决所遇到的问题。比如，湘西苗语里有一个成分"qɔ³⁵"，松桃苗话里有一个成分"qɤ³⁵"，黔东苗话里有一个成分"qa³³"，它们来源于历史上的同一个成分，现在看来，湘西苗语的"qɔ³⁵"早已分化为"前缀 qɔ³⁵（1）"和"静物冠词 qɔ³⁵（2）"，松桃苗话的"qɤ³⁵"也早已分化为"前缀 qɤ³⁵（1）"和"静物冠词 qɤ³⁵（2）"，而黔东苗语的"qa³³"就没有这样分化，明显保持着"类别词"或"词缀"的特色。因此，在具体描写的时候，就应当采取"共同的问题用共同的理论和方法解决，特殊的问题用特殊的理论和方法解决"的原则。苗语方言的分化由来已久，语音、词汇、语法各方面都有较多差异，在描写中不应当原封不动地拿一个方言的"语法学体系（即研究者个人的认识）"来硬套其他方言的语法事实。

　　世界各民族的语言大致可以分为"无调语言"和"有调语言"两个大语言群，事实是那么巧合，"无调语言群"的形态变化比较系统而复杂，"有调语言群"的形态变化比较零散而简约，这就决定了两大语言群在语法单位上各自的主要特征。"有调语言群"首先注重语法单位形式的搭配，而意义的搭配次之；"无调语言群"首先注重语法单位意义的搭配，而形式的搭配次之。值得深思的现象是，松桃苗话虽属于"有调语言群"，而在语法单位的"形式搭配"与"语义搭配"的特点上，却介乎两大语言群之间。松桃苗话的形态变化比"无调语言群"少而比"有调语言群"多，认清这一点之后再来描写松桃苗话的语法，就会大大降低解决问题的难度。

二、句子的"基本语段"

　　所谓"基本语段"，就是最起码的、不可随意削减的语段。一个形式完整、语义清楚的句子应当具备基本语段。基本语段有三个：1. 主题语段，2. 表述语段，3. 客体语段。

　　任何语言都有自己用词造句的语法规则。所谓"语段"，就是组成句子的成段成段的语法成分。一个语段齐备的句子是由几个相关的语段对接而成的。一句话说出来要让人听得明白，就应该表达一个基本清楚的意思。要表达一个基本清楚的意思，就要有一个"主题"，和一个对主题的"表述"。一句话的"主题"部分就是句子的"主题语段"，"表述"部分就是句子的"表述语段"。在这里，"主题语段"也可以称为"主语段"；"表述语段"也可以称为为"谓语段"。"主题语段（主语段）"和"表述语段（谓语段）"是一个句子的最基本的语段。例如：

(1) we^{22}　p^hu^{44}　我说。
　　（我）　（说）
　　A　　　B

(2) $mɯ^{31}$　$lɔ^{22}$　你来。
　　（你）　（来）
　　A　　　B

(3) wu^{44}　$nqɤ^{35}$　他唱。
　　（他）　（唱）
　　A　　　B

在这三句话里，A是主题语段（主语段），B是表述语段（谓语段）。有了这样两个最基本的语段，每一句话就能表达一个基本完整、基本清楚的语义。由两个语段对接而成的、能够表达一个基本完整、基本清楚的语义单位，就是一个句子。换言之，如果两个语段对接而不能表达一个基本完整、基本清楚的语义单位，还不能成分一个句子。因此，"主题语段"和"表述语段"都是句子的最基本语段。

仅仅具备主体语段和表述语段的句子，还只能达到形式基本完整、语义基本清楚的要求。如果要使形式更加完整、语义更加清楚，在主体语段和表述语段之外还应当有"客体语段"。"客体语段"是表述语段直接关涉的对象。表述语段的内容可能是行为，受行为影响的对象即客体，表示客体的语段叫做"客体语段"。在这里"客体语段"也可以称为"宾语段"。例如：

(1) we^{22}　sei^{54}　nty^{44}　我写字。

　　（我）　（写）　（字）
　　　A　　　B　　　C

(2) mu^{31}　Nqɣ^{35}　sa^{44}　你唱歌。

　　（你）　（唱）　（歌）
　　　A　　　B　　　C

(3) wu^{44}　mpɑ^{44}　ɣ^{44}　他补衣。

　　（他）　（补）　（衣）
　　　A　　　B　　　C

在这三句话里，语段之间的关系是：

基　本　语　段				
主题语段 A	＋	表述语段 B	＋	客体语段 C

如果每一句话中"主体语段"、"表述语段"、"客体语段"齐备了，其形式就更完整、语义就更清楚了。因此，在人们的印象之中，只要具备了"主体语段"和"表述语段"，再加上一个"客体语段"，就是一句可以完全理解的话，否则就不成话。

三、句子的"关涉语段"

为了使语义的表达精密化、完善化，在基本语段之外还应当有"关涉语段"。"关涉语段"是对"基本语段"加以"限制、补充"的语段。关涉语段包括三项：1. 前限制语段 2. 后限制语段 3. 后补充语段。在三个基本语段的基础上，再增加任何一个关涉语段，一个句子就能表达一个完整而清晰的意义了。

下面举出松桃苗话的十个单句加以分析：

第二十五篇　苗语句法分析的方法问题

（一）"姑娘唱歌。"

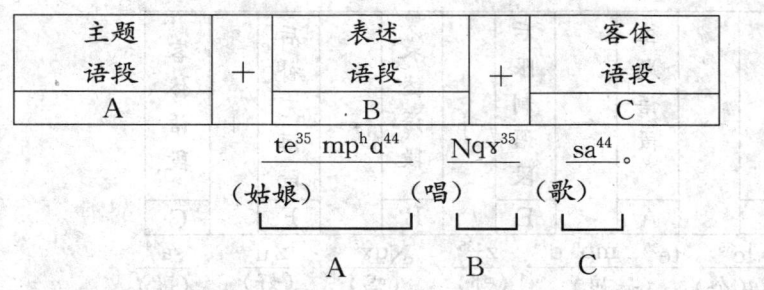

主题语段 A	+	表述语段 B	+	客体语段 C

$te^{35}\ mp^h\alpha^{44}$　$Nq\gamma^{35}$　sa^{44}。

（姑娘）　　（唱）　（歌）

　　A　　　　B　　　C

（二）"一个姑娘唱歌。"

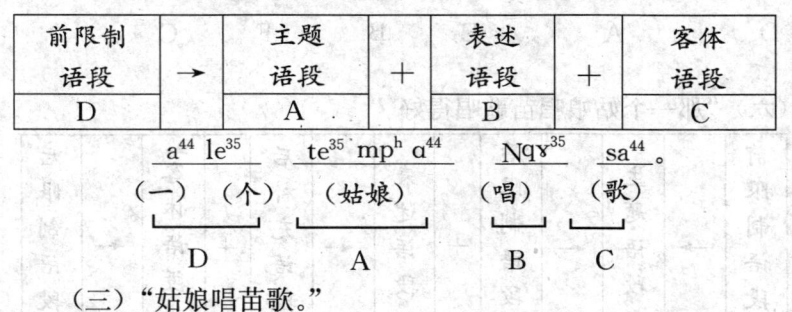

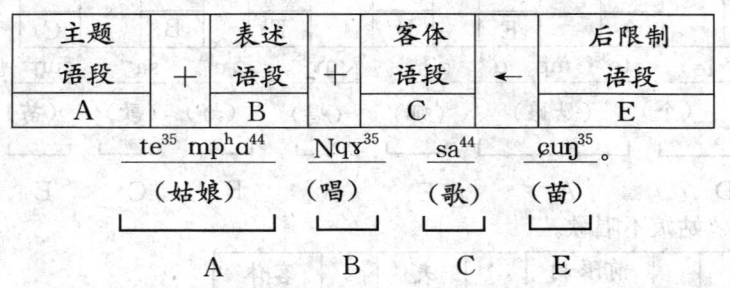

前限制语段 D	→	主题语段 A	+	表述语段 B	+	客体语段 C

$a^{44}\ le^{35}$　$te^{35}\ mp^h\ \alpha^{44}$　$Nq\gamma^{35}$　sa^{44}。

（一）（个）　（姑娘）　（唱）　（歌）

　D　　　　　A　　　　B　　　C

（三）"姑娘唱苗歌。"

主题语段 A	+	表述语段 B	+	客体语段 C	←	后限制语段 E

$te^{35}\ mp^h\alpha^{44}$　$Nq\gamma^{35}$　sa^{44}　$\varepsilon u\eta^{35}$。

（姑娘）　（唱）　（歌）　（苗）

　A　　　　B　　　C　　　E

（四）"那一个姑娘唱歌。"

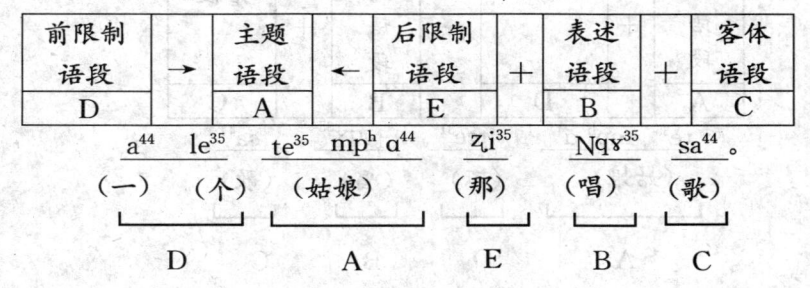

前限制语段 D	→	主题语段 A	←	后限制语段 E	+	表述语段 B	+	客体语段 C

$a^{44}\ le^{35}$　$te^{35}\ mp^h\ \alpha^{44}$　zi^{35}　$Nq\gamma^{35}$　sa^{44}。

（一）（个）　（姑娘）　（那）　（唱）　（歌）

　D　　　　　A　　　　E　　　B　　　C

(五)"那一个姑娘唱歌唱得好。"

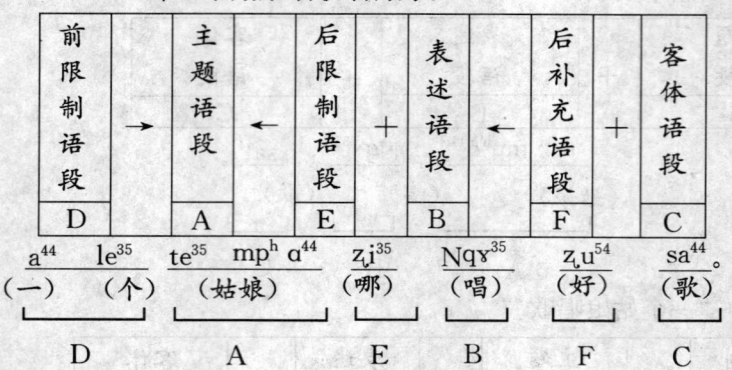

前限制语段	→	主题语段	←	后限制语段	+	表述语段	←	后补充语段	+	客体语段
D		A		E		B		F		C

a^{44}　le^{35}　te^{35}　mp^{h}ɑ^{44}　ʐi^{35}　Nqɤ^{35}　ʐu^{54}　sa^{44}。
(一)　(个)　(姑娘)　(哪)　(唱)　(好)　(歌)

D　　A　　E　　B　　F　　C

(六)"那一个姑娘唱苗歌唱得好。"

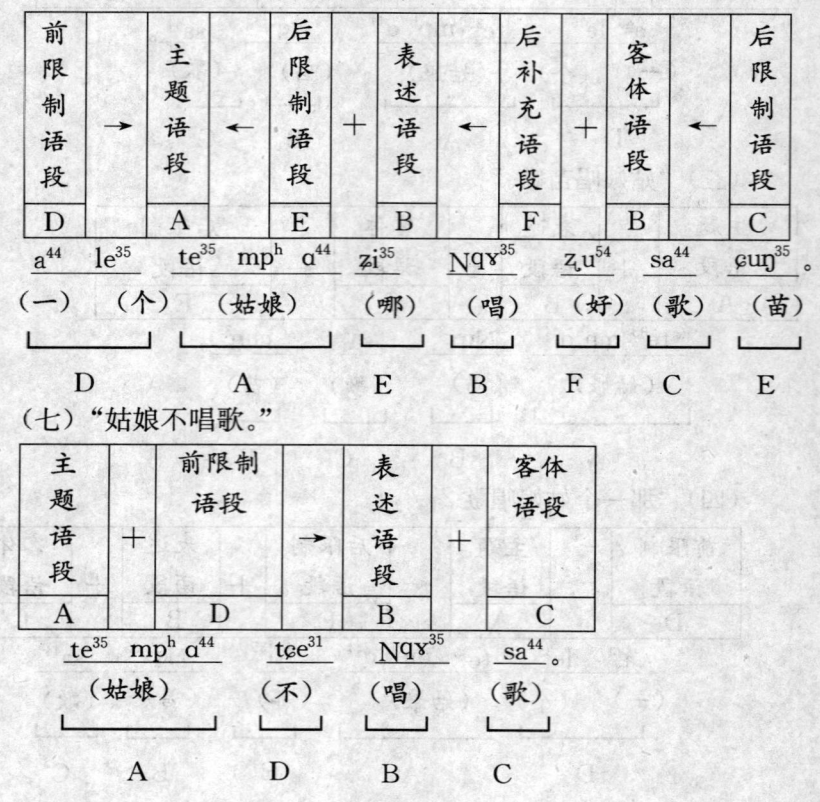

前限制语段	→	主题语段	←	后限制语段	+	表述语段	←	后补充语段	+	客体语段	←	后限制语段
D		A		E		B		F		C		E

a^{44}　le^{35}　te^{35}　mp^{h}ɑ^{44}　ʐi^{35}　Nqɤ^{35}　ʐu^{54}　sa^{44}　ɕuŋ^{35}。
(一)　(个)　(姑娘)　(哪)　(唱)　(好)　(歌)　(苗)

D　　A　　E　　B　　F　　C　　E

(七)"姑娘不唱歌。"

主题语段	+	前限制语段	→	表述语段	+	客体语段
A		D		B		C

te^{35}　mp^{h}ɑ^{44}　tɕe^{31}　Nqɤ^{35}　sa^{44}。
(姑娘)　(不)　(唱)　(歌)

A　　D　　B　　C

(八)"那一个姑娘不唱歌。"

前限制语段	→	主题语段	←	后限制语段	+	前限制语段	→	表述语段	+	客体语段
D		A		E		D		B		C

a⁴⁴ le³⁵　　te³⁵ mpʰɑ⁴⁴　　zi³⁵　　tɕe³¹　　Nqɤ³⁵　　sa⁴⁴。
(一)(个)　　(姑娘)　　(哪)　　(不)　　(唱)　　(歌)

　D　　A　　　　　E　　　D　　　B　　　C

(九)"那一个姑娘不唱苗歌。"

前限制语段	→	主题语段	←	后限制语段	+	前限制语段	→	表述语段	+	客体语段	←	后限制语段
D		A		E		D		B		C		E

a⁴⁴ le³⁵　te³⁵ mpʰɑ⁴⁴　zi³⁵　tɕe³¹　Nqɤ³⁵　sa⁴⁴　ɕuŋ³⁵。
(一)(个)　(姑娘)　(那)　(不)　(唱)　(歌)　(苗)

D　　A　　　E　　D　　B　　C　　E

(十)"那一个姑娘唱苗歌唱得真好。"

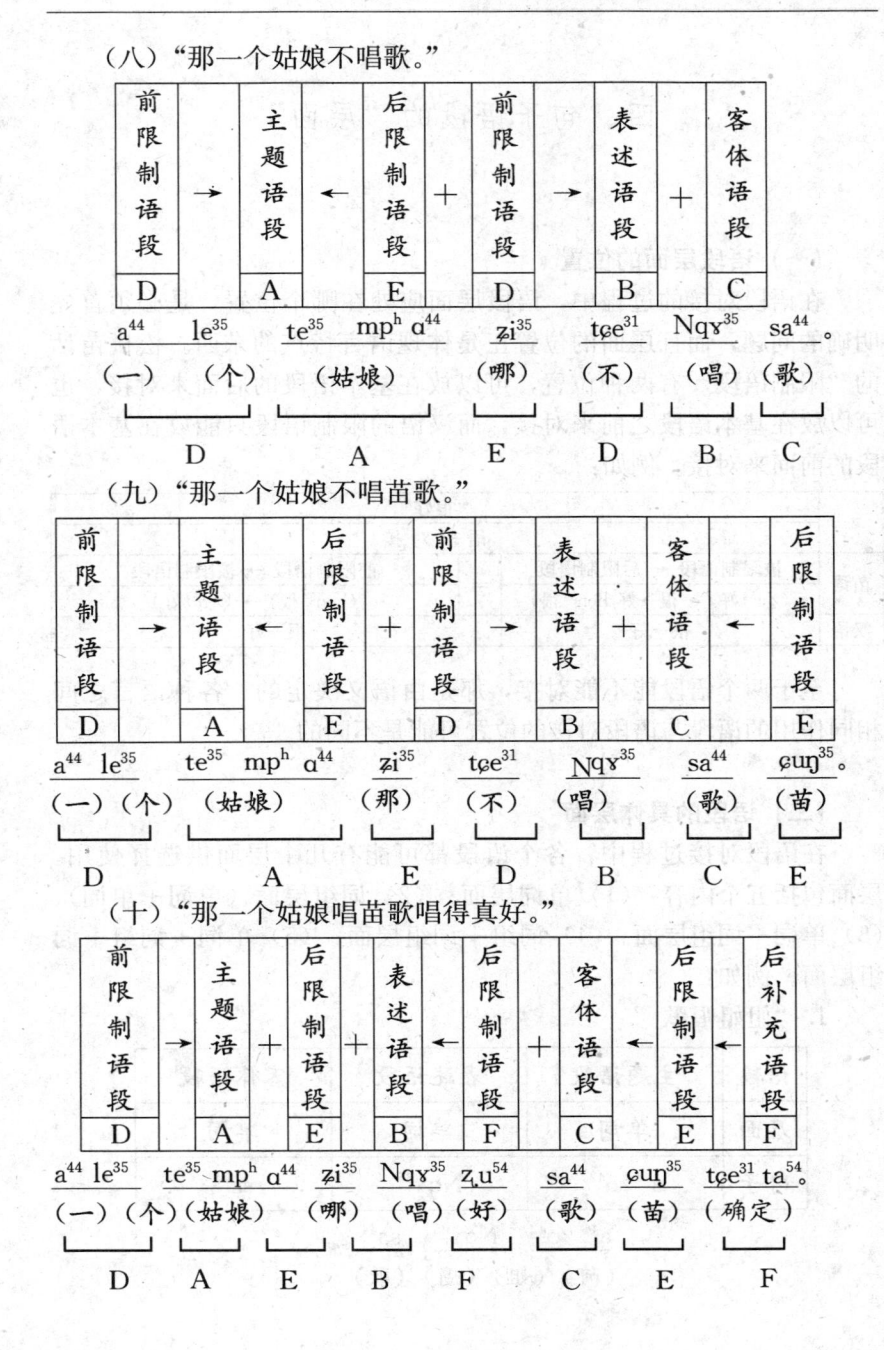

前限制语段	→	主题语段	+	后限制语段	+	表述语段	←	后限制语段	+	客体语段	←	后限制语段	←	后补充语段
D		A		E		B		F		C		E		F

a⁴⁴ le³⁵　te³⁵ mpʰɑ⁴⁴　zi³⁵　Nqɤ³⁵　zu⁵⁴　sa⁴⁴　ɕuŋ³⁵　tɕe³¹ ta⁵⁴。
(一)(个)(姑娘)　(哪)　(唱)　(好)　(歌)　(苗)　(确定)

D　　A　　E　　B　　F　　C　　E　　F

四、句子语段的"层面"

(一) 语段层面的位置

在语段对接的过程中,语段层面应处在哪个位置,是必须首先明确的问题,而且层面的位置正是体现语言特点的东西。松桃苗话的"限制语段"有两种位置,可以放在基本语段的后面来对接,也可以放在基本语段之前来对接,而汉语的限制语段只能放在基本语段的前面来对接。例如:

	"很好"		
	语 段 对 接		
苗语	被限制语段 ← 后限制语段 (z̻u⁵⁴好) ← 很→好 hen⁵⁴很)	=	前限制语段 → 被限制语段 (hen⁵⁴很) → (z̻u⁵⁴好)
汉语	很→好		很→好

至于两个语段能不能对接,那是由语义决定的。各种语言之间相同作用的语段与语段对接的位置可能是不同的。

(二) 语段的具体层面

在语段对接过程中,各个语段都可能有几个层面供选择使用。层面包括五个内容:(1) 单词层面;(2) 词组层面(单词+单词)、(3) 单词+词组层面。(4) 词组+词组层面;(5) 单词+词组+词组层面。例如:

1. "姐姐唱歌。"

语段	主题语段	表述语段	客体语段
层面	单词	单词	单词
句子	a⁴⁴ za⁴²	Nqɤ³⁵	sa⁴⁴

a⁴⁴ za⁴²　Nqɤ³⁵　sa⁴⁴。
(阿)(姐)(唱)(歌)

2. "姐姐唱的苗歌很好听。"

语段	前限制语段	主题语段	表述语段	后限制语段
层面	词组+单词	词组	词组	单词
句子	a^{44} za^{42} Nqɤ^{35} naŋ^{44}	sa^{44} ɕuŋ^{35}	ʐu^{54} tuŋ^{54}	zaŋ^{22}

a^{44}　za^{42}　Nqɤ^{35}　naŋ^{44}　　sa^{44}　ɕuŋ^{35}　ʐu^{54}　tuŋ^{54}　　zaŋ^{22}。
（阿）（姐）（唱）（的）　（歌）（苗）（好）（听）　（很）

3. "姐姐唱的苗歌没有再好听的了。"

语段	前限制语段	主题语段	表述语段	客体语段
层面	词组+单词	词组	词组	词组+单词
句子	a^{44} za^{42} Nqɤ^{35} naŋ^{44}	sa^{44} ɕuŋ^{35}	tɕe^{31} tɯ^{22}	ma^{31} ʐu^{54} tuŋ^{54}

a^{44}　za^{42}　Nqɤ^{35}　naŋ^{44}　　sa^{44}　ɕuŋ^{35}　tɕe^{31}　tɯ^{22}　ma^{31}　ʐu^{54}　tuŋ^{54}
（阿）（姐）（唱）（的）　（歌）（苗）（不）（剩）（者）（好）（听）

五、小　　结

简而言之，松桃苗话中有相互对接的六个语段："1 主题语段"、"2 表述语段"、"3 客体语段"、"4 前限制语段"、"5 后限制语段"、"6 后补充语段"；每个语段有可供选用的五个层面："1 单词"、"2 单词+单词"、"3 单词+词组"、"4 词组+词组"、"5 单词+词组+词组"；不同层面的句段可以有九种对接方式："1 单词独立"、"2 前主语+后谓语"、"3 前谓语+后主语"、"4 前谓语+后宾语"、"5 前宾语+后谓语"、"6 前状语+后谓语"、"7 前谓语+后状语"、"8 前定语+后被定语"、"9 前被定语+后定语"。句段与句段能不能对接，取决于"语义"，句段对接以"语义"为内涵；句段与句段如何对接，取决于"位置"，句段对接以"位置"为形式。这就是本文所提出的"松桃苗话句段分层对接论"。

综上所述,可以将松桃苗话语段分层对接关系列表如下:

松桃苗话语段分层对接关系表

句法语段		语段对接	语段分层
基本语段	1 主题语段 2 表述语段 3 客体语段	1 单词独立 2 前主语＋后谓语 3 前谓语＋后主语 4 前谓语＋后宾语 5 前宾语＋后谓语	1 单词 2 单词＋单词 3 单词＋词组 4 词组＋词组 5 单词＋词组＋词组
关涉语段	4 前限制语段 5 后限制语段 6 后补充语段	6 前状语＋后谓语 7 前谓语＋后状语 8 前定语＋后被定语 9 前被定语＋后定语	

第二十六篇　苗汉"形后名"序列的性质问题

原稿标题为"苗汉'形后名'系列同名异说",载《民族语文论文集》(1993年原中央民族大学出版社),现将原稿中用新创苗文记录的例词、例句全部改用国际音标标注,个别词句也有所调整。

语法分析中的"序列",是指在词语搭配中,词类或句法成分的线性排列。词进入词组或句子的时候,哪一类词要排在哪一类词的前面,哪一类词要排在哪一类词的后面,准有一定的规矩。或者说,哪一种句法成分要排在哪一种句法成分的前面或后面,也准有一定的规矩。苗语和和汉语都有"形后名序列"(即"名词＋形容词"的词组),有人说"形容词可以带宾语",有人说"形容词不能带宾语,只有当形容词变为动词以后才能带宾语"。究竟其中"名词"与"形容词"之间的句法关系有什么异同呢?学者们对这个问题的看法存在不小的分歧。

一、"形后名"序列的含义

(一) 下面是汉语的一种序列

木头→房子
[名词定语→名词被定语]
新→木头→房子
[形容词定语→名词定语→名词被定语]
那→所→新→木头→房子
[指示代词定语→量词定语→形容词定语→名词被定语]
他→那→所→新→木头→房子

〔人称代词定语→指示代词定语→量词定语→形容词定语→名词被定语〕

（二）下面是苗语的一种序列

pluɯ⁴⁴（房子）←ntu⁵⁴（木头）木头房子

〔名词被定语←名词定语〕

pluɯ⁴⁴（房子）←ntu⁵⁴（木头）←ɕæ³⁵（新）新木头房子

〔名词被定语←名词定语←形容词定语〕

a⁴⁴（一）le³⁵（个）→pluɯ⁴⁴（房子）←ntu⁵⁴（木头）←ɕæ³⁵（新）一所新木头房子

〔数词定语→量词定语→名词被定语←名词定语←形容词定语←指示代词定语〕

wu⁴⁴（他）→nɑŋ⁴⁴（的）→a⁴⁴（一）→le³⁵（个）→pluɯ⁴⁴（房子）←ntu⁵⁴（木头）←ɕæ³⁵（新）←zi³⁵（那）

（他那一所新木头房子）

〔人称代词定语→结构助词→数词定语→量词定语→名词被定语←名语定语←形容词定语←指示代词定语〕

（三）很显然，苗语的序列跟汉语的序列不同

意义内容相同的词组，在两种语言中词类或句法成分排列的顺序是各有特点的。因此，也可以说，"序列"就是词类或句法成分在语句中所占的位置。

苗语和汉语都有一类"形后名"序列：

1. 汉语的"形后名"序列有两种情形：一种是"形容词定语→名词被定语"序列，如"红布、白纸"之类；一种是"形容词述语→名词宾语"序列，如"红眼"（指"发怒"）、"黑心"（指"阴险毒辣"）之类。

2. 苗语的"形后名"序列，通常是"谓语→主语"序列，如ntɕʰin⁵⁴（红）me⁴²（脸）："脸红"，qwe³⁵（黑）me⁴²（脸）"脸沉"之类。

问题的焦点在于，两种语言"形后名"序列在形式上是相同的，其序列内部的结构关系是否也相同呢？

二、"形后名"序列内部结构的判断

关于苗语"形后名"序列的内部结构关系，目前有各种不同的判断。

（一）认为苗语的形容词可以用名词放在其后做"补助语"

这种看法认定"形后名"序列是一个"被补语（形容词）←（补语）"的序列，这种序列是"形补结构"。例如，苗语的"浅水"，是形容词"浅"在前，名词"水"在后，其意义内容是"水浅"，而不是"浅的水"。先说出"浅"，再补充说"水"。因为光说"浅"，意犹未尽，只有补充说"水"，才知知道原来是"水浅"。如果要问，同样是"水浅"的意思，为什么汉语用"名后形"序列表示，而苗语用"形后名"序列表示？这是由各民族的"思维习惯"决定的。

（二）认为苗语的形容词可以用名词放在其后做"宾语"

这种看法认定"形后名"序列是一个"支配语（形容词）→被支配语（名词）"的序列，这种序列是"形宾结构"。例如苗语的"好脾气"，是形容词"好"在前，名词"脾气"在后，其意义内容是"脾气好"，而不是"好的脾气"。先说出"好"，究竟"好"在哪里？"好"在"脾气"上。如果要问，"好"本身是一个形容词，并没有行为动作，何以能带一个接受行为动作的对象？答案很简单，这是形容词的"动词化"功能决定的。

（三）认为苗语的名词可以放在"形容词之后"做"主语"

这种看法认定形容词可以放在"名词之前"做"谓语"。因此，苗语的"形后名"序列是一个"前谓语（形容词）→后主语（名词）"的序列，这种序列是"谓主结构"。例如，苗语的"凉手"，其意义内容是"手凉"，而不是"凉的手"。先说出"凉"，是为了强调事物的性状。究竟是什么东西"凉"？是"手凉"，而不是别的什么东西"凉"。如果要问，为了强调事物本身，而不强调事物的性状，又怎么办呢？巧得很，苗语也可以像汉语一样，用"名后形"序列来表示。换句话说，苗语的"形后名"序列，可以转换成"名后形"序列。

对苗语"形后名"序列的内部结构关系，还可以有其他的判断，而上述 3 种判断最有代表性。

三、"动化形容词"解析

在分析古代汉语的时候，常常听到"某类词活用作某类词"的说法。而且，把"词类的活用"，看做是古代汉语的"特殊用法"。其所以特殊，是因为与现代汉语的用法不同。例如，古代汉语的名词可以用作动词："以春风风人"中的后一个"风"是"作动词用"的名词（意思是"用风吹"）；"秦师遂东"中的"东"是名词用作动词（意思是"朝东走"）。古代汉语的动词可以用作名词，"彰往而察来"中的"往"和"来"都是动词用作名词（指"已往的事"、"未来的事"）；"殚其地之出，竭其庐之入"中的"出"和"入"，都是动词用作名词（指"出产的物品"和"收藏的财物"）。类似这些用作名词的动词，叫做"物化动词"。

至于古代汉语的形容词，也可以活用作其他词类。例如"小学而大遗"中的"小"指"小的疑问"，其中的"大"指"大的疑问"，"大"和"小"在这里是形容词作名词用，"乘坚策肥"中的"坚"指"坚实的车辆"，其中的"肥"指"肥壮的牲口"，"坚"和"肥"在这里是形容词作名词用。类似这些作名词用的形容词，叫做"物化形容词"。

据研究，古代汉语中形容词最活跃的功能是用作动词。恰恰是这种观点被用来分析苗语的"形后名"序列时，才使苗语的"形后名"序列成为引人注意的焦点。古代汉语的形容词"活用"到什么程度呢？苗语的形容词是否也如此"活用"呢？

第一、古代汉语的形容词可以直接用作动词。例如"苟富贵，勿相忘"中的"富"是"有钱财"的意思，"贵"是"有地位"的意思。甚至可以把"富"和"贵"理解为一种趋向，"富"是"富起来"的意思，"贵"是"高贵起来"的意思。本来是形容词的"富"、"贵"，在这里都成为动词了。依此类比，有人认为苗语的"qɔ^{54}（老）ne^{31}（人）"一类的序列与此相当，形容词qɔ^{54}（老）用作动词，带名词ne^{31}（人）作宾语。qɔ^{54}是"老起来"的意思。qɔ^{54}（老）ne^{31}（人）则是"人老"的意思。

第二、古代汉语的形容词还可以用作及物动词，它的后面可以接用名词作宾语。例如，"其上多柘木"中的"多"是用作动词，是"有很多"的意思。"柘木"是名词作"多"的宾语。因此，人们认为苗语"ɭhɔ^{35}（多）tsɔ^{42}（人）"一类的序列与古代汉语的"多柘木"相当。形容词ɭhɔ^{35}（多）用作动词，带一个名词tsɔ^{42}（人）作宾语。古代汉语的"多柘木"，相当于现代汉语的"柘木多"，苗语的ɭhɔ^{35}（多）tsɔ^{42}（人）相当于现代汉语的"人多"。

第三、古代汉语的形容词，可以用作"使动词"。例如"峭其法而严其刑"中的"峭其法"，是"使法规严明起来"；"严其刑"是"使刑律严厉起来"。因此，人们认为苗语的ɕæ^{44}（熟）ɭhe^{54}（饭）一类的序列与此相当。在这里，ɕæ^{44}是一个使动词，带一个名词ɭhe^{54}（饭）作宾语，"ɕæ^{44}（熟）ɭhe^{54}（饭）"的意思就是"使饭熟"了。

第四、古代汉语的形容词可以用作"意动词"，它的后面可以带名词作宾语。例如"贤忠信之行者，贵不欺之士"中的"贤"是形容词作动词用，意思是"认为贤达"；其中"贵"也是形容词用作动词，意思是"认为高贵"。因此，人们认为苗语的"ʐu^{54}（好）te^{35} ntshei^{44}（小伙子）"一类的序列与此相当。ʐu^{54}（好）是一个形容词，在这里ʐu^{54}（好）带一个名词te^{35} ntshei^{44}（小伙子）作宾语；ʐu^{54}（好）的意思是"认为好"，"ʐu^{54}（好）te^{35} ntshei^{44}（小伙子）"的意思就是"小伙子好"。

形容词作动词用之后，被称为"动化形容词"。迄今为止，苗语学术界对"动化形容词"之说的承认，有的是有条件的，有的是无条件的。

四、"形后名宾"与"形后名补"评说

在分析汉语和苗语的时候，人们发现，作为述语的形容词，往往带有后置的成分。述语连带它的后置成分，共同构成谓语，从而使形容词取得动词的功能，对这种形容词的后置成分怎么看？这个问题就引出了"宾语"或"补语"的答案。当然还有别的答案。答案不同的原因，是援用的认识标准不同。试看：

汉语：

"冷场"

［使会场造成无人发言的局面，使剧场造成演员未及时上台或记不起台词的局面］

在这里，"冷"是形容词，它的后置成分"场"是名词。

苗语：

le^{44} ɕe^{44} 脾气坏

（短肠）

在这里，le^{44}（短）是形容词，它的后置成分 ɕe^{44}（肠）是名词。

那么，汉语的"场"、苗语的 ɕe^{44}（肠）究竟是补语还是宾语呢？

一般认为，在汉藏语系的语言里，宾语是"动词述语"的后置成分，补语是"形容词或动词述语"的后置成分；宾语是指明行为"对象"的，补语是指明行为结果或"性状程度"的。例如：

汉语：

"写什么"？

"写文章"。

苗语：

ʂei^{54} qʁ^{35,31} ŋɑŋ^{35}？写什么？

（写 什么）

ʂei^{54} ntʁ^{44}。写字。

（写 字）。

其中"文章"是"写"的宾语，"ntʁ^{44}（字）"是"ʂei^{54}（写）"的宾语。又如：

汉语：
"做完了"
"做得好"
苗语：
tʰu⁴⁴ tɕæ³¹ tɕu²² 做完了
（做　成　了）
tʰu⁴⁴ zֻu⁵⁴ 做得好
（做　好）

汉语的"完"，"好"是"做"的补语，苗语的 tɕæ³¹（成）和 zֻu⁵⁴（好）是 tʰu⁴⁴（做）的补语。这种认识大家一致。而当形容词取得动词功能的时候，对其后续的名词就有不同的看法了。认为"名词作动化形容词的宾语"，绝大多数的人能够接受；认为"名词作动化形容词的补语"，不是所有的人都能接受。于是，有人提出一个折中方案，认为苗语的动词和形容词不必分家，动词和形容词是一回事，因此，它们的后置名词也不必分家，可以笼统地称为"补足语"。似乎使用汉藏语系语言的人，先说出口的是准备被补充的对象，后说出口的是要补充的内容。这些看法，都不无道理，但是不够完善。专门从意义内容上分析，或专门从结构形式上分析，都难免有失偏颇。事实上，意义和结构不是截然可分的。如果兼顾到意义和结构，就有可能取得较为圆满的解释。

五、"谓主谓语"与"主谓谓语"的比较

汉语中有这样一种序列：
他——肚子——疼。
他——脑子—灵。
苗语中有这样一种序列：
wu⁴⁴——muŋ³⁵——tɕʰi³⁵。他肚子疼。
（他　疼　　肚子）
wu⁴⁴——zֻɑ⁴²——tɕʰi³⁵ 他脑子灵。
（他　聪明　肚子）

如果专从意义上看，两种语言两种序列的内容是一致的。如果专从结构上看，两种语言两种序列的形式是不一致的。

先拿汉语的例子来分析。有人认为，"他肚子疼"中的"肚子"是主语（"他"是"肚子"的定语），"疼"是谓语。主语在前，谓语在后，符合汉语使用者应有的语感："什么事物？"——"他肚子"。"怎么样？"——"疼"。也有人认为，"他"是主语，"肚子疼"是谓语。"他"在前，"肚子疼"在后，也符合汉语使用者应有的语感："什么事物怎么样"。"什么事物？"——"他"。"怎么样？"——"肚子疼"。而"肚子疼"又是主语"肚子"在前，谓语"疼"在后。什么事物？——"肚子"。"怎么样？"——"疼"。这样看来，"他肚子疼"的谓语是一个"主谓结构"，因此称为"主谓谓语"。

再拿苗语的例子来分析。有人认为，wu^{44}（他）muŋ^{35}（疼）tɕʰi^{35}（肚子）中的 wu^{44}（他）是主语，muŋ^{35}（疼）tɕʰi^{35}（肚子）是谓语，muŋ^{35}（疼）是"动化形容词作述语"，tɕʰi^{35}（肚子）是名词作宾语，符合苗语使用者应有的语感："什么事物？""什么状况？""表现在什么上？"。"什么事物？"——"wu^{44}（他）"；"什么状况？"——"muŋ^{35}（疼）"。"表现在什么上？"——"tɕʰi^{35}（肚子）"。也有人认为，wu^{44}（他）是主语，muŋ^{35}（疼）tɕʰi^{35}（肚子）是谓语。在 muŋ^{35}（疼）tɕʰi^{35}（肚子）之中，muŋ^{35}（疼）是形容词作"前谓语"，tɕʰi^{35}（肚子）是名词作"后主语"。这样看来，wu^{44}（他）muŋ^{35}（疼）tɕʰi^{35}（肚子）的谓语是一个"谓主结构"，因此称为"谓主谓语"。如此分析，也符合苗语使用有的语感："什么事物？什么状况？出自哪个方面？"。"什么事物"——"wu^{44}（他）"。"什么状况"——"muŋ^{35}（疼）"。"出自哪个方面？"——"tɕʰi^{35}（肚子）"。

拿两种语言比较得知，苗语的"谓主谓语"相当于汉语的"主谓谓语"。这两种序列的内部结构之所以不同，就在于谓语与主语所处的句法位置不同：

苗语：
wu^{44} muŋ^{35} tɕʰi^{35}。他肚子痛。
（他）（痛）（肚子）

汉语：
他　肚子　痛。

六、"谓主结构"复议

　　1981年我向"第15届国际汉藏语言和语言学会议"提交一篇论文，明确指出，苗语中有一种序列，叫做"谓主结构"，1983年《语言研究》予以披露。1987年6月《民族语文》发表我进一步提出的"苗语句法成分的可移动性"一文。1990年中央民族学院出版社刊布我的《现代湘西苗语语法》一书。前后10载，都是围绕"谓主结构"展开议论的。"谓主结构"的提法，得到了马学良先生、王均先生以及苗族学者的首肯。近来又与苗族学者麻树兰副教授推敲，确信"谓主结构"之说符合苗语实际，并且还想做一些补充说明。

　　（一）"谓主结构"中充当谓语的词，不仅有形容词，也有动词。例如：

pu^{31}　wu^{35}。水开[了]。
（开　水）。

te^{54}　ɬʰa^{54}。绳子断[了]。
（断　绳子）

tɤ^{42}　pen^{31}。花开[了]。
（绽　花）

qɔ^{42}　ntu^{54}。树倒[了]。
（倒　树）

（这些例子都属于"谓主结构"之列。说它们是"谓主结构"，完全符合使用者应有的语感："什么情况出自什么事物"。谓语动词先说出来，主语名词后说出来，因此是"谓先主后"的"谓主结构"。又如：

ɬɔ^{31}　ʂæ^{35}。胆子大。
（大　肝）

ta^{31}　ci^{54}。风大。
（强劲风）

ɲɔ⁴⁴ wu³⁵。水浑。
（浑 水）

tɯ⁴⁴ l̥a⁵⁴。绳子长。
（长 绳子）

plɯ²² ʂɔ³⁵ 声音小。
（轻 声音）

这些例子也都属于"谓主结构"之例。说它们是"谓主结构"，也完全符合苗语使用者应有的语感："什么性状属于什么事物"。谓语形容词先说出来，主语名词后说出来，因此也是"谓先主后"的结构。

（二）"谓主结构"可以转换成"主谓结构"。也就是说，"谓主结构"与"主谓结构"并存。例如：（对注中的星号＊代表"名物冠词"）

bɔ³¹→le³⁵。个儿大。［谓→主结构］
（大 个）

qɤ³⁵ˎ³¹ le³⁵←bɔ³¹。个儿大。［主←谓结构］
（＊ 个 大）

tɯ⁴⁴→l̥a⁵⁴。绳子长。［谓→主结构］
（长 绳子）

qɤ³⁵ l̥a⁵⁴←tɯ⁴⁴。绳子长。［主←谓结构］
（＊ 绳子 长）

te⁵⁴→l̥a⁵⁴。绳子断。［谓→主结构］
（断 绳子）

qɤ³⁵ l̥a⁵⁴←te⁵⁴。绳子断。［主←谓结构］
（＊ 绳子 断）

这里的 qɤ³⁵ 是冠词，没有词汇意义，而只有语法意义，表明它后面的成分是"静物名词（无生命物名词）"。

"谓主结构"和"主谓结构"可以表示同一意义内容，但在结构形式上略有变动。"谓主结构"中的主语名词不必带冠词 qɤ³⁵（也可以带冠词），而"主谓结构"中的主语名词一般要带冠词 qɤ³⁵（也可以不带冠词）。这个冠词 qɤ³⁵ 没有词汇意义，而只有语法意义，表明它后面的成分是"静物名词（无生命物名词）"。

（三）不必把"谓主结构"中的谓语形容词看成"动化形容词"。

因为苗语的形容词要变为动词的时候，必须带前加成分 tɕi^{31}。这个 tɕi^{31} 没有词汇意义，而只有语法意义：tɕi^{31} 是形容词转变为动词的标志。例如：

ɕɔ^{44}（温热）[形容词]

tɕi^{31}（使温热）[动词]

tɕi^{31} ɕɔ^{44} ɓ^{h}e^{54}　使饭温热 [述宾结构]
（使温热饭）

pluɯ^{22}（轻）[形容词]

tɕi^{31} pluɯ^{22}（使轻）[动词]

tɕi^{31} pluɯ^{22} ʂɔ^{35}　使声音轻 [述宾结构]
（使轻　声音）

（四）可能古代苗语中的形容词和动词是很难分家的。发展到现代，苗语中仍有一部分动词和形容词兼类。或者说，同一个意义的词可能分属两类。例如：

qɔ^{54} 老 [形容词]

ne^{31} qɔ^{54} 老人 [名词被定语←形容词定语结构]
（人老）

qɔ^{54}（老于）[动词]

qɔ^{54}　we^{22} 老于我 [动词述语→代词宾语结构]
（老于我）

（五）"形容词、动词"等是词类体系的名称，"宾语、补语"等是句法成分体系的名称。在分析语法的时候，最好不要拿两种体系的名称交织在一起来说。例如"形宾结构、形补结构"之类，尽管说了多年了，但是总觉得有点混杂的味道，还是改称为"述宾结构"、"述补结构"为好。

第二十七篇　苗语与汉语量词的关系问题

　　表示长度、容积、重量、面积、速度等的"度量词",存在于所有的语言之中,表示物体单位的"名物量词",并没有在所有的语言中产生、发展。因此,透过"名物量词"探查两种语言的源流,不失为一条可行的途径。本文从苗汉两种语言量词的统计材料中,窥视了两种语言量词的兴起和发展过程。湘西苗语的量词与同时代汉语的量词相比,在数量上湘西苗语的量词没有汉语的量词那么多,在范围上湘西苗语的量词没有汉语的量词那么宽。而且湘西苗语从汉语借用了大量的量词。各个历史时期,湘西苗语都从汉语借用一批词语,相应的汉语量词就跟着进入苗语了。从量词的起源和发展来看,苗语深受汉语的影响,现代苗语的名物量词很可能起源于汉语的量词之后。到现在为止,仅仅从量词的角度还很难断定苗汉两种语言出于同一母语,不过本文并不打算深入讨论这个问题。

一、一条探查语言关系的可行途径

　　苗语(本文所称苗语只管"湘西苗语")和汉语是否同出于一源,一直是一个有争议的问题。大多数学者希望从找出两种语言的同源词入手,以便考察二者之间的语音对应规律,来证明它们之间的亲疏程度。采用这种方法的时候,有一个难以划清的界线,那就是,同样的语音对应规律所反映的内容,既可能是亲属语言之间长期各自发展的结果,也可能是非亲属语言之间长期相互接触的结果。确定任何两种语言之间亲属关系的"关系词",如果不能采用唯一的标准,而要采用多重标准或无边无沿的补充标准,甚至所用标准因人而异,这样确定的"关系词"肯定是难以说明问题的。

　　本文并没有事先认定苗语和汉语的亲属关系,但是有一个设想:

如果说苗语和汉语是同出于一源的话，那么，考察一下这两种语言中都很纷繁的量词，比较一下这两种语言的量词系统，看看这两个量词系统之间有什么异同，对深入认识这两种语言的关系，应当是有帮助的。

二、量词范围的确定

无论人或其他事物，都有"单位"可以查询。量词就是表示人或事物单位的词。量词包括"专用量词"和"临时量词"两大类。临时量词主要由名词担任，例如：

[一]"碗"[饭]

[一]"杯"[茶]

[一]"桶"[水]

[一]"坛"[酒]

[一]"脚"[泥]

这种量词普遍存在于各种语言之中，只不过是不一定都叫做"量词"。专用量词中又分"名物量词"、"度量词"和"动量词"。度量词和动量词也普遍存在于各种语言之中。唯有名物量词不一定每种语言都有，它就成了反映语言特点的东西，是用来研究语言关系的比较理想的词汇材料。因此，本文只牵涉专用量词中的名物量词，如"一个人"的"个"，"一只手"的"只"，"一把菜"的"把"之类。

三、苗汉两种语言量词基本信息的整理

先将汉语1200个左右常用的名词与量词的搭配关系列成明细表，从中得知，一个名物量词可以管一批名词，同一个名词又可以使用不同的名物量词。120个名物量词与1200个名词交叉搭配，构成了汉语的名物量词系统。量词的管界有宽有窄，有1个量词只管1

个名词的,有1个量词管2-3个名词的。在120个名物量词中,能管4个以上名词的量词也不少:

4 瓣包场点顶管间　　　5 层撮堆垛所篇批面种
6 笔份行　　　　　　　7 滴团门样
8 股架截株　　　　　　9 次段节头
12 家套　　　　　　　 13 台
14 场口双　　　　　　 15 件项
16 粒　　　　　　　　 18 道对
35 根　　　　　　　　 36 颗
43 块　　　　　　　　 56 把
65 条个

再将汉语1200个常用名词与苗语对照,其中苗语固有的、相应的、常用的名词只有630个左右,其余的600个左右都是借汉词。一部分借自汉语的名词连同量词借用,一部分借自汉语的名词用相应的苗语量词。在苗语固有的名词中,使用了130个左右的名物量词。而在这130个名物量词中,有30个左右是从汉语借用的。也就是说,苗语本身固有的名物量词90个左右,管了630个常用名词。同样,也存在"一管多"或"多管一"的交叉现象(本文中的苗语实例一律用新苗文记录):

5 $pɔ^{44}$(包)、$tɔ^{35}$(道)、$qɯ^{35}$(根)、
　$ntsa^{54}$(群)、ten^{35}(把)
6 $lɯ^{35}$(路)、$nt^huŋ^{44}$(排)
8 ka^{22}(块)、$p^haŋ^{35}$(张)
19 $tɯ^{22}$(把、架)
20 以上 $ŋuŋ^{22}$(只)、tu^{42}(株)、le^{35}(个)

四、古今学者对汉语量词起源和发展的看法

前人早就对汉语的量词加以关注。从唐代至清代,一些学者集录了从周秦至清代的一些汉语量词,或详或略地就汉语量词的来源

和语义作用进行了论述，提供了汉语量词兴起与发展的一条线索。如，唐代颜师古的《匡谬下俗》卷七（如"一乘曰一两"），段公路的《北户录》卷二（如"十疋为一鼓"）；宋代范晞文的《对床夜话》卷二（如"猿闻一箇"），王质的《诗总闻》卷十一五（如"兔以首言"），袁文的《瓮牗闲评》卷六（如"纸谓之箇"），王楙的《野客丛书》卷二（如"黄金一斤"）；清代袁枚的《随围随笔》卷二十四（如"南朝呼笔四管一状"），郝懿行的《证俗文》卷七（如"亩曰步"）。

这些学者都对量词作了明确的解释。如颜师古说："诗云，葛履五两者，相偶之名。履之属二乃成具，故谓之两。两音转变，故为量耳。古者谓车一乘亦曰一两。诗云，百两御之，是也。今俗音讹，往往呼为车若干两（《匡谬正俗》卷七）"。从此可以看出，名词"车"的量词，春秋时代称"两"，唐代称"量"，现代称"辆"。

今人对汉语量词发展的历史也作了回顾。得知汉语的"名物量词"起源于"名词"。1954年陆宗达、俞敏两位前辈对此进行了研究（《现代汉语语法》上册，第86页，群众书店）。他们指出，公元前11世纪的周初文献提供了量词起源于名词的线索：

"馘"（人的左耳）四千八百二十"馘"［本文作者按：前一个"馘"是名词，后一个"馘"是量词］

"人"万三千八十一"人"［本文作者按：前一个"人"是名词，后一个"人"是量词］

"羊"卅八"羊"［本文作者按：前一个"羊"是名词，后一个"羊"是量词］

经过1800年，一直到唐代（618年—907年），汉语量词还不十分发达。到了元代（1271年—1368年），杂剧大量流行，量词大量出现（如"一搭荒村，一表人才，一把钢刀，一片心肠"之类）。在现代汉语中，数与名词之间，几乎非有量词不可。这就描绘了汉语名物量词兴盛的进程：春秋时代，量词稀少；唐代，量词渐多；宋代，量词大增；明清时代，量词继增；现代和当代，量词丰富。还有一些学者认为：（1）古代汉语量词情况还不清楚；（2）古代汉语的名词和量词的界线不十分明确；（3）古代汉语没有量词，后来受"侗台语"影响才产生了量词;(4)古代汉语的书面语没有量词,口语可能有量词。不过,这些说法推论较多,实证较少。

不管怎么说,在汉语中,"名物量词"是后于"名词"而产生的。一开始用名词来说明事物的单位,后来,经常被用来说明其他事物单位的名词逐渐虚化,以至虚化到难于解释其具体意义的程度,就成了专用的名物量词了。

五、苗语量词的兴起与发展

苗语的量词也经历了一个从无到有,从少到多的漫长过程。但是,从苗语专用名物量词的虚化程度来看,苗语的量词较晚起于汉语的量词。在苗语固有的90个左右专用名物量词中,大部分的名物量词仍然保持名词的特色,其虚化程度并不高。从苗语借用的汉语量词来看,基本上都是近代或现代的汉语量词,这进一步说明苗语的名物量词晚起于汉语的名物量词。

(一)以"一辆车"的"辆"为例,《诗经》中为"两",湘西苗语为"$tɯ^{22}$(手)"。

(二)"车"在《诗经》中属"鱼部","九鱼切"。"车"在湘西苗语中读为"$tɕʰe^{44}$"或"$tsʰe^{44}$",很明显,是近代从汉语借来的一个名词。这就说明,湘西苗语中"车"的出现,比汉语中"车"的出现至少晚2000年。从意义上看,古代汉语"车"的量词"两",本来有"二乃成具"之义。而湘西苗语"车"的量词"$tɯ^{22}$",是"手"的意思。在湘西苗语里,能用手擒握的物体的量词,多半用"$tɯ^{22}$"。"$tɯ^{22}$"的本义是"手,转义是"把、"辆"等等。

(三)湘西苗语的量词与同时代汉语的量词相比,在数量上湘西苗语的量词没有汉语的量词那么多,在范围上湘西苗语的量词没有汉语的量词那么宽。而且湘西苗语从汉语借用了大量的量词。各个历史时期,湘西苗语都从汉语借用一批词语,相应的汉语量词就跟着进入湘西苗语了。可见湘西苗语的量词是在汉语量词的影响下发展起来的。现将两种语言个体量词对照如下:

汉语与苗语常用个体量词对照

汉　语	湘西苗语
001　把（bǎ）	
（1）可擒握者（铲子）	1. ten^{35}（锄头、钥匙）
（2）成把状者（菜）	2. le^{35}（勺子、梳子、锁、锥子、秧苗）
（3）以把计算者（灰）	3. te^{22}（尺子）
（4）与把状物有关者（火）	4. pʰaŋ^{35}（伞）
	5. ca^{35}（琴）
	6. tɯ^{22}（菜、灰、沙、火）
	7. pi^{31}（筋）
002　瓣（bàn）	
（1）成瓣生成者（花生、姜、蒜、麦粒）	1. ka^{22}（花生、麦粒）
	2. ŋo^{31}（姜）
	3. ʂu^{44}（蒜）
003　帮（bāng）	
（1）成群的人（人、客）	1. pʰaŋ^{35}（客人）
	2. paŋ^{44}（人）
	3. ntsʰa^{54}（人）
004　包（bāo）	
（1）成包状者（药）	1. sɤ^{44}（药）
（2）生成花苞状者（棉花）	2. po^{44}（鞭炮、棉花）
	3. tɯ^{44}（葡萄）
005　本（běn）	
（1）装订成本者（书、帐）	1. pen^{54}（书、书）
006　笔（bǐ）	
（1）记录成数者（钱、收入、帐、债）	1. tɯ^{22}（钱、帐）
	2. pi^{31}（钱、帐）
007　辫（biàn）	
（1）编成辫者（蒜）	1. waŋ^{42}（葡萄）
008　餐（cān）	
（1）吃一次饭菜的过程（饭、酒席）	1. tʰe^{44}（饭）

续表

汉　语	湘西苗语
009　层（céng）	
（1）自然生成层状者（皮）	1. tɕɯ³¹（皮）
（2）人工分成层者（楼、土）	2. tsʰen³¹（楼）
010　场（cháng）	
（1）事情发生的过程（冰雹、病、雨、灾）	1. wa³¹（病）
	2. pʰu⁴⁴（雪、雨）
011　场（chǎng）	
（1）以场地计数者（戏）	1. tɕʰaŋ³¹（戏）
（2）以时间计算者（比赛）	2. le³⁵（戏）
	3. tɔ³⁵（比赛）
012　处（chù）	
（1）以空间计数者（森林）	1. te³¹（森林）
（2）以位置计数者（伤）	2. le³⁵（伤）
013　串（chuàn）	
（1）人工连成串者（辣椒、珠子、钥匙）	1. ŋkaŋ⁵⁴（辣椒）
（2）自然连续紧凑出现者（雷）	2. waŋ⁴²（钥匙）
（3）自然生成串者（葡萄）	3. tɕʰaŋ³⁵（珠子）
	4. ntsʰa⁵⁴（雷）
	5. tɕʰaŋ³⁵（葡萄）
014　床（chuáng）	
（1）床上用品（被子、被面）	1. ten³⁵（被子、被面）
015　次（cì）	
（1）以一个过程计算者（课）	1. tɔ³⁵（课）
016　丛（cóng）	
（1）成丛成簇者（草、花）	1. puŋ³⁵（草）
017　撮（cuō）	
（1）五指头聚量者（灰、砂、土、胡子）	1. tsʰɔ³¹（灰）
	2. ntsu⁴⁴（砂）
	3. ɕu⁴⁴（土）

续表

汉　语	湘西苗语
018　沓（dá） （1）多层积叠者（书、纸）	1. tʰa³¹（书、纸）
019　朵（duǒ） （1）形状像花者（云彩） （2）花的单位（牡丹）	1. tɕʰɔ⁴⁴（大朵云彩） 2. tɯ⁴⁴（小朵的云彩） 3. tɯ⁴⁴（花）
020　张（zhāng） （1）平扁物体（饼）	1. le³⁵（饼）
021　刀（dāo） （1）最后加工程序要用刀的东西（纸） （2）用刀切割的频率（一刀肉）	1. tɔ⁴⁴（纸） 2. nten⁴⁴（一刀肉）
022　道（hào） （1）成长条形者（街） （2）成细条形者（眉毛） （3）事情的发生的频率（写一次信） （4）成为界线者（门、篱笆） （5）命令、试题单位	1. wa³¹（街） 2. ntɕʰa⁴⁴（眉毛） 3. tɔ³⁵（说一次话） 4. le³⁵（门） 5. wa³¹（篱笆） 6. tɔ³⁵（命令）
023　滴（dī） （1）液体下滴的小点（汗、雨、血、泪等）	1. le³⁵（同左）
024　点（diǎn） （1）少量事物（一点办法）	1. ntɕe⁵⁴ te⁵（办法）
025　叠（dié） （1）多层垒积物（钞票）	1. a³¹（钞票）
026　顶（dǐng） （1）笼罩形物体（蚊帐、帽子） （2）顶端突出物（一顶向日葵）	1. kɯ³¹（蚊帐） 2. le³⁵（帽子） 1. pɔ⁴⁴（向日葵）

续表

汉　语	湘西苗语
027　栋（dòng）	
（1）楼房	1. ntʰuŋ⁴⁴（楼房）
028　兜（dōu）	
（1）多茎植物（花生）	1. kɔ⁴⁴（秧）
	2. tsu⁴⁴（秧苗）
	3. tu⁴²（花生）
029　堵（dǔ）	
（1）土石砖等垒积的排状物（墙）	1. ntʰuŋ⁴⁴（墙）
030　段（duàn）	
（1）长条东西的一部分（绳、线）	1. tuŋ³¹（柴、铁丝、线、故事）
（2）事物的一部分（话、文章）	2. te²²（木头）
（3）时间、空间的一定距离（时期、路程）	3. ntsʰa⁵⁴（话）
031　堆（duī）	
（1）可以堆起来的东西（灰、火、土、雪）	1. ʐu³¹（同左）
032　对（duì）	
（1）天生并立出现的两个东西（耳朵、翅膀、眼睛、眉毛）	1. hɔ⁵⁴（水桶、眼睛、耳环）
	2. tei³⁵（虾）
（2）人为成对使用的东西（水桶、枕头）	3. ɯ³⁵ ntɕʰa⁴⁴（蹄、翅膀、水桶）
033　墩（dūn）	
（1）垒积成堆的东西（草）	1. tɕʰɯ³⁵（草）
034　顿（hùn）	
（1）吃一次饭菜的过程（饭）	1. te⁴⁴（饭）
035　朵（duǒ）	
（1）花或云彩的单位（花、棉花、云）	1. tɯ⁴⁴（同左）
036　垛（duò）	
（1）垒积成排的东西（墙）	1. ntʰuŋ⁴⁴（墙）
037　发（fā）	
（1）枪弹的单位（子弹）	1. le³⁵（子弹）

续表

汉　语	湘西苗语
038　份（fèn） （1）成系列组配事物的一部分（饭） （2）规定数额事物的一部分（工资）	1. huen^{35}（工资、报纸） 2. u^{54}（饭）
039　封（fēng） （1）包装加封者（信、鞭炮）	1. huŋ^{44}（同左）
040　幅（fú） （1）计算布料的宽度（布、呢绒） （2）画卷、相片单位	1. ntɕɯ^{54}（布） 2. hu^{35}（相片）
041　副（fù） （1）成套的东西（牌、棋、药剂） （2）神态、器官（面孔、嗓子） （3）成对的东西（耳环、水桶）	1. ho^{54}（耳环） 2. le^{35}（嗓子） 3. hu^{35}（棋） 4. cɯ^{54}（药） 5. waŋ^{42}（珠子） 6. ɯ^{35} le^{35}（两个筐）
042　杆（gǎn） （1）细长如棍的器物（秤、枪）	1. ten^{35}（秤） 2. tɯ^{22}（枪）
043　个（gè） （1）指人（人、客人、冤家） （2）方圆可见的独立物（窗户、火坑、 　　口袋、锅、砚台等） （3）处所（车站、城市、工厂、礼堂、 　　商店、学校、银行等） （4）成对物之一（镯子、翅膀） （5）某些动物（兔子、猴） （6）无专用量词的事物（字、肩膀、森林、 　　词、山口、台阶） （7）抽象名词（办法、矛盾、原则） （8）整体的一分子（鞭炮） （9）临时代用（帽子、篱笆、尸体）	1. le^{35}（大部分同于汉语的"个"） 2. tɯ^{22}（车厢） 3. ka^{22}（翅膀） 4. te^{22}（鼻子） 5. z̻a^{22}（歌）

续表

汉　语	湘西苗语
044　根（gēn）	
(1) 用于长条东西（扁担、草、尺子、带子、丝、绳、毛、针等）	1. qu³⁵（大部分同于汉语的"根"） 2. te²²（竹子、木头、尺子、柱子） 3. ntu⁵⁴（针） 4. ʈu⁴²（秧苗） 5. ŋuŋ²²（筷子） 6. ȵu³¹（肠子） 7. kɑ²²（扁担）
045　股（gǔ）	
(1) 钱财的一部分（资金）	1. ku⁵⁴（借汉量词）
(2) 线形物的组成部分（绳）	2. tɕu⁴⁴（力量）
(3) 成条的东西（电线）	3. kuŋ³⁵（气味）
(4) 精、气、力（力量、劲、气味）	4. ntsʰɑ⁵⁴（敌人）
(5) 成批游移的人（敌人）	5. ntsu⁴⁴（烟）
046　挂（guà）	
(1) 成套成串的东西（鞭炮、大车）	1. kuɑ³⁵（鞭炮） 2. cɑ³⁵（马车）
047　盒（hé）	
(1) 盛装东西的小型器物（药）	1. hɔ³¹（药）
048　伙（huǒ）	
(1) 人群（人）	1. pʰaŋ³⁵（人）
049　级（jí）	
(1) 依次排列供踏脚的东西（台阶）	1. tɑ²²（石级）
050　家（jiā）	
(1) 计算家庭（人家）	1. pluɯ⁴⁴（人家）
(2) 计算经营单位（饭馆、工厂）	2. le³⁵（饭店）
051　架（jià）	
(1) 利用动力的东西（飞机）	1. le³⁵（水车）
(2) 有支架东西（收音机）	2. cɑ³⁵（收音机）
(3) 像有支架的东西（山）	3. tuɯ²²（飞机）

续表

汉　语	湘西苗语
052　间（jiān） （1）房屋的基本单位（屋子、房间） （2）店铺的单位（门面）	1. $t^h\alpha\eta^{54}$（房屋）
053　件（jiàn） （1）笼统指个体事物（东西） （2）可以计数的东西（家具）	1. le^{35}（行李） 2. jaŋ^{35}（东西） 3. cæ^{42}（东西） 4. ŋʰæ^{35}（衣裤）
054　节（jié） （1）分段的事物（车厢、甘蔗、文章）	1. ce^{31}（车厢） 2. tuŋ^{31}（竹子） 3. te^{22}（甘蔗） 4. tɕe^{31}（课）
055　截（jié） （1）能截成段的东西（柴、黄瓜）	1. te^{22}（柴、铁丝、竹子、木头、绳子、铁丝、腿） 2. tuŋ^{31}（黄瓜、腿、绳子） 3. qʰɤ^{54}（线）
056　进（jìn） （1）房门的单位	1. ntse^{35}（门）
057　句（jù） （1）比较完整的话语单位（话、诗、口号）	1. ntu^{54}（话、歌） 2. tɯ^{44}（"两句"歌词）
058　具（jù） （1）少数器物（钟） （2）指尸体、棺材之类	1. le^{35}（大钟） 2. tɕɯ^{44}（尸） 3. kɯ^{31}（棺材）
059　卷（juǎn） （1）可以卷起来的东西（铁丝）	1. kʰuen^{54}（铁丝）

续表

汉 语	湘西苗语
060 棵（kē） （1）指植物	1. kɔ⁴⁴（菜） 2. qɯ³⁵（葱、草） 3. tu⁴²（树、葡萄）
061 颗（kē） （1）成颗粒的东西（冰雹、豆子、 　　　瓜子、子弹、葡萄） （2）人体某些器官（心、牙齿、头） （3）指天体（星星、月亮）	1. le³⁵（大部分同于汉语） 2. te²²（牙齿）
062 口（kǒu） （1）指人口 （2）指某些动物（猪） （3）指成口形的东西（井、缸、棺材） （4）指能起口的作用的东西（钢刀、剑）	1. le³⁵（人、井） 2. men²²（四个以上的人） 3. ŋuŋ²²（猪） 4. paŋ⁴⁴（剑） 5. kɯ³¹（棺材） 6. ten³⁵（刀）
063 块（kuài） （1）指以方圆扁平状出现的东西 （砖、肥皂、豆腐、板、碑、饼、表、骨头） （2）可以加工为方圆扁平的东西 （土地、点心、冰、瓜、姜、肉、木头、泥）	1. kɑ²²（板、碑、冰、布、木头、瓜、姜） 2. le³⁵（表、糖、砖、石头） 3. len³¹（土地） 4. ʂu⁴⁴（豆腐） 5. pu⁴⁴（砖头） 6. tɑ²²（瓦） 7. pʰaŋ³⁵（手巾）
064 捆（kǔn） （1）用绳带交叉缠好的东西	1. tɯ²²（草） 2. ntɕʰɔ³⁵（稻草）

续表

汉　语	湘西苗语
065　粒（lì）	
(1) 圆珠笔而小的东西（豆、饭菜、枣、瓜子儿、花生、粮食、药、种子、珠子、冰雹、米）	1. le^{35}（大多同于汉语） 2. ka^{22}（豆）
(2) 碎而小的东西（盐、沙子）	
066　辆（liàng）	
(1) 有轮子的交通运输工具（车）	1. tɯ^{22}（车）
067　领（lǐng）	
(1) 用竹篾、秸秆编成的片状物（炕席）	1. pʰaŋ^{35}（凉席）
068　绺（liǔ）	
(1) 毛、发、麻、丝整齐成把	1. ɕin^{35}（胡子） 2. ntsu^{44}（毛）
069　垄（lǒng）	
(1) 像田地上培起的成行的埂子（瓦、菜）	1. lɯ^{35}（瓦） 2. lɯ^{35}（菜）
70　路（lù）	
(1) 长队的人群（队伍）	1. lɯ^{35}（队伍）
(2) 事物和种类（病、菜、人）	2. jaŋ^{35}（病）
071　缕（lǚ）	
(1) 细长柔软的东西（麻、丝）	1. qɯ^{35}（麻）
(2) 轻飘的气雾（炊烟）	2. kuŋ^{35}（气）
072　摞（luò）	
(1) 重叠垒放的东西（书、碗、砖）	1. tuŋɯ^{1}（碗） 2. zu^{31}（书） 3. ntʰuŋ^{44}（砖）
073　门（mén）	
(1) 事物的种类（课）	1. jaŋ^{35}（课）
(2) 外形架构像门的东西（炮）	2. tɯ^{2}（炮）

续表

汉　语	湘西苗语
074　面（miàn） （1）扁平的东西（锣、鼓、镜、旗）	1. le³⁵（大都同于汉语） 2. sei⁴⁴（旗）
075　排（pái） （1）天生成行列的东西（牙） （2）紧挨竖立人、物（山、人） （3）挨个安放的东西（子弹）	1. plɑ³¹（牙） 2. ntʰuŋ⁴⁴（山、石头） 3. lɯ³⁵（雁） 4. pʰɑ³¹（子弹） 5. tse³⁵（直的一排树）
076　盘（pán） （1）方圆平扁的东西（磨、棋）	1. hɔ⁵⁴（磨） 2. le³⁵（碾子） 3. mpæ²²（棋）
077　脬（pāo） （1）虚松的东西（屎、尿）	1. ntɯ³⁵（同于汉语）
078　匹（pǐ） （1）牲口的单位（马、骡） （2）绸布的单位（布）	1. ŋuŋ²²（所有动物） 2. ntɕɯ⁵⁴（布）
079　片（piàn） （1）平薄碎小的东西（布、玻璃、纸等） （2）宽广的陆地水面（土、森林、海） （3）小而薄的东西（药） （4）看起来平扁的东西（舌头、嘴唇） （5）可以加工成片的东西（肉） （6）有一定面积的东西（云彩、叶子）	1. pi³¹（草山） 2. tæ⁴²（草地） 3. le³⁵（瓦、一肉） 4. ntʰuŋ⁴⁴（森林） 5. tɯ⁴⁴（云） 6. cɔ⁴⁴（雪） 7. nu³¹（叶子） 8. te²²（舌头）
080　篇（piān） （1）独立成篇的文章、讲话 （2）指一张纸或书页的两面	1. pʰjæ³⁵（同于汉语） 2. nu³¹（纸）

续表

汉　语	湘西苗语
081　丘（qiū）	
（1）分隔成块的耕地（田）	1. tɕe²² （田）
082　群（qún）	
（1）聚在一起的人或动物（客人、牛）	1. tsʰɑ⁵⁴ （客人）
	2. pʰaŋ³⁵ （牛羊）
083　扇（shàn）	
（1）能开闭的门窗	1. kɑ²² （窗户）
	2. jɑ⁴⁴ （门）
084　身（shēn）	
（1）覆盖全身的东西（衣服、汗）	1. ɕɯ³⁵ （衣服、汗）
085　声（shēng）	
（1）声音的频率（雷）	1. ɕɯ⁴⁴ （雷）
086　手（shǒu）	
（1）指技能（字、活儿）	1. tɯ²² （同于汉语）
（2）握在手上的东西（牌）	
087　首（shǒu）	
（1）独立成篇的诗、词、歌	2. zɑ²² （歌）
088　双（shuāng）	
（1）人体对称的器官（手、脚、腿、肩）	1. ɯ³⁵ ntɕʰɑ⁴⁴ （两只手）
（2）成对的器物（筷子）	2. ɑ⁴⁴ hɔ⁵⁴ （一双：眼睛）
（3）成对的人（双胞胎、儿女）	3. ɯ³⁵ ŋuŋ²² （两只鞋）
（4）成对使用、摆放的东西（鞋、虾）	4. ɑ⁴⁴ tei³⁵ （一对儿女）
089　丝（sī）	
（1）长细的东西（头发、肉、棉花）	1. ntsu⁴⁴ （棉花、肉）
（2）轻淡的东西（笑容、风）	2. qɯ³⁵ （头发）
	3. kaŋ⁵⁴ te³⁵ （风）
090　所（suǒ）	
（1）指房屋	1. le³⁵ （同于汉语）
（2）指公益单位	

续表

汉　语	湘西苗语
091　台（tái） （1）底下有支撑物的东西（收音机、机器） （2）在台面上出现的事物（戏）	1. tɯ²² （机器） 2. le³⁵ （收音机） 3. te³¹ （戏）
092　抬（tái） （1）两头有人托起的东西（轿子）	1. tɯ²² （轿子）
093　滩（tān） （1）流体覆盖的平面（血、水、泥）	1. tæ⁴² （泥、血） 2. tɑŋ⁴² （水）
094　堂（táng） （1）成套的家具 （2）分节上的课	1. pæ³⁵ （家具） 2. tʰɑŋ³¹ （课）
095　条（tiáo） （1）细长的东西（围巾、铁丝、木头等） （2）定量装配的长条形东西（烟、肥皂） （3）对某些事物分类（消息、命令、原则） （4）体型伸长的动物（蛇、鱼、虫） （5）指生命	1. pʰɑŋ³⁵ （围巾、手巾） 2. ŋuŋ²² （各种动物） 3. tɕɑ²² （鼻涕） 4. qɯ³⁵ （肠子、舌头） 5. tɯ²² （船） 6. ʈen³⁵ （凳子） 7. le³⁵ （命） 8. te²² （河、尾巴） 9. ŋʰæ³⁵ （裤子） 10. ŋu³¹ （铁丝、路） 11. ɕi³⁵ （丝线）
096　头（tóu） （1）指大的动物（马、牛、驴、骡） （2）指像头的东西（蒜）	1. ŋuŋ²² （一切动物） 2. le³⁵ （蒜头）

续表

汉　语	湘西苗语
097　团（tuán）	
(1) 成圆团的东西（毛、线、棉花、云）	1. pu^{44}（毛、线、云）
	2. ʐu^{31}（棉花）
098　坨（tuó）	
(1) 成块成团的东西（饼、泥、糖、石头）	1. pu^{44}（饼、泥、石头）
	2. tɕaŋ^{44}（糖）
099　汪（wāng）	
(1) 液体聚集成片（水、血）	1. ɮɯ^{35}（水）
100　位（wèi）	
(1) 对人敬称（客人）	1. men^{22}（客人，四个以上的人）
101　味（wèi）	
(1) 中药药剂中的成分之一	1. le^{35}（同左）
102　行（háng）	
(1) 指成一行一行的东西（树、雁、字）	1. juŋ^{31}（树、雁、字）
	2. lɯ^{35}（字）
103　牙（yá）	
(1) 像一排牙齿的东西（饼、西瓜）	1. ŋo^{44}（饼）
	2. kɑ^{22}（西瓜）
104　眼（yǎn）	
(1) 指有孔的东西（磨、井、窑洞）	1. ntɕʰɑ^{44}（石磨）
	2. le^{35}（窑洞、井）
105　样（yàng）	
(1) 指事物的种类	1. jɑŋ^{35}（商品）
	2. cæ^{42}（东西）
106　页（yè）	
(1) 一张纸的两面或一面（书）	1. nu^{31}（同左）
107　盏（zhǎn）	
(1) 灯具的单位（灯）	1. ten^{44}（灯）

续表

汉　语	湘西苗语
108　张（zhāng） （1）平扁的东西（皮、纸、画儿、票、表格、叶子、相片） （2）部分家具（床、桌） （3）指嘴脸 （4）部分农具、渔具（犁、网）	1. hɯ⁴⁴（嘴） 2. tɯ²²（桌子、床） 3. nu³¹（纸、相处、票、布告、表格） 4. ka²²（皮） 5. tu³¹（犁） 6. le³⁵（饼） 7. ntɕʰa⁴⁴（弓）
109　阵（zhèn） （1）行为状态的一个时段（风、雨）	1. kaŋ⁵⁴（风、雨） 2. kaŋ⁴⁴（慢雨）
110　支（zhī） （1）人的队伍 （2）歌曲、乐曲 （3）灯光、烛光单位 （4）纱线单位 （5）细长的东西（香） （6）宗族、家族（亲戚） （7）乐器、武器（唢呐、笛子、枪）	1. te²²（香） 2. ²tsu⁴⁴（线） 3. tɯ²²（唢呐、枪、笛子） 4. kɯ²²（亲戚） 5. ʂæ⁴⁴（毛线） 6. ʐa²²（歌曲） 7. pʰaŋ³⁵（队伍）
111　枝（zhī） （1）成长杆状的东西（笔、枪、烛） （2）花木单位（花朵、树枝） （3）乐器（箫）	1. tɯ²（箫、枪） 2. kɯ²²（树枝、花） 3. te²²（笔）
112　只（zhī） （1）有些成双事物之一（耳朵、眼睛、手） （2）飞禽走兽 （3）家用器具（篮子） （4）个别运输工具（船）	1. ntɕʰa⁴⁴（耳朵、角、蹄） 2. le³⁵（篮子） 3. tɯ²²（船） 4. ŋuŋ²²（一切动物）

续表

汉　语	湘西苗语
113　轴（zhóu） （1）绕成的圆柱形东西（画儿、丝线）	1. ntɕɯ⁵⁴（画儿） 2. sɔ⁵⁴（丝线）
114　株（zhū） （1）植物的个体（树、棉花、花生、麦子）	1. tu⁴²（同左）
115　柱（zhù） （1）圆柱体东西（香）	1. plei⁴⁴（等于三根香）
116　座（zuò） （1）大型稳固的东西（山、楼、桥） （2）人事都比乡村更为集中的地方（城） （3）指坟墓	1. le³⁵（山、楼、坟） 2. tɯ²²（桥）
注：汉语 116 条	苗语 132（-借用汉语 37）＝95 条

第二十八篇　双语文学生的汉语语法教学问题

原文载《中央民族大学学报》1981年第1期。在此略有调整。民族院校的汉语文教学，有很多问题值得研究。本文只谈双语文学生的汉语语法教学问题。什么是"双语文学生"？最初我提出这个名称的时候，遭到一些学者的非议，他们说这个名称"不通"。但是在事实上，拿掌握语文的情况来看，民族院校的学生可以分为三种类型：一是双文盲学生，即只懂本民族使用的语言而不懂本民族使用的文字，也不懂汉语汉文的学生；二是单语文学生，即只懂本民族使用的语言、文字，而不懂汉语汉文的学生；三是双语文学生，即兼懂本民族使用的语言、文字和汉语汉文的学生。按照招生规定进入民族院校"汉语系"（在民族院校宜称"汉语系"，在其他院校一般称为"中文系"）学习的少数民族学生，绝大多数都是双语文学生。就其两种语文程度而言，大多数双语文学生达到高中毕业，或相当于初中毕业以上水平。拿民族院校的双语文学生与一般文科大学中文系学生的汉语程度相比，两者大致相当，或者宁可说双语文学生略有不及。在学习汉语语法的时候，掌握两种语文，这是双语文学生的有利条件。汉语文程度略有不及，这是双语文学生不足之处。正因为有这一利一弊，双语文学生才成为汉语法教学对象的一个独特类型。

一、汉语语法教学的地位问题

有人认为，兼懂两种语文的双语文学生，是"两面通"，说话、写文章都很自由，因此，学不学汉语语法就无所谓。并且举出某某文学家、某某历史学家、某某政治家都没有学过语法，来证明语法教学是可有可无的事。这种看法非常流行，不但影响学生学习的主动性，而且影响教师讲授的积极性。有些主管教学的领导人，也持语法教学可有可无的看法，就更使语法教学的地位受排挤了。无论什么人，他是否在课堂上学过语法是一回事，他实际上是否懂语法是另一回事，他要不要学点语法又是一回事。在一次中央工作会议上，毛主席特意提倡各级工作人员都要成为"国文教员"，要懂逻辑、懂语法、懂修辞。搞行政工作、党务工作的人尚且要学语法，何况文科专业人员呢？

有人认为：只要会说话、写文章，自然就会语法，因此，语法不用学，或者说语法没有用。这种看法是有历史渊源的。汉语语法学的建立比较晚。因为历来不少人讲"书读千卷，其义自见"。还有人讲"文成法立"、"文无定法"，把语法的研究和学习放到可有可无的地位。在"五四"时期，人们还激烈地辩论了一番要不要讲语法的问题。经过辩论，总算开创了现代汉语语法学的教学。可是几十年来，汉语语法的研究并不十分深入，总结、概括出来的规律性的东西并不十分多，加上语法学术语的分歧不少，语法分析的方法不一，就使人们觉得语法既难学又难用。因此，直到今天，还有人否定语法教学。殊不知光能说话、写文章，只是掌握了语言的感性知识，而学语法是要进一步掌握理性知识，把理性知识和感性知识结合起来，就可以有效地提高说话、写文章的能力。在这一点上，学过语法和没学过语法是大不一样的。至于语法教学存在的问题，应当边教学边研究，逐步加以解决，而不应因噎废食，以致抛弃语法教学。

有人认为，像双语文学生这类教学对象，都是大学生，人家在中学学过语法，就不必再花时间来学了。有的学生不但在中学学过汉语语法，而且还学过少数民族语言的语法，更不必再学了。应当说，第一，无论是在汉族地区，还是在少数民族地区，中学的语言课一直是不很健全的。第二，中学和大学是两个不同的学习阶段，即使在中学学得好，充其量不过是有一个上大学的好基础。大学的语法课是专业性质，必须在中学的基础上进行。如果在中学学过一点，到大学就可以不学，那还上什么样大学？第三，还应该指出，少数民族使用汉语时，自觉不自觉地受本民族语言语法的影响的实例，是屡见不鲜的。这一点在对双语文学生进行汉语语法教学的时候，尤其应当重视。在汉语语法教学中，如何使非汉语族学生像汉族人一样自由地运用汉语语法，是语法教学上的一大难题，而不是可学可不学的问题。

二、汉语语法的特点问题

常常有人提出这样一个问题。究竟汉语语法的特点有哪些？特别是很多双语文学生，一开始学汉语语法，就自然地、迫切地要求了解这个问题。的确，这个问题很重要。如果抓对了特点，就可以做到教学有重点。突破了重点和难点，就可以带动全盘。

汉语语法的特点，可以从两个角度来看。第一，可以从一般语法学的角度来看。第二，可以从对比语法学的角度来看。

从一般语法学的角度来看，各民族语言的语法结构有一些共同的基本方式，同时又有各自的特点。讲汉语语法的特点，可以拿汉语跟众多语言比较。除了拿汉语跟外国语言比较外，在民族院校还要着重拿汉语跟我国各少数民族语言比较。既要重视汉语跟阿尔泰语系语言相比较而显示的特点，又要重视汉语跟汉藏语系和其他语系内各语言相比较而显示的特点。与众多语言比较起来，究竟汉语语法有哪些特点，语法学界对这个问题的回答远不是一致的。不过，大家都承认，可以把下列几条视为汉语语法的特点。

（一）词的变化比较简单

严格地说，没有词的形态变化，而用词造句的方式较为复杂。汉语语法中。可以算为词的变化的，只有词的重叠（如"人人"、"个个"、"考虑考虑"之类），词头、词尾的附加（词头如"初"、"老"、"第"之类，词尾如"了"、"着"、"过"之类）以及词嵌（如"糊里糊涂"、"慌里慌张"之类）。

（二）词语的结构往往受语音节律的约束

语音节律在汉语语法学中也是一个尚待解决的问题。已经为人们所注意到的现象有：单音词的双音化（如"学"——"学习"、"用"——"使用"）；两个单音成分所组成词语的四音化（如"共用"——"共同使用"、"消灾"——"消除灾难"，"怪事"——"古怪事情"）；四音词语的声调序列（如"酸甜苦辣"、"开门扫地"——阴、阳、上、去，"同甘共苦"、"逍遥自在"——平平仄仄）；五音词语的音步划分（如"车辆登记处"、"物资管理局"、"邮政代办所"、"锣齐鼓不齐"、"人生地不熟"——二、三音步）。

（三）语法单位的划分常常受方块汉字的干扰

方块汉字的传统书写习惯，是一个字紧连一个字，并不讲究词语隔写（按词分写）的问题，再加上汉字多表意不表音，就把一些语法单位的本来面目掩盖了。例如。

1. 我<u>得</u>去。（"得"读 děi）
2. 鸡蛋因<u>得</u>适当的温度而变化为<u>鸡子</u>。（"得"读 dé，"鸡子"读 jīzi）
3. 一顿饭吃了五个<u>鸡子</u>。（"鸡子"读 jīzǐr）
4. 说<u>的</u>一点儿都不差。（"的"读 de）
5. 说<u>得</u>一点儿都不差。（"得"读 de）
6. 斗争历史短的，<u>可以</u>因其短而不负责任；斗争历史长的，<u>可以</u>因其长而自以为是。工农分子，可以自己的光荣出身傲视知识分子，知识分子又<u>可以</u>自己有某些知识傲视工农分子。

第 1 句中的"得"是谓宾动词（即助动词）；第 2 句中的"得"是行为动词，但是二者在书面上没有差异。第 2 句中的"鸡子"，以"子"为词尾；第 3 句中的"鸡子"，以"子"为实词素，二者在书面上同形。第 4 句中"说的"是主语，"一点都不差"是谓语，第 5 句中"说"是谓语，"一点儿都不差"是补语，"得"是谓语中"述补结构"的标志。由于两句中"的"和"得"都读轻声．de，所以很多人把它们同写为"的"而造成语法分析的麻烦；第 6 句中前两个"可以"是谓宾动词，后两个"可以"则是谓宾动词"可"之后接着用介词"以"，这在书面上是不加区别的。

（四）句子结构可以不求形式上的完整而重在表达上精炼

在语法教学中，人们有一种愿望，就是力图找出各种语法现象的"完整"形式，在讲授完整形式的基础上，再讲授"变态"形式。因此，在讲句子的时候，就把句子分为完全句（完整句）和不完全句（小句），这在教学上是很方便的。但是在语言运用上，只以表达精炼与否为准，而不问其是否"完整"。例如：

1. 差点儿没摔倒。
——差点儿摔倒了，但是没有摔倒。
2. 差点儿差点儿吧。
——如果差一点儿，就让它差一点儿吧。
3. 爱吃不吃。
——如果爱吃，就吃，如果不爱吃，就别吃。
4. 看看吧。
——第二个看读轻声，表示试试。
5. 看看吧。
——第一个看读半去声，第二个看读全去声
——既然要看，那就看吧。

这可以算是从一般语法学的角度来看汉语语法的特点。对双语文学生进行语法教学，这样的特点又是难点。如果从对比的角度来看，即从一对一的角度来看，情况又当别论。两种语言的语法对比，此有彼无、此无彼有的，就是各自的特点。此简彼繁、此繁彼简的，也算各自的特点。

三、汉语语法教学的任务问题

汉语语法教学本是一件苦差事。很多接触过汉语语法教学的人都觉得，"语法不好讲，好讲不好懂，好懂不好用"。这里有两方面的问题：一方面是语法研究的水平问题，另一方面是语法教学的水平问题。只要研究的水平提高了，教学的水平也就能够提高。因此，搞语法教学的人必须搞语法研究。各民族院校搞汉语教学和科研的有几百人,又有多年教学、科研的经验。如何调动这批力量,如何总结和传播经验,是今后提高教学、科研质量的一大课题。现在我们还没有多大把握来谈语法教学的经验,只能在如何完成语法教学任务方面提一点看法和做法。

对不同的教学对象,有不同的教学任务,因此,也应当有不同的教学方法。双文盲学生的汉语语法教学任务,着重在了解基本的语法知识,一般都采取逐步积累语法点的教学方法。每一个语法点用若干实例反复印证,以期得到理解。语法点由少到多,由简到繁,最后完成汉语语法概貌的介绍。这种方法用了多年,效果肯定还是好的。单语文学生的汉语语法教学任务,在于初步地而又比较系统地了解汉语语法,一般都是认定一种通行的汉语语法学体系进行教学,把主要精力放在实践上,大量进行正误练习。条件许可时,最好先教学民族语言语法,等到教学汉语语法时,就尽量搞两种语言语法的对比教学。双语文学生的汉语语法教学任务更有所不同。从中央民族学院教学计划的要求来看,这类学生是未来的教学、科研等人才,学习后应当具有教学、科研的能力,就必须系统而又深入地认识汉语语法。近几年来,我们在对双语文学生进行汉语语法教学时,注意了下列几点:

(一)透彻讲授一种汉语语法学体系,适当地旁及其他体系,使学生打好基础。

(二)重视基本理论和方法的教学,提高学生分析、解释语法现象的能力。

(三)尽量用其他语言语法做参证,以便突出汉语。

(四)指定必读参考书和选读参考书,扩大学生的眼界。

(五)不回避汉语语法学中的疑难问题,激发学生研究汉语语法的兴趣。

(六)加强练习,理论密切联系实际。

每一个双语文学生班,用一个学期、每周四课时进行汉语语法教学(新的教学计划改为每周二课时,显然很不够)。前三分之二的时间搞课堂讲授,配以一定的课外作业。在后三分之一的时间内,选定一种典范的白话文著作进行句型分析。在教师指导下，由学生自己动手，运用所学的理论、方法，对某一著作的全部句子逐句进行研究，并按每个句子结构的特点加以归类，务使学生在理论与实践的联系上更加深入一步。过去的语法教学，虽然并不想忽视理论与实践的联系，但是仅仅随课堂给些零散练习，顶多只能做到"懂得语法"。而，"懂得语法"跟"会用语法"，往往不是一回事。所以还必须有一个集中的、系统的、大规模的练习。这仅仅是一个尝试。据学生初步反映，这样做肯定有收获。究竟有多大好处，还必须继续通过实践来检验。

总之，汉语语法教学是整个汉语文教学中难度比较大的一个方面。过去那种"课堂上明白，出课堂就糊涂"、"跟着老师明白，离开老师就糊涂"、"翻开讲义明白，合上讲义就糊涂"、"听起来明白，用起来就糊涂"的现象再也不能继续下去了。我们民族院校的汉语文教师要对各民族学生进行汉语语法教学，责任非同小可。因此，必须继续努力，为汉语语法教学的改革作出贡献。

主要参考书

1. 马建忠：《马氏文通》，1898年。1956年商务印书馆再版
2. 刘复：《中国文法通论》，1920年，上海群益书局
3. 胡适：《胡适文存（三）》，1921年，上海东亚图书馆
4. 陈望道等：《中国文法革新讨论集》，1940-1958年，中华书局
5. 陆志韦：《北京话单音词词汇》，1951年，人民出版社
6. 吕叔湘、朱德熙：《语法修辞讲话》，1952年，中国青年出版社
7. 赵元任：《北京口语语法》，1952年，中国青年出版社
8. 张志公：《汉语语法常识》，1952-1956年，中国青年出版社
9. 陆宗达、俞敏：《现代汉语语法（上）》，1954年，群众出版社
10. 徐世荣：《语法教学讲话》，1954年，大众出版社
11. 贺重等：《汉语的词类问题》，1955年，中华书局
12. 王力：《中国现代语法》，1955年，中华书局
13. 杨树达：《高等国文法》，1955年，商务印书馆重印
14. 吕叔湘：《语法学习》，1956年新一版，中国青年出版社
15. 吕叔湘：《中国文法要略》，1956年，商务印书馆第8版
16. 黎锦熙：《新著国语文法》，1956年，商务印书馆第23版
17. 人民教育出版社中学汉语编辑室：《暂拟汉语教学语法系统》，1956年
18. 陆志韦：《汉语的构词法》，1957年，人民出版社
19. 何容：《中国文法论》，1957年，知识出版社再版
20. 高名凯：《汉语语法论》，1957年，科学出版社
21. 陈承泽：《国文法草创》，1957年，商务印书馆再版
22. 中国语文编辑部：《中国文法革新论集》，1958年，中华书局

23. 丁声树等：《现代汉语语法讲话》，1961年，商务印书馆
24. 吕叔湘：《汉语语法分析问题》，1979年，商务印书馆
25. 赵元任：《中国话的文法》，1980年，香港中文大学
26. 朱德熙：《现代汉语语法研究》，1980年，商务印书馆
27. 吕叔湘主编：《现代汉语八百词》，1980年，商务印书馆
28. 朱德熙：《语法讲义》，1982年，商务印书馆
29. 黄伯荣：《汉语语法研究参考资料》，1883年，未刊稿
30. 王茂松：《汉语语法研究参考资料》，1983年，中国社会科学出版社
31. 郑奠、麦梅翘：《古汉语语法学资料》，1984年，中华书局
32. 罗安源：《简明现代汉语语法》，1986年，中央民族大学出版社
33. 罗安源：《现代湘西苗语法》，1990年，中央民族大学出版社
34. 罗安源：《松桃苗话描写语法学》，2005年，中央民族大学出版社